国家社科基金
GUOJIA SHEKE JIJIN HOUQI ZIZHU XIANGMU
后期资助项目

# 中国居民房地产税问题研究

The Research on
China Residential Real Estate Tax

何　倩　著

中国财经出版传媒集团
经济科学出版社
Economic Science Press

# 国家社科基金后期资助项目
# 出版说明

后期资助项目是国家社科基金设立的一类重要项目，旨在鼓励广大社科研究者潜心治学，支持基础研究多出优秀成果。它是经过严格评审，从接近完成的科研成果中遴选立项的。为扩大后期资助项目的影响，更好地推动学术发展，促进成果转化，全国哲学社会科学工作办公室按照"统一设计、统一标识、统一版式、形成系列"的总体要求，组织出版国家社科基金后期资助项目成果。

全国哲学社会科学工作办公室

# 序

　　"民有所居"是民生的重要内容之一。改革开放以来，我国城镇居民住房逐步经历了从公有和集体所有的分配住房到住房货币化和市场化转变，特别是进入 21 世纪以来，居民住房商品化比重大大提高，使居民住房问题成为关注民生、发展经济和步入小康社会的重要组成部分。研究居民住房，涉及房地产市场、房地产价格、财政和金融政策等诸多方面。其中，财政政策中的税收是一个重要的经济杠杆。研究对房地产是否征税、如何征税、居民有无税收负担能力等问题，有着重要的理论意义和实际意义。

　　本书首先研究了居民房地产的属性。居民房地产是指家庭或个人居住使用的房地产，分为住宅和集体宿舍两类。房地产是地产和房产连在一起不可分割的组合，但是各国有着不同的状况。在西方国家，居民房地产都归房主所有，而在我国，居民房产、地产所有权是分开的。地产部分一般是国有或集体所有，居民只有使用权，并且规定使用期限，房屋部分归居民个人所有。那么，根据什么对居民房地产征税呢？各国虽然有所不同，但有一点是相通的，那就是凭借国家对房地产的管理权进行征税。这为全书打下了理论基础。

　　本书接着对我国征收居民房地产税的必要性进行了研究。征收居民房地产税不仅可以调节居民收入差距实现社会公平，而且可以增加财政收入解决地方政府财政困难；还可以优化房地产配置，落实国家提出"房子是用来住的、不是用来炒的"这一精神，有利于促进房地产市场健康发展。作者在对多国房地产税制进行比较的基础上，提出了我国征收居民房地产税的可行性。在我国，土地属于国有，居民的房子一般属于私有，房主只对与房屋联系的土地有使用权。按照我国相关法律规定，国有土地使用权是可以作为征税标的物的。这就使征收居民房地产税成为可行。之后从计税依据选择、税负公平、居民纳税负担能力等技术因素分析了征收居民房地产税的可行性。

针对税负公平性问题，本书选择以只有一套房的家庭，以房地产的市场价格，分别就家庭收入、家庭消费和家庭财富几个标准对居民房地产税纳税能力进行测算。得出结论是各地区之间的纳税能力值存在较大差异，从而得出居民房地产税应该作为地方税，并采取地方差别税率的结论。

最后本书还对我国居民房地产税收制度进行了具体设计。主要研究了课税对象、纳税人和税率三大要素的选择。课税对象应是中华人民共和国境内的房地产。其中，房产是指取得产权证明可以用以居住或经营的建筑物；地产是指取得土地使用权证并已经建造、用以自住或经营房产相联系的土地；房产和地产合并一起作为课税对象，并包括城镇和乡村的普通住宅、公寓和别墅。纳税人应该是拥有中华人民共和国土地使用权和房屋所有权的所有中国公民和外国公民。税率有定额税率、比例税率和累进税率等多种形式，我国应该采用差别比例税率，根据测算，控制在 1% 以内较为合适。同时，根据我国征收房地产税的相关制度不够完善的状况，本书提出了必须建立与完善包括房地产在内的财产登记制度、建立健全房地产价值评估体系、征收房地产税之后相关税费的调整以平衡税收负担等配套措施。

对居民房地产征税，错综复杂。在以往的理论和实践研究文献中，虽然有很多论述，但征税的理论依据和具体税制要素设计缺乏系统的论述。对此，本书作了比较系统深入的研究，在一定程度上弥补了这个欠缺，对我国居民房地产税制的完善与改革有着借鉴作用，这是值得赞许的。

是为序。

吴旭东

2022 年 9 月 15 日于大连

# 自　序

中共十九大报告强调，坚持"房子是用来住的、不是用来炒的"，是中央从顶层设计的高度对住房属性的精准定位。在供给侧结构性改革中，制度供给是龙头，税收结构是税收制度的一部分，因此房地产税也是制度供给的重点改革任务之一。实际上，2013 年 2 月 20 日国务院常务会议确定的五项加强房地产市场调控政策措施，即"国五条"，是自 2010 年 1 月的"国十一条"、4 月的"国十条"、9 月的"9·29 新政"、2011 年 1 月的"新国八条"以来，国家对房地产市场的第五次调控，引起诸多关注和探讨。房地产业在国民经济与社会发展中占据着十分重要的地位，既是国民经济的支柱型产业，也是社会发展中的基础性产业，其景气与否直接关系着诸多产业的兴衰。然而，一个运行良好、结构完善的房地产市场离不开一个能与市场相吻合、将国家宏观经济政策渗透于市场的、完备的、高效的房地产税收制度。目前，我国房地产税收制度中大部分税种并不能更好地适应房地产业发展的需要，存在的主要问题在于现行税制主要针对房地产交易环节征税，例如 2013 年颁布的"国五条"中对二手房买卖需交 20% 差额个税等政策，但是并没有完善房地产税制中关于保有环节税收的缺失。

中共十六届三中全会明确提出，要在"条件具备时对不动产开征统一规范的物业税"①（即本研究中的房地产税），虽然一直未能得以实施，不过房地产税一直是理论界与实践部门讨论的热点。2011 年，我国进入了国民经济和社会发展第十二个五年规划时期，在规划中明确提出："要按照优化税制结构、公平税收负担、规范分配关系、完善税权配置的原则，研究推进房地产税改革，逐步健全地方税体系，赋予省级政府适当税政管理权限。"时任财政部财政科学研究所所长贾康也曾指出："'十二五'期间

---

① 《中共中央关于完善社会主义市场经济体制若干问题的决定》（2003 年 10 月 24 日）。

中国地方税体系要抓住机遇、尽快打造。将来其中一大支柱就是现在上海、重庆已经先行先试、在不动产保有环节征收的、被称为房产税的不动产税或房地产税。"① 所以，无论是从对房地产业宏观调控的角度还是从完善地方税体系的角度，房地产税都是值得关注和讨论的焦点。

从梳理和分析发达国家和地区的房地产税经验来看，房地产税已经成为地方财政的主要来源，同时在规范房地产市场发展、抑制房价的过快增长、调节社会收入分配差距以及完善地方税体系等方面的作用，已经得到许多国家的实践证明。因此，我国居民房地产税的设立迫在眉睫。2018 年3 月召开的十三届全国人大一次会议上，政府工作报告中提出"稳妥推进房地产税立法"。财政部在记者招待会表示②，房地产税问题是目前社会非常关注的问题，它关系到千家万户，涉及几乎每个人的切身利益。4 月24 日《全国人大常委会 2018 年立法工作计划》发布，"房地产税法"的立法将立项，并列入预备审议项目。2020 年中共十九届五中全会通过的《中共中央关于制定国民经济和社会发展第十四个五年规划和二〇三五年远景目标的建议》中关于税制改革的内容中提到"完善现代税收制度，健全地方税、直接税体系，优化税制结构，适当提高直接税比重，深化税收征管制度改革……"，这段话中提到的地方税和直接税改革均包含着房地产税。

本书是在认真查阅、分析国内外相关文献的基础上，紧紧围绕对保有环节房地产征税可能涉及和已经存在的众多争议的主要问题，如对居民征税问题、对土地征税问题、居民是否具有负担能力问题、按评估价值征税问题以及居民的具体税负等问题进行详细研究和分析，采取实证分析与规范分析相结合的研究方法，根据我国国情，从客观实际出发，提出具体可行的改革思路。既符合财税体制设立的原则，又体现了税收对社会经济活动的调节作用，对居民房地产税的建立，无论是理论还是实践上都有一定意义。

本书共分为六章，分别对房地产税的理论、征收居民房地产税的必要性和可行性以及征收效率进行了详细的分析和阐述，最后根据我国的具体情况对征收居民房地产税的税收制度进行了设计。第一章是导论。主要介绍本书的选题背景和研究意义，介绍了房地产税的起源、相关概念，包括

---

① 贾康. 房产税改革的意义 [J]. 经济，2012（4）：15.
② 2018 年 3 月 7 日上午，财政部部长肖捷，副部长史耀斌、胡静林就"财税改革和财政工作"相关问题回答中外记者提问。财政部副部长史耀斌就房地产税问题作出回应。

房地产、房地产税的广义和狭义理解，房地产税的理论依据、特征。着重对理论依据中受益论和新论进行了异同点的比较分析。介绍了国内外关于房地产税的研究状况，本书的研究目的、方法、写作框架以及创新和不足，阐述了研究房地产税的理论意义和现实意义。在研究对象方面，明确了本书的研究对象是对于中国居民征收保有环节的房地产税所涉及的相关问题。第二章是我国征收居民房地产税的必要性研究。从我国居民住房制度的变革入手，研究了我国住房形式的变化以及相对应的税收的变化，通过对历史沿革的回顾，从筹集地方财政收入、调节收入差距实现社会公平、优化房地产资源配置、促进地方政府提高公共服务能力以及促进房地产市场的健康发展几个角度讨论了征收居民房地产税的必要性，最后对我国目前房地产相关税收所存在的主要问题进行了讨论。第三章是征收居民房地产税的国际比较。从国际经验来看，房地产税是古老的税种，大多数经济发达国家和地区都具有财产税意义的房地产税，在此本书分别从历史沿革、课税对象、纳税人、计税依据、税率、税收优惠以及征收管理等方面对英国、美国等 8 个国家的房地产税制进行了全面的介绍和总结。第四章是征收居民房地产税的可行性分析。分别从经济、技术、社会、实施、时间几个维度分析了征税的可行性，结论是我国土地的国家和集体所有不是征收房地产税的障碍，在技术上可以效仿国外采用评估价值为计税依据来征收房地产税。从社会公平角度考察征税的可行性时，分别对家庭收入与住房价值，居民住房产权形式与家庭收入、住房价值之间的关系进行了相关性分析，从公平性方面提出了征税的建议，最后对征收居民房地产税具体实施的可行性进行了分析。在实施中会涉及对居民家庭造成的税收负担方面，以上海 2015 年中等收入家庭的收入以及对其拥有房地产的价值进行分析，测算了 30 年每种税负所对应的房地产税税率，测算结果表明，针对上海中等收入家庭的标准住宅，如果以评估值的 70% 作为税基，2.5% ~5% 的税负区间内，转换后的税率范围是 0.166% ~0.38%，在国际上大多数国家的转换税率范围之内。第五章是征收居民房地产税的效应分析。效应分为社会效应和收入效应。社会效应主要指居民的纳税能力情况，本书分别以收入为基础、以消费为基础、以财富为基础对于不同地区、不同收入状况、不同房地产状况的家庭进行了纳税能力值测试，以此分析我国居民针对征收房地产税的纳税能力；收入效应是对征税后对于地方财政的收入影响，本书在此基础上对试点城市收入效应不显著的原因进行了分析。第六章是征收居民房地产税的制度设计。分别对课税对象、纳税人、计税依据、税率、优惠政策和配套措施进行了详细的探讨，认为课税对象应该包括农村的房地产和居民的存量房地产，在进行税率设计的时候建议分为两个阶段进行，在保证居民家庭生活水平和对房地产税正确认识的情况下逐渐调高税率；计税依据建议采用评估价值中的市场法计算房地产价值，并按照一定的住房面积和评估价值来计算对居民征税的减免；最后认为征收居民房地产税需要在完善财产登记制度、建立房地产价值评估体系以及调整相应税制的基本条件下进行。第六章可以说是对前面的总结。

本书可能的创新点主要表现在以下几个方面：第一，站在理论的高度上研究了开征房地产税的必要性和可行性，对房产和地产征税的理论依据、发展历程和现实问题分别进行讨论，并认为我们可以克服对土地所有权的顾虑，对房产和地产合并征收房地产税，这将有利于健全房地产相关税制。第二，通过对居民家庭收入与住房价值，住房产权形式与家庭收入、住房价值之间的相关性分析，讨论了征收居民房地产税的可行性，同时以上海为例对征收居民房地产税对家庭的负担影响进行了为期30年的测算，并测算出一个既符合征税原则又可以被居民接受的税率。第三，对于居民纳税能力的研究结果是，不同区域和家庭的房地产税纳税能力存在很大差异。因此从房地产税的政府层级归属来看，房地产税将是地方税，且应进行充分的差异化制度设计，不同地区应该设计差异化的有效税率。第四，在深入研究和分析我国房地产税的变迁以及国外征收房地产税经验的基础上，针对我国具体国情设计了房地产税制框架体系，为我国房地产税的开征提供了理论的基础和实践的指导，为相关政策制定部门提供了一定的参考。当然，本研究也存在很多不足和需要改进之处，主要表现在：第一，在实证检验方面，由于我国并没有全面征收居民房地产税，所以对于税收所带来的各种影响并无真实数据，只能在中国家庭追踪调查（CFPS）家庭统计数据的基础上按地域分组、家庭分组、住房价值分组等方法对部分家庭的税负以及纳税能力值进行测算。第二，在居民房地产税制框架设计方面还比较笼统，其中的许多政策还有待检验，尚需不断修改和完善。

总之，征收房地产税是我国经济社会发展的内在需求。而对于征收居民房地产税的研究，不仅对规范房地产市场的发展、调节收入分配差距有着重要意义，同时对我国地方财政税收体制的健全也有着不可忽视的作用。希望通过本书的研究，能够为我国居民房地产税的建立以及征收起到一定的推动和参考作用。

# 目　　录

第一章　导论 …………………………………………………… 1
　　第一节　选题背景和研究意义 ………………………………… 1
　　第二节　房地产税的基本理论分析 …………………………… 4
　　第三节　文献综述 …………………………………………… 14
　　第四节　本书的研究对象 …………………………………… 26
　　第五节　研究方法及框架安排 ……………………………… 27
　　第六节　创新与不足 ………………………………………… 29

第二章　我国征收居民房地产税的必要性研究 ……………… 30
　　第一节　居民住房制度的变革 ……………………………… 30
　　第二节　征收居民房地产税的沿革 ………………………… 34
　　第三节　征收居民房地产税的必要性 ……………………… 45
　　第四节　现行房地产税制存在的主要问题 ………………… 54

第三章　征收居民房地产税的国际比较 ……………………… 59
　　第一节　美国房地产税 ……………………………………… 59
　　第二节　英国房地产税 ……………………………………… 66
　　第三节　德国房地产税 ……………………………………… 72
　　第四节　俄罗斯房地产税 …………………………………… 79
　　第五节　澳大利亚房地产税 ………………………………… 84
　　第六节　新西兰房地产税 …………………………………… 93
　　第七节　日本房地产税 ……………………………………… 103
　　第八节　韩国房地产税 ……………………………………… 108
　　第九节　征收居民房地产税的国际经验借鉴 ……………… 115

第四章　征收居民房地产税的可行性分析 …………………… 118
　　第一节　征收居民房地产税的经济可行性：
　　　　　　土地征税问题 ……………………………………… 118

第二节　征收居民房地产税的技术可行性：

　　　　计税依据的选择 ……………………………… 127

第三节　征收居民房地产税的社会可行性：

　　　　税负公平问题 …………………………………… 133

第四节　征收居民房地产税的实施可行性：

　　　　居民税负测算 …………………………………… 173

第五节　征收居民房地产税的时间可行性：

　　　　税基可持续性分析 ……………………………… 184

**第五章　征收居民房地产税的效应分析** ……………………… 191

第一节　征收居民房地产税的社会效应 ………………… 191

第二节　征收居民房地产税的收入效应预测 …………… 208

**第六章　征收居民房地产税的制度设计** ……………………… 225

第一节　课税对象 ……………………………………… 225

第二节　纳税人 ………………………………………… 228

第三节　税率 …………………………………………… 231

第四节　计税依据 ……………………………………… 238

第五节　优惠政策 ……………………………………… 247

第六节　征收居民房地产税的配套条件 ………………… 250

**参考文献** ………………………………………………………… 255

**后记** …………………………………………………………… 269

# 第一章 导　　论

## 第一节　选题背景和研究意义

### 一、选题背景

中共十九大报告强调坚持"房子是用来住的、不是用来炒的"，是中央从顶层设计的高度对住房属性的精准定位。在供给侧结构性改革中，制度供给是龙头，税收结构是税收制度的一部分，因此房地产税也是制度供给的重点改革任务之一。实际上，2013 年 2 月 20 日国务院常务会议确定的五项加强房地产市场调控政策措施，即"国五条"，是自 2010 年 1 月的"国十一条"、4 月的"国十条"、9 月的"9·29 新政"、2011 年 1 月的"新国八条"以来，国家对房地产市场的第五次调控，引起诸多关注和探讨。房地产业在国民经济与社会发展中占据着十分重要的地位，既是国民经济的支柱型产业，也是社会发展中的基础性产业，其景气与否直接关系着诸多产业的兴衰。然而，一个运行良好、结构完善的房地产市场离不开一个能与市场相吻合、将国家宏观经济政策渗透于市场的、完备的、高效的房地产税收制度。目前，我国房地产税收制度中大部分税种并不能更好地适应房地产业发展的需要，存在的主要问题在于现行税制主要针对房地产交易环节征税，例如 2013 年颁布的"国五条"中对二手房买卖需交 20% 差额个税等政策，但是并没有完善房地产税制中关于保有环节税收的缺失。

随着社会经济的发展，我国个人财富也在不断增长，同时带来的还有贫富差距的加大。《中国统计年鉴（2019）》显示，2018 年我国全国居民收入的基尼系数为 0.468①，比 2017 年提高了 0.001，连续三年回升，连续 17 年超过国际 0.4 的警戒线。再看居民收入中位数和平均数的比值，全国居民可支配收入中位数和平均数的比值在 2016 年以来整体不断下滑，同样反映了收入分配的差距在拉大。此外联合国开发计划署《2016 年中国人类发展报告》中指出，中国 1990 年的帕尔玛比值为 1.25，2005 年提高到 2.15，提高了 72%，说明我国 10% 的最高收入人口的总收入是 40% 的低收入人口的总收入值的 2.15 倍，进一步证明我国居民收入的差距。除了收入的差距在拉大，财富的分化更为明显，2012 年我国家庭净财产的基尼系数为 0.73（此系数在 1995 的数值为 0.45），这意味着全社会财富的 1/3 左右被 1% 的顶端家庭所拥有，也意味着处于后 25% 的低端家庭拥有的财富总量仅占全社会财富的 1% 左右；我国 2009 年以后的数据显示成人人均财富基尼系数都在 60% 以上，最高的是 2015 年达到 81.9%，远高于收入基尼系数，同时城乡之间的财产分布差距也十分明显，二者之间的比率接近为 3.7∶1②，种种数据表明财富分化所显现的贫富差距问题比收入的差距更为严峻。③

当然，不断加剧的贫富差距是由许多因素造成的，但是不可否认，税收在对个人收入再分配调节方面的不足是一个重要的因素。税收分为流转税、所得税和财产税三类，其中在再分配环节发挥调节收入差距作用的主要是后两类税收。当前，由于环境和税制方面的局限性，个人所得税并未发挥其调节收入分配的作用。而我国的财产税，由于把非经营性的财产排除在外，只对经营性的房地产征税，所以我国目前并不存在实质意义上的财产税，这样在调节收入方面又减少了一道天然的屏障。因此，完善我国财产税，特别是居民房地产税是保证我国经济和社会持续健康发展的现实要求。

纵观世界税收历史，房地产税在许多国家已经是较为成熟的税收制度。在大多数发达国家中，房地产税收入在国家和地方税收收入中占有相当大的比例。在美国，房地产税一直是财产税体系中的中坚力量，也是地方政府收入的主要来源。房地产税收入占州以下地方税收收入的 50% 以上，而英国的房地产税收入也占到地方税收收入的 30%，亚洲很多国家和

---

① 国家统计局. 中国统计年鉴（2019）[M]. 北京：中国统计出版社，2019.

② 国家统计局. 中华人民共和国 2017 年国民经济和社会发展统计公报 [R]. 2018.

③ 李奇霖. M 型社会和消费分级 [EB/OL]. https：//baijiahao. baidu. com/s？id = 1678426554895833806&wfr = spider&for = pc.

地区也都对保有阶段的房地产进行征税，韩国的财产税和综合土地税的税率高达 30%，而中国香港的物业税收入占到税收总收入的 24%。① 而我国目前涉及房地产行业的税收有 11 种，但是这些税种绝大部分集中于房地产开发和流转环节，保有环节的税收非常少。如 2019 年，房产税占地方政府财政收入的比例中，北京为 6.09%、上海为 3.03%、河北为 2.01%、重庆为 3.43%。② 这种"重开发、流转，轻保有"的房地产相关税收的模式严重影响了房地产市场的健康发展。

中共十六届三中全会明确提出，要在"条件具备时对不动产开征统一规范的物业税"（即本书中的房地产税），虽然一直未能得以实施，不过房地产税一直是理论界与实践部门讨论的热点。2011 年，我国进入了国民经济和社会发展第十二个五年规划时期，在规划中明确提出："按照优化税制结构、公平税收负担、规范分配关系、完善税权配置的原则，健全税制体系，加强税收法制建设……研究推进房地产税改革，逐步健全地方税体系，赋予省级政府适当税政管理权限。"时任财政部财政科学研究所所长贾康也指出："'十二五'期间中国地方税体系要抓住机遇、尽快打造。将来其中一大支柱就是现在上海、重庆已经先行先试、在不动产保有环节征收的、被称为房产税的不动产税或房地产税。"③ 所以，不管是从对房地产业宏观调控的角度还是从完善地方税体系的角度，房地产税是值得关注和讨论的焦点。

从梳理和分析发达国家和地区的房地产税经验来看，房地产税已经成为地方财政的主要来源，同时对规范房地产市场发展、对房价过快增长的抑制、调节社会收入分配差距以及完善地方税体系等方面的作用在许多国家的实践中已经得到了证明。因此，我国房地产税的设立迫在眉睫。

## 二、研究意义

我国的房地产保有阶段税收自提出以来，各界从不同层面对该税做出了大量的研究，但结论却远未统一。同时，对于居民持有的非经营性房地产征收的房地产税仍然存在众多问题。在这种状况下，全面、客观地研究征收居民房地产税具有重要的理论意义与现实意义。

---

① 白云. 西方典型发达国家物业税发展情况比较研究 [J]. 河北法学，2006，24 (5)：4；樊华，叶艳妹. 英国房地产税制简介 [J]. 涉外税务，2005 (4)：42-45.

② 国家统计局. 中国统计年鉴（2020）[M]. 北京：中国统计出版社，2020.

③ 贾康. 房产税改革的意义 [J]. 经济，2012 (4)：15.

**（一）理论意义**

第一，从税收理论上看，我国当前房地产相关税制并不健全，缺乏真正保有阶段的房地产税。本书的研究，有力地推进了房地产税收理论的建立和完善，对构建符合中国国情的财产税性质的房地产税税收理论作出了一定贡献。

第二，归纳出房地产保有环节税收的制度要求，为对居民征收房地产税提供理论指导。国内学术界对于房地产税的研究大多没有针对居民非经营性的房地产保有环节的研究，本书针对这个税收涉及的主要问题，包括对土地的征税问题、居民房地产税的公平性问题，以及居民对于税收负担的承受能力问题等进行了详尽的讨论和分析，使得对于居民征收房地产税的理论更加全面和客观。

第三，通过对征收居民房地产税对地方财政收入、公共服务投入和房地产市场的影响进行数据分析，对房地产税功能的具体实现方式进行了研究。

**（二）现实意义**

在新一轮的税收体制改革中，研究房地产税的意义不仅仅表现在深化税收理论的层面上，作为重要的经济政策及宏观调控工具，研究该税的现实意义也十分明显，主要表现在以下几个方面：

第一，通过对我国当前房地产税纳税能力值的分析以及房地产税的征收可能会对居民税收负担造成的影响，从经济发展、宏观调控、收入分配等角度探讨我国征收房地产税的意义。

第二，通过对拥有较成熟房地产税体系的国家和地区的研究，归纳比较房地产税的国际经验，试图为我国征收居民房地产税提供有益的借鉴。

第三，为我国房地产税改革提供建议。依据房地产税的理论基础，在借鉴国际经验的基础上，对我国居民房地产税的税制设计及配套改革提出政策建议，以期得到适合我国国情、符合我国发展现状、具有可操作性的税制方案，最终实现理论与实践的统一。

# 第二节　房地产税的基本理论分析

## 一、房地产税的起源

在人类历史长河中，房地产是一项重要的财产，特别是在古代，几乎是人类社会的唯一财产。因此，对房地产如何课税，历史上有许多学者进行了探讨和分析。

**（一）单一土地税理论**

最早对房地产税体系进行研究的当数古典经济学派中的重农学派，他们提出了单一土地税的主张。重农学派的创始人皮埃尔·布阿吉尔贝尔认为，"一切的财富都来源于土地的耕种"①。因而他主张对土地纯收益课税，即单一土地税。19世纪后半叶，美国资产阶级学家亨利·乔治也极力主张单一土地税。他在《进步与贫困》一书中指出，土地所有者得到的大量地租，并不是挣来的，是不应该得到的，因为城市的成长和发展将引起土地价格的螺旋式上涨，所以应从经济地租的税收中拿出款项来支付必需的公共服务，才是公正的。因此，他提出了对土地的剩余征税。亨利·乔治认为，纯粹的地租具有"剩余的"性质，即使对这种剩余征收重税也不会破坏生产的积极性或引起生产效率的降低。同时如果对地主征收土地价值100%的税收，地主仍会利用土地，因为从改良土地而取得的利润并没有被课税。② 因此，开征单一土地税可消除贫困和不平等，是促进经济发展的税收政策的一种工具。

**（二）单一财产税理论**

单一财产税最早是由法国学者计拉丹和门尼埃提出的，后来由美国经济学家和法国经济学家所倡导，并形成了两种主要的观点。美国学者主张以不动产为课征对象，其他资本不在征税范围；法国学者主张以一切有形资本为课征对象。单一财产税理论认为，课征单一财产税，既可以刺激资本用于生产，也可以促进资本的产生。③

**（三）复合税制理论**

复合税制是指同时课征两种以上的税，即税种不是单一的，而是由多种税组成的税制结构。复合税制的创始人是18世纪下半叶英国著名的资产阶级古典政治经济学家亚当·斯密。他认为"工资、利润和地租，是一切收入和一切可交换价值的三个根本源泉。一切其他收入归根到底都是来

---

① 布阿吉尔贝尔. 谷物论：论财富、货币和赋税的性质 [M]. 北京：商务印书馆，1979：22.

② 丹尼斯·J. 麦肯齐. 房地产经济学 [M]. 张友仁，译. 北京：经济科学出版社，2003：254.

③ 郭庆旺. 当代西方税收学 [M]. 大连：东北财经大学出版社，1997：236.

自这三种收入中的一个"①，国家所有的赋税不论课征方式如何，最终只能来源于这三种收入。因而他主张以地租、利润、工资三种收入归并税种，由地租税系、利润税系以及工资税系构成一个国家的税制结构。他所提出的地租税系的主要税种包括：土地税、土地收益税、什一税、地皮租和对土地产权转移课征的注册税、印花税等。亚当·斯密认为"一切赋税，最终总是落在土地地租上。因此，应该平等地课于最后支付赋税的源泉"②。

19 世纪中叶，法国新历史学派代表人物瓦格纳认为，税收应该按课税客体来进行分类，并认为税制结构是由收益税系、所得税系及消费税系构成的。并将课征于土地和资本项目的各税种，包括土地增值税、房屋税、土地收益税、资本收益税和财产收益税等划入收益税系。20 世纪初，随着以凯恩斯主义为代表的现代西方财政税收理论的诞生，调节经济运行成为税收的主要功能。在这个理论的影响下，美国财政学家理查德·A. 马斯格雷夫和皮吉·B. 马斯格雷夫按货币收支在家庭和厂商两大部门之间的循环流动方向，把税收归纳为两大体系，即对货币资金运动过程中的课税和对财产的持有及转让的课税，并将这两大体系分别归类到所得课税、商品课税以及财产课税三大税类中。③ 他们的税收理论，对现代西方税制的影响很大，而且现代西方税种分类基本上是在他们的税收理论的基础上发展和完善的。

## 二、相关概念界定

正确界定房地产税收基本概念，对本书的研究以及构建符合我国国情的房地产税收制度具有重要意义。

### （一）房地产的基本概念

房产，即房屋产业，是指有墙面和立体结构，能够遮风避雨，可供人们在其中居住、生活、学习、工作、娱乐或贮藏物资的场所，包括居住、商业、文体娱乐、政府公用、工业用房等，它同时体现了主体的所有权关系和其价值。

地产指在一定的土地所有制关系下作为财产的土地，包含地面及其上

---

① 亚当·斯密. 国民财富的原因和性质的研究：上卷［M］. 北京：商务印书馆，1972：47.

② 亚当·斯密. 国民财富的原因和性质的研究：下卷［M］. 北京：商务印书馆，1974：388.

③ 王传纶，高培勇. 当代西方财政经济理论［M］. 北京：商务印书馆，1995：261.

下空间，既包括住宅或非住宅附着物的土地（以及各地段），又包括已开发和待开发土地。简单地说，就是土地财产，在法律上有明确的权属关系，包括土地及土地资本。土地具有有用性、稀缺性和社会需求性等特点，土地资本是指为了使土地达到一定的使用标准而进行的开发投资，这种投资通常会转化为一定量的物化劳动和活劳动，因此其本身必然具有商品属性，具体包括居住、工业、商业、教科文卫、仓储、绿化用地等。

在法律意义上，土地财产一般具有以下四个特征：

（1）属于一定的所有者或使用者；

（2）具有明确的四至界定；

（3）可以依法进行转让；

（4）能够给所有者和使用者带来一定的权益。

因此，地产与土地的根本区别就是有无权属关系，而我国的地产是指有限期的土地使用权。

房地产是房产和地产的统称，在有些国家中被称为不动产，在汉英词典中的解释为"immovable property, real estate, real property"，指不可移动的，或者移动就会改变其性质或形状、影响其价值的有形财产。房地产包括土地和土地上永久性建筑物及其他固着在土地或建筑物上不可分离的部分，包括物质实体及其附带的各种权益。

房地产是财产划分的一种形态，具有稀缺性和不可移动性等特点。同时，房地产可从实物、权益和区位三个角度来研究。实物是指房地产的基本形态，例如建筑物的结构、墙面、装修、面积，以及土地的形状、大小、肥沃程度等。权益是房地产中受法律保护的权利和义务，包括自物权（所有权、处分权、收益权、使用权）及他物权（租赁权、典权、抵押权）等。区位是指房地产的位置和该房地产与其他事物在空间的联系，除了地理坐标位置以外，还包括与其他房地产或事物往来的便捷性，如与市中心、机场、景区、车站、政府机关等的距离。而距离可分为空间距离、交通距离和时间距离三类。由于房地产与其他资产不同，它是不可移动的，所以，区位对房地产价值的决定作用是房地产所特有的。

**（二）房地产税的基本概念**

房产税是对房产征收的一种税。由于房产有确定的坐落地，税源可靠，纳税面广，因此，房产税是地方政府取得财政收入的重要渠道。

地产税是对地产的所有者和使用者征收的税。征税对象为所有的土地，包括农村生产用地和建筑用地。税金的多少则按登记的地产状态和价值确定，征税基础为每年初按税收评估法（根据成交土地的价格得出同类土地的纳税价值）所确定的征税标准，一年一缴。

房地产税（real estate taxation，property tax）的含义有广义和狭义两种。广义的房地产税包括了与房地产业、房地产市场相关的所有税种，涵盖的范围比较广，例如取得环节税收、交易环节税收、保有环节税收等都属于广义的房地产税；狭义的房地产税主要是指对纳税人所拥有的房地产课征的税收，即房地产保有环节的税收，这也是国际上通常理解的房地产税。从理论上说，房地产税以土地、房屋为征税对象，属于财产税，是财产税体系的主要组成部分。

在对房地产税的命名方面，各国和地区不尽相同，有的国家称为房地产税，如奥地利、波兰等；有的国家称为财产税，如德国、美国等；有的国家称为地方税，如新西兰、英国等；还有的称为物业税，如中国香港地区等。虽然不同国家或地区的名称不同，但内涵基本一致，都是针对房地产保有环节的税收。目前，世界上大多数成熟的市场经济国家都对房地产征收房地产税。

### 三、房地产税的理论依据

在房地产税征收的理论依据方面，主要有两种对立的理论观点：受益论和新论，而这两种理论最大的争议就在于房地产税的归宿问题。奥茨（Oates，1994）表明了这种争论的必要性："这种争论是至关重要的，因为这两种观点在地方公共部门的有效运作和房地产税的税收归宿问题上有着完全不同的结论。"[①]

### （一）受益论的主要观点

受益论是指根据纳税人从地方政府或中央政府所提供的公共产品中受益的多少，来判定应纳税额和税负，依据的原则就是受益多者多纳税，受益少者少纳税。最早是由汉密尔顿、菲谢尔和怀特（Halmilton，1975；Fisehel，1975；White，1975）提出，汉密尔顿（Hamilton，1983）和菲谢尔（Fischel，1985，1992）又对其进行了更深入的研究。受益论对于房地产税这一税种得出的最主要的结论是，房地产税既是受益的税种也是有效的税种。房地产税被公认为是一种受益税。因为在受益论中，消费者是可以自由流动的，并且行政区域之间存在竞争，再将地方公共项目提供之间

---

① Oates W E. Federalism and Government Finance [M]//Quigley J S, Smolensky E. Modern Public Finance. Cambridge, MA: Harvard University Press, 1994: 126 – 161.

的差别以资本化的形式转化到房屋的价格中，使得房地产税成为受益税，意味着房屋的所有者为其所得到的地方公共服务而支付的价格。在此，受益税是指这一税收收入主要用于为纳税人提供服务，从这个角度来讲是没有福利损失的。而有效是指地方政府所征收的用于同样服务的其他税种都没有这种税有效率。受益论认为，房地产税对房屋所有者的收费不具有扭曲作用，在配置房屋资本及各级地方政府的公共支出水平方面不会产生影响，不会引起任何地区之间的收入再分配。

受益论的主要观点需要两个假设作为前提——"用脚投票"的原则（Tiebout，1965）和城市土地利用分区（zoning）。

蒂伯特（Tiebout，1965）提出了"用脚投票"，他在对公共产品的外部性进行分析以后，认为地方政府的管理者只需要提供相应的公共服务，以及选择该社区会发生的支出，之后潜在的住户会根据服务和支出选择社区，以满足自己的需要。如果不满意，居民就会离开社区，选择居住在其他合适的社区。

为了保证新开发地区能为自己的发展支付费用，由汉密尔顿（Halmilton，1975）提出了城市分区假设，完善了蒂伯特模型。在所有的社区，人们不仅对公共服务的需求基本一致，并且在住房的消费上也大致相同。地方服务融资来自居民房地产税。而每个社区都有最低价值的房屋，所以，任何家庭进入该社区，必须支付至少和最低价值房屋相同数额的房地产税，当然，如果购买的房屋价值高于最低价值的房屋，那么所有者就需要支付较高的房地产税，或者选择离开该社区。菲谢尔（Fischel，1975）在蒂伯特模型中引入了政治因素，认为要确保政府管理人员的有效管理，需要政治力量。他阐述了房地产税能否成为受益税，要看地方政府是不是为自己的发展坚持付费，也就是说，如果社区所征收的总税额必须能够满足其为提供公共服务所需要的成本，房地产税就是受益税。

基于上述假设，受益论认为分区的行政区域之间的竞争和具有完全流动性的消费者"用脚投票"，是可以保证每个社区内居民对地方公共服务的需求水平，同时地方公共服务也能给予有效的提供。与新论相反，受益论认为房地产税是完全不存在扭曲效果的。

**（二）新论的主要观点**

房地产税新论主要是由米斯考斯基（Mieszkowski，1972）提出，并由佐德罗和米斯考斯基（Zodrow & Mieszkowski，1986，1989）等陆续进行了理论拓展。该理论与受益论不同，认为房地产税不具有中性，是一种对地方资本有扭曲作用税种。

相对于受益论，新论有两个基本的假设。

第一，新论是在一般均衡模型的基础上设立，这与受益论中传统局部均衡分析思路不同。提出在整个经济中资本是可以自由流动的，如果一个行政区的资本税负较高，那么资本就会从税负较高的地区流向税负相对较低的行政区。这种一般均衡分析借鉴了哈伯格（Harberger）1962年的论文。①

第二，在整个经济中，资本存量是不变的，表示为资本供给弹性是0，那么在全国范围内，不论资本流向哪里税收都是无法避免的。

该理论的主要思想是："不同的房地产税税率，导致了全国资本存量的无效率配置"。意味着当某地区的房地产税税率超过了全国平均水平时，该地区的资本数量就会向税率较低的区域移动，这样地方政府为了避免资本数量的流出，就会选择水平较低的公共服务来留住资本。这就是房地产税税率的差别导致了全国资本存量无效率配置的原因。

更重要的是，就公共服务而言，佐德罗和米斯考斯基（Zodrow and Mieszkowski，1986）论证了，地方政府由于担心资本会因为本区域内过高的房地产税税率而流出本区域，因而常常不愿意增加公共服务支出，而选择较低的公共服务支出，这样将会导致整个经济的无效配置。

**（三）受益论与新论的比较和选择**

众多杰出的地方公共财政专家对于房地产税受益论和新论的孰是孰非进行争论，至今没有达成一致。下面简要地对比两种观点。

1. 区别

第一，对于房地产的假设不同。受益论假设房地产是不可流动的，因为严格的区分控制了房地产业的随意增长。而相对应新论的假设为房地产是有可流动性的，资本供给弹性为零，由于假定了资本的可流动性，因此房屋资本自然也是可以流动的。

第二，分析的侧重点不同。受益论着重分析了"用脚投票"或者说居民的流动。新论则侧重于资本的流动并且在国内供给是一定的。

第三，在累进和累退性中存在差异。受益论认为房地产税是倾向于一种比率税制或者类似于人头税的税制，有累退的倾向。而新论则认为资本所有者一般为富人，所以房地产税有累进的倾向。

---

① Harberger A. The Incidence of the Corporate In-come Tax [J]. Journal of Political Economy, 1962, 70 (3): 215-240.

2. 共同之处

在单个行政区的分析框架下，受益论和新论从不同的角度得出了相似的结论，就是单独对某个行政区而言，该地区的消费者承担了税负。

3. 选择

正如前面所提到的，这两种理论都是建立在严格的假设基础上的。然而，在不同的环境里，假设的合理性就可能不同，所以，要选择房地产税的理论基础，关键是看两个理论假设，哪个更符合具体现实状况。

从假设前提与现实贴近的程度来讲，这两种理论由于考虑的方向不同，所以，仁者见仁，智者见智，两者的假设都存在着合理与不合理之处。但是一般而言，居民的流动性，在经济水平较为落后的时期会受到限制，居民会更多地考虑搬迁费用。但在经过经济快速发展的一段时期后，居民的流动性水平会达到很高，这样，提出家庭可自由流动假设的受益论，从这一角度来讲是较为可行的。而对于房屋的流动性问题，新论认为房屋资本具有完全流动性，这可能存在一些问题。房屋是耐用品，他们虽然可以扩建，但是资本向外流动只能通过房屋逐渐贬值的形式才可能实现。如果当地的房地产税很高，房屋通常是没有得到很好维护的，即使房屋有可能发生贬值，不过资本通过贬值以后再流出社区的速度是比较慢的。因此，对于新论的假设——资本的自由流动，站在一个长远的角度来看，是不匹配现实情况的。此外资本存量在全国范围内供给一定的假设，也隐含了经济是封闭的。然后，随着经济全球化的发展，世界上几乎任何一个国家都不再对资本实行严格的管制，大大增加了国际资本的流动性。这样，关于新论在资本存量方面的假设也是与现实不匹配的。

**（四）关于征收房地产税的其他观点**

除了受益论和新论之外，支持征收房地产税的理论还包括财政收入说、利益支付说和负税能力说等。

1. 财政收入说

任何一种税收，其最终目的都会落到增加财政收入方面，当然房地产税也不例外。在财政收入说的观点中，政府必须要有一定的税收收入来保障该国庞大的政府开支，因此，公共经济学认为，土地和房屋是两种主要类型的私有财产，有足够的收入来源，便于征管且税基广泛，适合成为财政收入的主要来源。因而，课征房地产税的重要理论依据之一就是政府为了实现政府财政收入和满足财政支出。

特别是在封建社会中，臃肿的政府机构和大量的财政支出需要存在稳定的财源作基础，但是封建社会生产力十分低下，农业经济又是其主要经济形式，农产品的税收是不足以满足其财政支出需要的，这样房地产税就以其独特的优势成为当时财产税体系中最为主要的税种。当经济已经达到高速发展的阶段，也未能减弱房地产税组织财政收入的职能。但是，不可移动性和用途多样性是房地产的特征，使得房地产税在征收范围上具有区域性、税基评估具有复杂性等特点，因此房地产税适宜成为地方主体税种，由地方政府统一征收，并且收入主要用于地方公共产品及服务项目的支出。因此，筹集政府财政收入、满足财政支出是房地产税的重要理论依据。

2. 利益支付说

17 世纪，利益支付说盛行于欧洲，起源于社会契约论，主要包含两个核心思想。

第一，政府部门为房地产所有者提供了公共服务，包括国防安全、国内治安、维持市场秩序和制定法律等，正是这些服务使房地产所有者拥有房产的权利并且使自己的财产得到了有效的保护，不仅满足他们在物质利益方面的需求，也满足他们的精神需求。房地产所有者获益于这些与房产相关的公共服务，就应该为这些服务支付一定的费用，而缴纳房地产税正好是房地产所有者对从政府那里获得的公共服务利益的一种支付。

第二，政府部门，特别是地方政府在为房地产所有者提供公共产品以及公共服务的同时，还会对房地产附近区域进行适当改善，如周围环境的改善、公共设施的增加等，带动当地经济发展，可能会影响到土地和房屋的价值，会增加当地房地产的有效需求，增加房地产所有者和房地产使用者的额外收益。对于房地产所有者和使用者来说，因为他们受益于政府行为，使其财产价值发生增值，就应当就增值部分支付相应的费用，所以最好的办法是负担一定比例的税收，从而满足地方财政支出的需要。这样，以利益补偿为目标开征房地产税就具有很强的理论支持。因此，利益支付说是课征房地产税的重要理论依据之一。

3. 负税能力说

衡量课税是否公平是负税能力说的出发点。拥有的土地及土地改良物组成的房地产数量和质量是衡量纳税人负税能力的重要指标，纳税人拥有的土地以及房产数量越多、质量越好，说明其承担税负的能力越大；相对应，拥有的房地产数量越少、质量越低，说明其承担税负的能力越小。例如，假设两个人有相同的基本收入，如果其中一人拥有一笔财产，那么拥有财产的人就存在着纳税优势，具有较强的负税能力，应该缴纳较多的税款。所以不管从纵向公平还是横向公平的角度考虑，课税于财产所有者都是非常合理的。因此，房地产税收不仅是政府参与房地产利益重新分配的过程，也是政府对土地财富进行均衡的过程。此外，政府征收房地产税的又一目的在于减少土地财富的集中度、打击不劳而获和财富的公平分配。由此可见，根据纳税人的负担能力是征收房地产税的又一重要的理论依据。

### 四、房地产税的特征

虽然房地产税在现代税收体系中并不占主导地位，但由于它具有的独特的调节功能，是其他税收所难以实现的。因此，仍然受到世界各国的重视，也是现代税收体系中重要的不可或缺的组成部分。与其他税种相比，房地产税具有以下特征。

#### （一）地域性

房地产税的课征对象是土地及其附属的建筑物等，房地产也被称为不动产，而不动产的自然属性首先在于不可移动性，每一处房地产都将固定地处于某个区域，在交换的过程中也不可能发生空间位置上的转移。同时，不同区域的公共服务、基础设施甚至文化氛围都有不同，而且同一区域内的房地产由于地理位置的不同也都具有自己不可复制的特征，因此，房地产的这个特性决定了其税源的地域性特征。通常，不会因房地产税的征收而引起房地产在地区间的流动，因此房地产税具有明显的地域性特点，是一种地方税。这样，在征收房地产税时各地区可根据自身的实际情况来确定，在征税的范围、税率的确定以及优惠政策等方面都可以由地方政府决定。

从国际经验看，也是如此。以美国为例，美国的房地产税并无统一税率，由各个州政府自行决定，其名义税率大约在3%～10%，因地而异；具体到某一特定的地区，税率也不是固定的，地方政府会根据每年的财政收支状况来确定税率的高低。[①] 所以，与所得税和商品税相比，房地产税具有明显的地域性特点，而且是地方政府重要的收入来源。

#### （二）稳定性和持续性

房地产既是生产资料，又是生活资料，同时具有固定性和耐久性，是

---

① 黄凤羽. 美国财产税政策及其优惠机制 [J]. 涉外税务，2007（7）：58－61.

社会生产与人类生活不可缺少的物质基础。而房地产税是对财富的存量征税，因此，税收收入弹性小，是不会随着经济波动出现较大变化的。而且，房地产在社会财富中占有很大的份额。有数据表明，从 20 世纪 70 年代，世界各国每年用于房地产的投资数额，占到国民生产总值（GNP）的 6% ~ 12% 左右，而房地产业的产值占 GNP 的 20% 以上，甚至在当年形成的固定资产总值的 50% 以上，而中国 2018 年房地产投资占全社会固定资产投资的 1/4，全国房地产市值约 321 万亿元，是当年 GDP 的 3.6 倍，占股债房市值的 71%。① 因此，房地产税常常被看作是经济周期的缓冲器，其税源广泛、充足，税收稳定。这也是其与流转税和所得税的根本区别：即它们都是对流量征税，会随着经济的繁荣与萧条出现周期变化，而房地产税则不会。此外，由于土地具有稀缺性，从长远来看，房地产随着社会经济的发展是具有增值效应的，从而可以保证房地产税收的上升趋势。

**（三）征管复杂性**

在计税依据方面，房地产税一般是以房地产的价值为计税依据。而房地产具有位置固定性，每一处房地产都将固定地处于某个区域。这种固定性也决定了它的个别性，即使在同一城市，同一地段上的同类型的房地产，由于区域的公共服务、周边环境、基础设施等的差异，使得其价格是不一样的，甚至存在着较大的差异，房地产都具有自己不可复制的典型特征。因此，为了准确计算房地产税，避免在税收征收上的不公平，需要对纳税人具有异质性的房地产进行估价。然而，评估房地产价值是一项技术性相当强的工作，在方法的选择、参数的确定上都需要评估人员的职业判断，这样就不可避免地出现由于各种主观判断造成的估价不准确等问题，这些都会对房地产税的征收造成影响。另外，对于房地产税的征收工作，需要以准确产权产籍资料为基础，因此还需要房地产管理部门的配合，这些因素都增加了房地产税征收管理上的难度。

# 第三节　文献综述

## 一、国外研究综述

对房地产税的征收在国外有着悠久的历史，学术界对其进行了大量的

---

① 任泽平．全球历次房地产大泡沫：催生、疯狂、崩溃及启示［R］．2021.

理论研究，许多国家和地区的房地产税收制度已经相当成熟。最早对房屋税及土地税进行研究的是威廉·配第，其在代表作《赋税论》中提出政府应课征土地税以此来筹集财政收入。在 18 世纪，古典经济学派代表人物，被称为"财政学之父"的亚当·斯密在《国富论》中提出了税收公平的原则，并把对土地、房屋等房地产在保有环节所征收的税称为租金，阐述了地租税在一个完整的税制结构中的重要地位。随后，国外学术界对于房地产课税进行了大量的理论与实证研究，包括哈维·S. 罗森、马斯格雷夫等，取得了丰富的研究成果，总结起来主要有以下几个方面。

**（一）关于房地产税的性质**

对于房地产税的性质，国外学术界主要有两种观点，一种认为房地产税是一种受益税，其理论根据是税收的受益论，另一种观点认为房地产税是对地方资本所征收的扭曲型税种，即新论。受益论最原始的理论基础是蒂伯特模型，主要指在征税的过程中，应依据纳税人从地方政府提供的公共物品中受益的多少，来判定其应纳税额的多少，受益多者多纳税，受益少者少纳税。该理论的前提假设是家庭的可流动性，人们有"用脚投票"的自由，房屋供给完全弹性等。

在受益论中，地方公共项目的提供以及缴纳房地产税的成本将以资本的形式转化到房地产的价值中。例如，该地区的交通便利、环境优越、社区犯罪率低等因素会引起住房价格提高，还有，房地产税的低税率也会引起住房价格提高。在其他因素不变的条件下，人们会愿意为此花费较高的成本，住在公共设施相对较好而税率又相对较低的社区内。因此，该地区相对其他社区的房地产价格会较高。这样当地居民就享受到了房地产税所带来的财产价值增加，所以房地产税是一种受益税。支持该观点的代表学者有汉密尔顿（Hamilton，1975）和菲谢尔（Fischel，1992），汉密尔顿通过加入财产税融资延伸了蒂伯特模型，而菲谢尔在汉密尔顿模型上再次拓展了房地产税的受益论，他认为地方公共项目所带来的收益和房地产税中所体现的成本将以资本的形式转化进当地的财产价值中，强调"资本化无处不在"，这足以使房地产税成为一种受益税。

与受益论相对应的是新论，认为房地产税是一种会扭曲地方资本的税种，是由米斯考斯基（Mieszkowski，1972）提出的，后由亚伦（Aaron，1975）、佐德罗（Zodrow，1986）等学者进行了拓展。

米斯考斯基认为：如果房地产税税率超过了全国平均水平，那么该地区的资本量就会迅速减少，并流向税率较低的地区；因此，新论的假设前提是建造房屋的资本可以在不同区域间自由流动。这样，房地产税税率的差异会引起全国资本无效率的配置进而会对房地产市场的供需以及地方公共财政政策带来扭曲效应，导致土地使用效率低下，最终导致整个经济配置的无效。

上述两种观点虽然将房地产税归为不同的大类，但是他们均承认单独对某个行政区而言，该地区的消费者承担了最终税负。

### （二）房地产税在收入分配中的作用

房地产税能否在收入分配上具有调节作用，主要取决于房地产税是否具有累进性。一直以来，国外学术界对于财产税的累进性存在很大争议。传统观点运用局部分析的方法，认为从土地所有权上获得的收入，会随着总收入的上升而增加，所以，针对财产税中的土地部分是具有累退性的。同样，住房支出占年收入的比重会随着年收入的增加而降低，因此财产税中的房屋部分也是累退的。财产税累退论的代表人物是纳泽（Netzer，1966），他认为相对于现行货币收入来说，财产税是均衡的，在一定程度上具有累退性。纳泽运用均衡分析，认为财产税是基于住宅单位价值的比例税率，由于年住宅服务消费在低收入家庭中占的比重更高，相比之下承担的财产税负担也较重。

相对累退论的是房地产税的累进论。累进论建立在财产税是资本税的前提下，并运用了一般均衡的分析方法。代表人物有米斯考斯基（Mieszkowski）、亚伦（Aaron）等。米斯考斯基（Mieszkowski，1972）将整个经济中的行政区域划分为相对高税收的地区和相对低税收的地区，在哈伯格（Harberger，1962）税负归宿的一般均衡模型的基础上，构建了一个模型，假设全国资本供给是完全无弹性的，因此资本所有者作为一个团体负担了全国财产税负的平均负担。将财产税的这一特性称为财产税归宿的利润税成分，在现代一般均衡理论里，各个家庭所支付的财产税率是对所拥有的资产的征税，对于拥有较多资产的高收入家庭来说，他们所承担的相应的赋税也会较多，所以米斯考斯基认为财产税属于累进税制，即房地产税的资本化和资本收入比例会随着总收入的增加而提高。亚伦（Aaron，1975）同样认为财产税税负分布相对于收入分布具有累进性，考虑到短期内全国的资本总供给是缺乏弹性的，资产所有者通过向他人转让资产或者改变资产形式并不能有效地逃避税负，所以在短期内，拥有较多资本财富的高收入家庭承担的课税负担会相对较多，这就是房地产税负累进性的明显表现。

在对于房地产税负是累进还是累退的争论，除了在对房地产税性质和资本供给弹性的假设不同以外，实证检验方面也存在很大的不一致。通过亚伦在美国的实证检验，在一些州，人均收入与实际的财产税率的确是正相关的，这样证明了财产税的累进性。但在美国的另外一些县级行政区内，检验的结论是负相关性，这样就支持了财产税的累退性。所以，在考察房地产税在收入分配调节的作用时，应根据各地区的实际情况具体问题具体分析。

### （三）关于房地产税与地方财政关系

目前，在大多发达国家和地区已经得到公认的是，房地产税可以成为地方财政的主体税种。如奥茨（Oates，2000）分析了房地产税与地方支出对当地房地产价值的影响，结果表明，当地房地产价值与房地产税呈现出负相关，与地方公共支出呈正相关。并且总结了美国财产税与地方政府的关系，认为财产税为地方政府提供了一个既能提供所需财政收入，又能鼓励有效地制定财政决策的税收杠杆。吕克纳和萨维德拉（Brueckner and Saavedra，2001）使用空间经济计量的方法研究了地方政府在房地产税税率制定上的竞争关系，认为地方政府在制定房地产税率方面会存在互相影响。因此，国外学术界在这个问题上更多地关注了税率与地方财政收入以及地方政府公共品支出之间的联系。

### （四）居民房地产税纳税能力的研究

有关房地产税纳税能力的英文文献在时间上有断档。本书梳理了自20世纪以来的英文文献，根据断档将相关研究分为三个阶段。每个阶段均伴随着明显的经济衰退及其对房主纳税能力的影响。

第一阶段的研究始于20世纪30年代。"大萧条"后，纳税人缴税能力成为问题，由此引起学者的注意（Martin，1931，1933）。此后，学术界逐渐认识到，需要找到更合适的纳税能力衡量指标（Buehler，1945）。就税收正义来说，"纳税能力"概念本身立论不足、不断变化，只是税收正义的要求之一，还需要获取其他的依据和更广泛的事实支持（Buehler，1945；Dempsey，1946；Kendrick，1939）。其后相关研究几乎是空白，直到20世纪60年代中期美国住房拥有率超过60%之后，学者们才再次将纳税能力与住房联系起来（Morgan，1965；Netzer，1966；Soule，1967）。①

① 住房拥有率数据来源：美国统计局，http：//www. census. gov/housing/hvs/data/histtab14. xls。从20世纪60年代起，美国住房拥有率一直保持相对稳定，到2015年仍然约为63%，其最高纪录出现在2005年，为69%。

第二阶段是 20 世纪 70 年代末（经济停滞）和 80 年代初（双探底经济衰退）。这一阶段的文献主要关注精确测量纳税能力，尤其注重两个方面：一是临时收入与永久收入的对比（Ihlanfeldt，1979）；二是房产价值能否当作收入的替代变量（Mark and Carruthers，1983）。里希特（Richter，1983）提出了纳税能力与等量付出之间的理论联系。

第三阶段源于 2000 年后的房地产泡沫破裂，成千上万业主申请破产引起金融危机，最终导致了大衰退。这一阶段的文献强调对穷人和富人以及不同规模家庭的纳税能力进行比较（Cornia，2012；Gravelle，2008）。

这三个阶段的文献留下不少需要进一步探讨的问题，例如，如何构建综合纳税能力的概念和衡量指标等。当前重要的是建构理论框架，而不是仅仅讨论原则或是进行特定的比较。

如何测量纳税能力一直是学术界和政策制定者讨论的焦点，因为只有在恰当地衡量了"公平纳税"这一原则之后，才能应用这个原则；一直争论不休的恰恰是衡量指标。潜在的指标包括：财富（财产）、消费、临时或永久收入，及其他替代变量（Musgrave and Musgrave，1989；Utz，2001）。比勒（Buehler，1945）和纳泽（Netzer，1966）指出，财富和消费的评估存在着制度性漏洞。马克和卡拉瑟斯（Mark and Carruthers，1983）则认为房产价值不能较好地衡量收入。要衡量收入，临时收入显然不甚可靠，永久收入或净收入的数年平均值更为妥当（Buehler，1945；Ihlanfeldt，1979）。富人总的来说纳税能力较强，但问题在于，相对于穷人来说，富人的税负到底应该高到什么程度（Cornia，2012）。格拉维尔（Gravelle，2008）考察了衡量不同规模家庭纳税能力的公平指数，发现税收设计中的公平目标，基本符合对低收入者使用纳税能力原则、对高收入者使用受益原则。摩根（Morgan，1965）使用当期收入和过去及未来收入（根据年龄及教育背景估计的）来测量纳税能力，并考察住房消费与纳税能力的关系，发现很难获得恰当的指标来衡量纳税能力或购买能力，因为除了丈夫的收入水平及其收入稳定与否之外，妻子挣钱的愿望和能力以及从亲属获得资助的多寡均有巨大差异。摩根因此认为，实证研究需要的不是一个而是若干个指标，才能衡量纳税能力。顾斯比（Goodspeed，1989）采用理论模型并进行模拟，发现地方政府使用以纳税能力为原则的税收设计，可以在不显著损害效率的基础上达到再分配的目的。

**（五）关于房地产税税负公平性研究**

公平是房地产税研究中的重要问题，包括横向公平和纵向公平（Sirman et al. , 2008）。横向公平指情况类似的纳税人应纳税额相等，纵向公平指情况不同的纳税人应纳税额不等。由于不同类型房产的评估率（评估价值/实际价值）不同，情况类似（仅指经济状况）的纳税人可能由于居住的房产类型不同导致税负差异，这就会产生房地产税的横向不公平（Cornia and Slade，2006）。关于横向公平有很多实证研究，普洛特尼克（Plotnick，1981）基于计算基尼系数类似的原理，利用劳伦兹曲线（Lorenz curve）比较税前和税后的分布进行横向公平的理论测量。纵向公平主要从税率的累进和累退角度进行分析。同一类型的房产，如果其评估值与市场价值的比率随着该房产市场价值的增加而下降，房地产税就是累退税；反之就是累进税（Sirmans et al. ，1995）。累退税会加剧不同群体纳税能力的差异。由于富人拥有房产的市场价值较高，其评估值往往会被相对低估。因此，纵向公平是分析纳税能力需要考虑的重要因素。设计、实施减免政策的部分目的就是增加纵向公平、提高税收的可接受度。

除了上述几点之外，在房地产税的实践上，国外的学术界还从课税对象、税率、房地产评估依据、对房地产价格的影响、税收优惠政策等方面进行了大量的实证研究，取得了很多成果。在其他社会主义国家中，房地产税收方面的研究成果并不丰富，仍处在探索阶段，因此，发达国家的这些成果和经验对于我国开征房地产税具有重要的借鉴意义。

## 二、国内研究综述

2003 年，中共十六届三中全会在《中共中央关于完善社会主义市场经济体制若干问题的决定》中提出"适时对不动产开征物业税"后，国内学术界对房地产税的研究开始活跃起来。近年来，在国际金融危机的大背景下，国内房价仍呈现出不断攀升的态势，随着相关房地产调控措施的不断出台，对于开征房地产税，社会上开始了新一轮的热烈讨论。国内学者在理论和实践两个方面进行了广泛的研究，取得了一系列的共识，但也存在很大的争议。综合起来，代表性的研究成果主要有：

### （一）关于房地产税开征的作用

#### 1. 开征房地产税与房地产市场

房地产税改革之所以会引起很多的关注，一个很重要的因素是政府可能会将房地产税作为对房地产市场进行调控的一种政策手段。对于开征房地产税是否能够有效规范房地产市场，抑制房价过快增长，目前学术界也进行了大量的研究，结论仍然是存在分歧的。大部分学者认同房地产税的开征是有利于消除目前房地产业税种繁杂、重复收税以及税基不合理等种种弊端的,对于房地产相关税收制度进行规范,将有利于降低其开发成本。目前争论的重点主要集中在讨论开征房地产税是否可以引起房地产价格的下降,存在正反两种观点。

一种观点认为,开征房地产税可以大幅度降低房地产价格。中央党校原副校长王东京认为,一旦开征房地产税,房价必然下降。[①] 岳树民(2005)认为,形成目前商品房价格过高的重要原因之一就是现行房地产税制的不合理。我国房地产价格中房地产开发成本的将近一半(甚至更多)都是相关的税费成本,这也是引起商品房销售价格过高的一个重要因素。所以在开征房地产税后,加大房地产保有环节税收负担,相应减少流转环节负担的行为会更加合理。另外一个引起房地产价值不断增长的原因是土地出让金(地价)的不断攀升。因此有的学者认为,当前的土地出让金可以由逐年征收的房地产税所替代,这样可以将包含在房地产销售价格中的土地出让金分70年分摊,在持有房地产的过程中逐年征收,将从另一个角度降低房地产的开发成本,从而降低房地产的销售价格。安体富和金亮(2010)认为在调节房地产供求和结构方面房地产税是一个重要手段,能够有效地调控房地产市场。杜雪君、黄忠华、吴次芳(2009)在房地产税对降低房价的作用方面进行了实证分析,他们采用1998～2006年我国31个省区市的面板数据对房地产价格、房地产税负和地方政府公共支出之间的关系进行了计量检验和实证分析,检验结果显示征收房地产税对抑制房价上涨是可以起到一定作用的。

陈哲(2008)认为,虽然房地产税的开征会引起房地产价格的下降,但幅度不会太大。这种观点认为,房地产税的开征虽然会降低房地产开发阶段的税负,但这些税负在开发成本中所占比例只有10%左右,所以并不会引起房价的大幅下降。

还有的学者,如吴晓宇(2004)认为,房地产税的开征,可以将原由房地产商上交的税费合并(如房产税、土地增值税、土地出让金等),但即便如此,也不能保证房价的大幅下降,开发商反而可以从中赚取部分超额利润。慕飞飞(2008)认为,在当前房地产供求矛盾极度尖锐的大背景下,房地产价格与房地产开发成本之间的关系已经极其微弱,房地产税的开征不会引起房价的下降,而且随着城镇化进程的继续及社会的进一步发

---

① 王东京. 征收房地产税的困难 [N]. 学习时报,2021－11－10 (3).

展，民众对房屋的需求还会进一步增加。骆峰（2004）提出，"如果希望通过减免税费来实现房价的下降，可以直接通过取消或削减相应的税种和收费"。林家彬、刘毅（2009）认为从供给方面分析，只有保证了住宅用地的有效供给才可能提升房地产的开发理性，相应地缩短产品供应周期提高住宅的利用效率。徐恺（2008）认为房地产价格问题相对复杂，影响房价的因素并不单一，除了房地产税以外还有很多，开征房地产税是不可能大幅降低房价的，过高或过低地估计房地产税对房价的影响都是不可取的，而房地产税对房地产市场以及房地产价格的真正影响，需要通过其对于促进房地产市场的制度性建设的影响，对理顺房价产生非直接的作用。刘维新（2004）提到，房地产税开征以后，对于相关税制会产生一定的影响，如减少税种、降低税率，这些能够使开发企业的税负有所降低，但是在开发企业税负减轻时是否会引起住房价格的下调还不能确定。龚刚敏（2005）认为，开征房地产税对于房地产价格不会产生实质性的影响，龚刚敏的分析依据是李嘉图等价定理，他论证了开征房地产税对于房地产价格的可能影响。王晓明、吴慧敏（2008）通过统计分析了住房、收入及购置成本之间的关系，认为对满足自住性需求的有房者、购房者来说，开征房地产税是不会产生大的影响，但是会在一定程度上影响结构上对住房的需求，特别是有投资性需求的房地产购房者、投资者或投机者有较大的影响，会增加其房地产的持有成本，降低其收入。贾康（2010）认为房地产税不是万能的，开征房地产税的主要功能定位是完善地方税体系、对房地产供求双方行为的合理化形成一种经济参考和税负约束以及再分配调节作用；而对于房价来说，未来我国城镇化将持续高速发展，还会有大批人进入城市居住，这种需求的增加必将引起房价的上涨，而房地产税只是一种税收调控手段，是不会改变房价上扬的长期趋势的。

还有一种观点就是认为房地产税的开征会不会影响房价将难以判断。这部分学者认为：房地产价值是多种因素共同作用的结果，房地产税的开征对于房地产市场影响将十分有限，不会成为影响房价的根本原因。持该观点的学者有尚教蔚（2007）、颜明璐（2009）等。

另外的观点就是开征房地产税会引起房价的上涨。他们认为在房地产市场供求关系严重失衡的现状没有得到根本性改善之前，出台房地产税不仅不会引起房价的下降，反而会提高购房者的购房成本，不仅让真正需要的人买不起房，还会让开发商获取超额利润。持该观点的学者和社会人士有孟宪生（2007）、黄伟（2007）等。

2. 房地产税与地方财政

从各国的实践经验来看，房地产税为地方政府提供了充足稳定的税收收入，因此开征房地产税对地方财政意义重大，国内不少学者对此进行了大量的研究。如在 2006 年，北京大学中国经济研究中心曾就房地产税对于地方财政的影响进行了预测性的研究：第一，开征房地产税并不一定会导致地方公共财政产生缺口。对于小型和中型城市，可能会出现盈余，只可能对于极个别的城市会出现缺口。第二，房地产税收入将成为地方政府新的税源，也将逐步成为地方的主体税种。第三，对于房地产税来说发达地区与欠发达地区的绝对水平是不同的，发达地区要比欠发达地区高，但是房地产税收收入占地方财政收入的比例可能会不同，在小型和中型城市的水平上看，相对欠发达地区的房地产税占地方财政收入的比例可能会比发达地区的高。总之，房地产税的改革对于地方财政而言是有益的。

谭敦阳和倪红日（2009）分析了开征房地产税可能会对地方政府财政收入产生的影响，他们认为，在一定的假设下，对居民开征房地产税相当于开辟了新的税源，伴随着城市化进程，这部分税收增长的潜力很大；而对于非经营性房地产开征房地产税，相当于税基的扩大，从长期看对财政收入的增加作用是肯定的。夏杰长（2004）、朱润喜（2006）认为，地方政府的财政压力可以通过征收房地产税得到大大缓解。李卫刚（2007）的研究对我国东西部不同地区根据各地实际经济社会发展状况选择采取不同的房地产税税率、征收范围等提供了一定的理论依据。他在对全国 31 个省区市的样本数据进行实证分析的基础上，得出开征房地产税将拉大地区间财力差距的结论，甚至会对地方政府的行为选择产生影响，有可能导致新一轮的税收竞争。

从理论上讲，房地产税是一种理想的地方税。丁成日（2005）认为，房地产税可以为地方政府提供独立的财政收入，而且还可以促进地方政府的公共财政效率的提高，也能积极促进政府的透明度和公民参政议政的积极性。邓菊秋（2008）以成都市为例，分析了开征房地产税对地方财政的影响。侯异（2005）认为房地产税的开征可以保证地方财政收入稳定增长，同时可以规范政府行为，有利于完善地方税制。李晓英（2010）总结了开征房地产税对地方财政的可能影响。《比较》编辑室（2004）认为房地产税可以为地方政府提供稳定且长期的激励。此外，林素钢（2005）将研究的重点放在了征收房地产税对提高地方政府提供公共服务的积极作用上。

### 3. 房地产税的其他功能

朱润喜（2006）认为，房地产税的功能应是用来解决经济社会发展中因为资源稀缺、利益分配不平衡所带来的收入不公等问题，在开征的中期应主要发挥调节作用。还有的学者，如骆峰（2004）认为房地产税收的出发点应该是调整市场结构、防范金融风险和公平资源的合理配置。还有大量研究结果显示，开征房地产税有利于调节贫富差距。因为通过对居住高档住宅者课以重税，对贫穷家庭或居住劣房者给予减征或免征，是调节贫富差距、维护社会稳定的有效措施。同时通过对房地产税的征收，希望可以挤出土地出让金的泡沫，使房地产投资开发的风险有所降低，对于金融系统来说，提高防范房地产金融风险的能力。

### （二）房地产税开征的时机

如何选择房地产税的开征时间，学术界各持所见。一些学者认为，目前开征房地产税的基本条件已经符合，可以开征；另外一部分学者则认为，房地产税还面临着各种困难，目前还不适宜开征房地产税。

贾康（2006，2010）认为开征房地产税是有利于清除现行房地产税制的弊端的；胡润田（2010）提到房地产税的开征，对于我国日益发展的房地产市场具有良好的推动作用；张建松等（2005）认为除此以外，房地产税同时有利于健全地方财政体系及增加地方财政收入；唐明（2010）论证了房地产税改革对于产权保护的作用。因此，他们的结论是开征房地产税是可行而且应该实行的。不仅如此，相关研究人员还阐述了房地产税开征所应具备的配套措施，他们认为房地产税应该对房地产价值评估体制以及土地管理体制等进行完善，统一城乡房地产产权，提高税务专业人员的工作能力也是必要的。

与以上学者意见相左，对房地产税的开征持谨慎态度，认为应该缓行的学者，在学术界也不占少数。温来成（2009）认为，我国目前相应的管理制度还不完善，缺乏明晰的房地产产权关系，因此并不具备大规模征收房地产税的条件。唐明（2010）列举了阻碍物业税改革的制度原因，认为不清晰的产权关系将导致房地产税制缺乏法律基础。张艳纯和唐明（2010）认为不规范财政分权导致房地产税建立缺少财政体制基础，地方政府治理的激励与约束机制尚不完善。张青（2012）认为对于房地产税的改革要想取得成功，地方政府与房地产税的财政利益需要保持一致。当然，以上学者对房地产税的开征所持有的谨慎态度并不代表他们否定房地产税的优点，而是认为在开征的制度环境和实际条件上还不能满足，大家应对于开征房地产税的负面效果给予更多关注，特别是近几年国际金融危机背景下的宏观经济环境不佳，因此房地产税的开征应谨慎。

### （三）关于房地产税征税对象中是否包括土地的问题

在房地产税的征税对象方面，各个国家的设计并不相同。有的国家的征税对象只包括土地，有的国家征税对象只包括房屋，还有的国家是对二者合并征税。2003 年在"中国企业领袖年会"上，中国人民银行行长周小川讲到"中国将在适当时机试点实施物业税，届时将对房地产开征统一规范的物业税，相应取消其他与房地产有关的税费"。① 随后引发很多研究人员开始对我国房地产税的征税对象的讨论。许多学者主张在房地产保有阶段征收房地产税，相应地废除土地批租制，将与房地产相关的房产税、土地出让金、城市房地产税、土地增值税等税费合并征收房地产税。

站在物业税的角度，一些学者认为土地不应该包括在征税对象里。刘桓（2004）认为，对于不具有完全意义上的产权的事物，是不应纳入物业税的征收对象的。程遥等（2005）认为房地产税不应该包括土地，因为"我国所谓的土地价格并非真正意义上的土地价格，实际上只是'地租'而已"。岳树民（2004）认为，向土地使用者征收房地产税是不合适的，因为我国的土地是国家所有的，如果要征税，也只能征收使用税，而不应该征收属于财产税体系的房地产税。钟晓敏、叶宁（2005）也认为房地产税的课税对象是除去土地的房产，理由同样是因为我国城市土地属于国家所有以及农村土地归集体所有，"因此，我国如若采用对物业本身的价值进行课税的方式，那么课税对象肯定与美国等对含有土地价格在内的房地产总值课税的国家不一样"。

从物理的角度来看土地和房屋是不可分割的整体，因此将房产和土地合并征税仍然是目前的主流观点。国家税务总局地方税务司在 2000 年 3 月召开了全国部分省份房地产税研讨会，北京、上海、山东、河北等 14 个省份地方税务局参加了这次的研讨会。会上大家认为，从长远来看，站在体现税收公平原则和解决城乡之间税负不统一的角度，应该房地合一，统一进行评估征税（王平，2000）。安体富、王海勇（2004）、许一（2004）、邓宏乾（2006）、吴俊培（2004）等学者持相同意见。此外海南省地方税务局课题组（2006）也得出相同的研究结论。他们进行了大量的国际比较，发现大多数国家的房地产保有环节税收都采用土地与地上建筑

---

① 周小川：税收体制改革的趋势及其影响 ［EB/OL］. https：//business. sohu. com/2003/12/06/29/article 216542939. shtml，2003 - 12 - 06.

物的市场价值作为其计税依据。因此海南课题组认为我国的房地产税应遵循"房地合一、整体评估、一并征税"的原则。

**（四）关于房地产税纳税能力**

中文文献中有不少研究聚焦于城市居民对房产本身的支付能力（向肃一、龙奋杰，2007；吴刚，2009；陈杰等，2008）以及相应的政策设计，如住房公积金制度对房产支付能力的影响等（吴璟等，2011）。亦有学者对房地产税的税负公平性进行定性讨论（邓菊秋，2014）或对税负进行定量比较（刘洪玉等，2012）。但使用微观家庭和住房数据对缴纳房地产税的能力进行深入探讨的系统研究还很少见。例如，陈杰等（2011）定量分析了上海市过去若干年间城市住房可支付性状况的演变。他们的结果表明，上海的城市家庭面临很大的住房可支付性问题，如果住房支出占家庭收入的比重过高，将会导致大多数家庭陷入住房诱导的贫困。吴璟等（2011）分析了中国城市居民住房支付能力问题，并对住房公积金制度作用做出了定量评价。他们发现城市居民住房支付能力不足普遍存在且逐步演化为社会性问题，部分城市的居民住房支付能力甚至严重不足。向肃一、龙奋杰（2007）和吴刚（2009）均基于我国主要城市的经验数据对居民的住房支付能力进行了测算。但这些文献主要侧重于房产本身的支付能力，对房地产税仍未涉及。邓菊秋（2014）基于文献得出，由于房地产税的税收归宿更倾向于累退性，不一定能体现税收的公平原则。刘洪玉等（2012）较早地利用2010年国家统计局"城镇住户基本情况抽样调查"数据对房地产税的税负公平性问题进行了分析，他们发现居民家庭收入与住房价值之间存在明显的不匹配，因此房地产税在不同家庭和不同城市之间的税负也存在明显差异。但他们只使用房价收入比来测量房地产税税负，对税负也限于对不同房产类型和主要城市之间的比较。此后张平、侯一麟（2016，2017，2019）通过数据对居民房地产税的缴纳能力和地区差异进行了分析，结果显示，不同地区家庭房地产税的缴纳能力存在较大差异；同时使用《中国家庭追踪调查》的数据，根据区域、拥有套数、住房类型、购房贷款等因素，对不同收入和地区的居民的房地产税纳税意愿进行比较，结果显示不同家庭的房地产税纳税意愿存在较大差异。现有文献对房地产税的缴纳能力仍缺乏多维度的系统分析。

综上所述，房地产税问题是一个很重要的课题，随着经济体制改革和我国新一轮税制体制改革，具有财产税属性的房地产税制建设问题更是引起了广泛关注，包括财政、金融和公共管理等很多领域专家。笔者认为，房地产税作为国际上的一个重要税种，在许多发达国家有着悠久的历史，我国当前的发展状况也确实需要完善财产税。关于房地产税制设立问题，需要结合我国的具体客观状况，根据我国房地产市场发展的现状，以"宽税基、少税种、低税率"为指导思想，完善我国房地产税制体系。

## 第四节　本书的研究对象

广义的房地产税是对房地产——土地及附着其上的建筑物在取得、持有、收益、转让等各个环节征收的所有税种的统称。按照征税对象划分，可以分别归属于流转税类、财产税类和所得税类，相对应的征税对象依次为房地产的流转价值、保有价值和收益价值。狭义的房地产税主要是指对纳税人所拥有的房地产课征的税收，即房地产保有环节的税收，这也是国际上通常理解的房地产税。在理论上，房地产税以土地、房屋为征税对象，属于财产税，是财产税体系的主要组成部分。本书的研究对象是狭义的房地产税，即对房地产保有阶段的征税。需要特别提到的是，在近几年，无论是在我国的政府文件还是学术研究、新闻报道中都经常能看到物业税或房产税这样的名字，作为对房地产保有阶段税收的定义。实际上，"物业税"这一名词源自中国香港地区，但香港的物业税并不等同于内地的物业税，它是香港房地产相关税制体系中的一个具体税种，主要是对房地产出租所得收入征收的税，属于所得税。而在房地产税制改革中所提到的物业税是对房地产保有阶段的税收，属于财产税，两者的实际内涵并不一致。此外，对房地产保有阶段的征税使用物业税这个名称仍然有两个不便之处：第一，在一个国家内使用相同的名称却有不同内涵的"物业税"，很容易造成歧义；第二，容易混淆在房地产管理部门收取的物业费，税务部门仍需要额外的努力，进行宣传和解释，排除给改革带来不必要的麻烦。除了物业税还有"房产税"，因为是对房产和地产保有环节的合并征税，采用房产税这一名词是与税制的本质不相符的。由此，本书认为房地产税作为对拟开征的房地产保有阶段税收的命名是最合适的。

此外，在对于房地产保有环节征收的房地产税的课税对象包括工商企业拥有的房地产和居民拥有的房地产。目前对于居民非经营性房地产征收房地产税问题，在理论界和实务界、政府和社会公众之间存在的争论最为激烈，因此，本书以居民房地产税为研究对象，对于我国征收居民房地产税的必要性、可行性和征收效率、效应以及制度设计进行研究。

## 第五节 研究方法及框架安排

### 一、研究方法

本书是在认真查阅国内外房地产税相关文献的基础上，紧紧围绕我国居民房地产税的设立，对保有环节房地产征税可能涉及和已经存在的众多争议的主要问题，如对居民征税问题、对土地征税问题、居民税负问题、居民纳税能力问题、按评估价值征税问题等进行详细的研究和分析，采取实证分析与规范分析相结合的研究方法，根据我国国情，从客观实际出发，提出具体的可行的改革思路。既符合财税体制设立的原则，又体现了税收对社会经济活动的调节作用，对居民房地产税的建立，无论是理论还是实践上都有一定意义。

### 二、框架安排

本书共分为六章，分别对房地产税的理论、开征居民房地产税的必要性以及可行性进行了详细的分析和阐述，最后根据我国的具体情况设计了征收居民房地产税税收制度。

第一章是导论。主要介绍本书的选题背景和研究意义，介绍了房地产税的起源、相关概念，包括房地产、房地产税的广义和狭义理解，房地产税的理论依据、特征。着重对理论依据中受益论和新论进行了异同点的比较分析。介绍了国内外关于房地产税的研究状况，以及本书的研究目的、方法、写作框架、创新和不足。强调了对房地产税的研究具有十分重要的理论和现实意义。在研究对象方面，明确了本书是对于我国居民持有的房地产在保有环节征收房地产税所涉及的相关问题进行研究。

第二章是我国征收居民房地产税的必要性研究。从我国居民住房制度的变革入手，研究了我国住房形式的变化以及相对应的税收的变化，通过对历史沿革的回顾，从筹集地方财政收入、调节收入差距实现社会公平、优化房地产资源配置、促进地方政府提高公共服务能力以及促进房地产市场的健康发展几个角度讨论了征收居民房地产税的必要性，最后分析了我国目前房地产相关税收所存在的主要问题。

　　第三章是征收居民房地产税的国际比较。主要从国际经验角度分析征收的必要性。在此介绍了美国、英国、德国、俄罗斯、澳大利亚、新西兰，以及日本、韩国的房地产税制，为我国的税制建立提供经验和依据。

　　第四章是征收居民房地产税的可行性分析。分别从经济、技术、社会、实施和时间几个角度分析了征税的可行性，认为我国土地的国家和集体所有不是征收房地产税的障碍，在技术上可以效仿国外采用评估价值为计税依据来征收房地产税。同时，从社会公平角度考察了征税的可行性，分别对家庭收入与住房价值，居民住房产权形式与家庭收入、住房价值之间的关系进行了相关性分析，从公平性方面提出了征税的建议。最后对征收居民房地产税的具体实施的可行性进行了分析。在实施中会涉及的对居民家庭造成的税收负担方面，以上海 2015 年中等收入家庭的收入以及其拥有房地产的价值进行了分析，测算了 30 年每种税负所对应的房地产税税率，测算结果表明，针对中等收入家庭的标准住宅，如果以评估值的 70% 作为税基，2.5%～5% 的税负范围内，转换后的税率范围是 0.166%～0.38%，在国际上大多数国家的转换税率范围之内。

　　第五章是征收居民房地产税的效应分析。效应分为社会效应和收入效应。社会效应主要指居民的纳税能力情况。本书通过建立纳税能力模型推导出计算纳税能力的三种不同的测量基础：第一，以收入（家庭总收入和家庭工资收入）为基础；第二，以消费为基础；第三，以财富为基础，对于不同地区、不同收入状况、不同房地产状况的家庭进行了纳税能力值测量和比较，以此分析我国居民针对征收房地产税的纳税能力。收入效应是征税后对于地方财政收入的影响，首先对房地产税试点城市（重庆和上海）的征收现状进行分析；其次，对房地产税可能筹集的财政收入进行测算，同时测量其对于地方税收以及土地财政的调节作用。

　　第六章是征收居民房地产税的制度设计。分别对课税对象、纳税人、计税依据、税率、优惠政策和配套措施进行了详细的探讨，认为课税对象应该包括农村的房地产和居民的存量房地产，在进行税率设计的时候建议分为两个阶段进行，在保证居民家庭生活水平和对房地产税正确认识的情况下逐渐调高税率；计税依据建议采用评估价值中的市场法计算房地产价值，并按照一定的住房面积和评估价值来计算对居民征税的减免；最后认为征收居民房地产税需要在完善财产登记制度、建立房地产价值评估体系以及调整相应税制的基本条件下进行。第六章可以说是对前面的总结。

## 第六节　创新与不足

本书的创新点主要表现在以下几个方面：第一，站在理论的高度上研究了开征房地产税的必要性和可行性，对房产和地产征税的理论依据、发展历程和现实问题分别进行讨论，并认为我们可以克服对土地所有权的顾虑，对房产和地产合并征收房地产税，这将有利于健全房地产相关税制。第二，通过对居民家庭收入与住房价值，住房产权形式与家庭收入、住房价值之间的相关性分析讨论了征收居民房地产税的可行性，同时以上海为例对征收居民房地产税对家庭的负担影响进行了为期 30 年的测算，并测算出一个既符合原则又可以被居民接受的税率。第三，对于居民纳税能力的研究结果是，不同区域和家庭的房地产税纳税能力存在很大差异。因此从房地产税的政府层级归属来看，房地产税将是地方税，且应进行充分的差异化制度设计，不同地区应该设计差异化的有效税率。第四，在深入研究和分析我国房地产税的变迁以及国外征收房地产税经验的基础上，针对我国具体国情设计了房地产税制框架体系，为我国房地产税的开征提供了理论的基础和实践的指导，为相关政策制定部门提供了一定的参考。当然，本研究也存在很多不足和需要改进之处，主要表现在：第一，在实证检验方面，由于我国并没有全面征收居民房地产税，所以对于税收所带来的各种影响并无真实数据，只能在中国家庭追踪调查（CFPS）家庭统计数据的基础上按地域分组、家庭分组、房地产价值分组等方法对部分家庭的税负以及纳税能力值进行测算。第二，在居民房地产税制框架设计方面还比较笼统，其中的许多政策还有待检验，尚需不断修改和完善。

总之，开征房地产税，是我国经济社会发展的内在需求。而对于征收居民房地产税的研究，不仅对规范房地产市场的发展、调节收入分配差距有着重要意义，同时对我国地方财政税收体制的健全也有着不可忽略的作用。希望通过本书的研究，能够为我国居民房地产税的建立以及征收起到一定的推动和参考作用。

# 第二章　我国征收居民房地产税的
## 必要性研究

## 第一节　居民住房制度的变革

住房制度改革是我国经济体制改革的一项重要内容，是对传统的福利分房制度进行变革，目的是建立起符合社会主义市场经济机制的住房体制，实现住房的商品化和社会化。回顾住房制度改革历程，对于分析我国居民房地产税的沿革以及对征收居民房地产税的研究有着十分重要的意义和作用。

与其他各项改革一样，住房制度改革也是在探索中不断前进，在调整中逐步展开。

### 一、住房发展相对缓慢时期（1949～1978年）

1949～1978年，是我国住房发展相对缓慢的时期，国家是住房建设投资的绝对力量。有资料表明，虽然在这30年内国家投入374亿元巨资建设住房，但是城镇职工居民的住房需求仍然未能得到满足。[①] 全国城镇居民人均居住面积在1978年仅为3.6平方米，比新中国成立初期的居住水平还要低，家庭缺房户高达869万，占城市总家庭住户数的47.5%。[②] 此外，由于我国长期实行低租金的福利分房制度，在为解决职工的住房问题方面国家和企业都背上了沉重的包袱，减慢了住房建设的进程。

---

① 刘士余. 城镇住房制度改革与住房金融的发展 [J]. 经济学家，1994（6）：84－95，124.

② 尹中立. 中国的住房制度改革回顾与展望 [J]. 群言，2009（1）：3.

## 二、房改理论准备与试点阶段 (1979～1985 年)

1978 年 9 月，中国住房制度改革的起点是邓小平同志关于住房改革的一系列谈话，提出"解决住房问题能不能路子宽些，譬如允许私人建房或者私建公助，分期付款，把个人手中的钱动员出来，国家解决材料，这方面潜力不小"①。随后，国务院批转了《全国基本建设工作会议汇报提纲》中提出："准许私人建房，私人买房，准许私人拥有自己的住房"②，宣布将正式进入住宅商品化的房改政策阶段，揭开了住房制度改革的序幕。

国家有关部门在 1982 年设计了"三三制"的住房方案，即由政府、企业和个人各负担 1/3 补贴出售新建住房，并将郑州、常州、四平、沙市列为试点城市。试点范围在 1984 年扩展至北京、上海、天津三大直辖市。到 1985 年底，全国一共有 160 个城市实施了"三三制"的补贴售房政策，住房出售面积达到 1093 万平方米。

## 三、提租阶段 (1986～1991 年)

1986 年，住房制度改革从"三三制"补贴售房政策改为设计和研究的租金制度改革。1987 年国务院选定了烟台、唐山、蚌埠三座城市进行住房制度改革试点，执行"提租补贴、租售结合、以租促售、配套改革"的试点方案。随后，国务院在 1988 年印发了《关于在全国城镇分期分批推行住房制度改革的实施方案》，肯定了试点城市的做法，确定了房改的目标，标志着我国住房制度改革进入了以提租为主要任务的阶段。

到 1990 年，全国共有 12 个城市出台了改革方案，公房租金水平每平方米从 0.08～0.13 元提高至 1.2 元左右。③ 这项改革方案从根本上动摇了国民对于福利分房的观念，包括等级观念和消费观念也得到了改变，证明了通过价格机制来调整需求的可行性，调整了国家、企业以及职工之间的利益关系，为全国的住房制度提供了改革思路。

国务院在 1991 年 6 月颁发了《关于继续积极稳妥地进行城镇住房制度改革的通知》，通知中提出了部分住房产权理论，进而鼓励通过职工集

---

① 中共中央文献研究室. 邓小平思想年谱（1975—1997）［M］. 北京：中央文献出版社，1998：150.

② 国务院住房制度改革领导小组办公室，中国城镇住房制度改革研究会. 中国住房制度改革［M］. 北京：改革出版社，1996：609.

③ 徐子生. 公有住房租赁市场化研究［D］. 北京：首都经济贸易大学，1998.

资、合作建房的方式改变当时由国家企业统包的住房投资体制。

### 四、深化改革阶段（1992~1997 年）

1992 年邓小平南方谈话及中共十四大召开以后，中国经济体制改革的目标确定为建立和完善社会主义市场经济体制，也明确了住房制度改革的方向。

国务院在 1994 年 7 月下发了《关于深化城镇住房制度改革的决定》（以下简称《决定》），将城镇住房制度改革的根本目标明确为："建立与社会主义市场经济体制相适应的新的城镇住房制度，实现住房商品化、社会化；加快住房建设，改善居住条件，满足城镇居民不断增长的住房需求"。

各地在《决定》出台后纷纷制定本地区的具体房改实施方案，在很多方面取得较大进展，包括建立住房公积金、出售公房、提高公房租金等。住房公积金制度到 1997 年已在全国大中城市普遍建立，到 1998 年 6 月，全国归集住房公积金总额已达 980 亿元，同时城镇居民自有住房比例已经超过 50%，部分省份已超过 60%。

### 五、住房货币化阶段（1998~2003 年）

国务院在 1998 年 7 月发布了《关于进一步深化城镇住房制度改革加快住房建设的通知》，宣布从 1998 年下半年开始实行住房分配货币化，全面停止住房的实物分配制度，以此建立和完善以经济适用房为主的多层次城镇住房供应体系，这个文件可以说是一个里程碑，是我国住房制度改革进入新阶段的一个标志。

中国城镇住房制度发生了一次根本性的转变。截至 1998 年底，全国已经全面停止实物分房，随着 1999 年 4 月《住房公积金管理条例》颁布实施，成为我国初步形成了以住房公积金制度为主要内容的政策性住房金融体系的标志。

统计数据显示，1998~2003 年全国商品住宅销售面积为 11.25 亿平方米，是 1988~1997 年的 2.35 倍。①

1998~2003 年，全国经济适用住房累计竣工面积仅为 4.77 亿平方米，先后解决家庭住房问题累计 600 多万户，使得经济适用住房并没有成为家

---

① 全国商品房历年销售面积（1987~2016）[EB/OL]. https://wenku.baidu.com/view/f2caa917ec630b1c59eef8c75fbfc77da269970d.html.

庭住房供应的主渠道。这可以说是在执行住房货币化改革的过程中，由于经济适用房政策的目标不明确，在执行过程中出现了一定程度的失当和失控问题。

### 六、住房市场化阶段（2003 年至今）

在 2003 年以后，我国在继续推进住房制度改革的同时加大了对房地产市场的调控力度。国务院对于稳定住房价格方面给予了高度重视，先后颁发"前国八条""后国八条""国六条"等一系列文件，在努力稳定住房价格特别是普通商品住房和经济适用住房价格的同时，加快了建立和完善适合我国国情的住房保障制度的脚步。

1979 年至今的住房制度改革使我国的住房制度由计划经济时期的福利分配转向了市场导向的住房产业体系，取得了很多成效，包括居民住房水平的显著提高、住房市场机制的作用日益显现、房地产及相关产业得到了迅速发展、住房保障体系框架已初步形成等。城镇居民自有房的户比重，从 1984 年的 9.4% 增长到了 2017 年的 92.8%，其中 2017 年有 22.1% 的城镇家庭拥有多套住房；1978～2017 年，城镇居民人均住房建筑面积增加了 30.2 平方米。[①] 从图 2-1 可以看到，2010 年我国城镇住房存量的产权结构中，房改私房所占比例最高，大约在 40% 左右，仅次于房改私房的是商品房，占到 38% 左右，租赁公房、租赁私房、原有私房和其他类型住房在城镇存量住房所占比重分别为 6.8%、3.3%、10.0% 和 1.8%，其中只有商品房比例比 2009 年增加了 1 个百分点，而且其他产权形式的住房所占比例都在下降。此外，在不同产权的存量住房中，被认为是市场化住房供给的是商品房和租赁私房，因此 2010 年我国市场化住房供给在存量住房中所占的比重为 41.0%，高出 2009 年 0.8 个百分点。根据 2018 年《中国家庭追踪调查》（CFPS）数据可以看到住房产权形式的变化，如图 2-2 所示。在家庭住房中，完全自有产权住房比例占到 77%，在住房市场化改革中已经实现了质的飞跃，可见住房制度改革的成效显著。但是，随之带来的问题也十分严重：房价的不断上涨使得职工住房的消费能力与市场房价严重脱节，出现保障住房制度尚需完善、贫富差距拉大等亟待解决的问题。相信政府会通过各种政策对我国的住房制度和房地产市场进行调控，

---

① 本研究使用的数据来自西南财经大学中国家庭金融调查与研究中心组织管理的"中国家庭金融调查"项目（CHFS）。甘犁，吴雨，何青，何欣，弋代春. 中国家庭金融研究：2017 [M]. 成都：西南财经大学出版社，2019.

当然，税收也是一种不可忽略的方法。

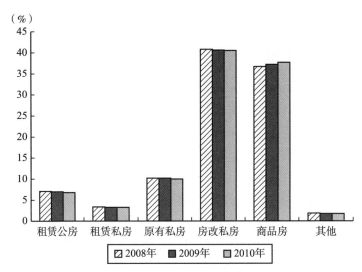

**图 2 - 1　2008 ~ 2010 年我国城镇住房存量的产权结构及变化**

资料来源：国家统计局. 中国统计年鉴（2018）［M］. 北京：中国统计出版社，2018；REICO 工作室. 2018 ~ 2019 中国房地产市场报告［R］. 2019。

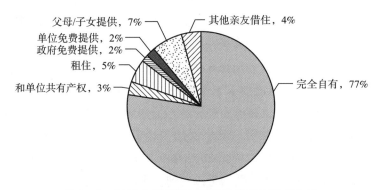

**图 2 - 2　2018 年城镇居民家庭住房产权形式比重**

资料来源：中国家庭追踪调查（CFPS, 2018）。

## 第二节　征收居民房地产税的沿革

我国房地产税制度历史悠久，并且在不断演变中发展，至民国时期已经相对完善。新中国成立之后，随着社会经济发展的几度变迁，最终演变成目前房地产税地位极其弱化的局面。研究这种状况的形成原因及实际效应对我国房地产税制的建设是十分必要的。

## 一、对居民征收房地产税由来已久

房地产税是以土地和房屋为课税对象的税种，属于典型的财产税，其课征历史悠久。据《周礼》记载"掌敛廛布而入于泉府"。廛布是周代对市邸房舍征收的税种，对三种房屋征收，与今天所讨论的房地产税相似。因此，有学者将周代征收的"廛布"认为是房地产税的起源，是我国最早征收的居民房地产税。

在唐德宗建中元年（780年），宰相杨炎建议施行"两税制"，并以"量出为入"为依据。当时正值"藩镇之祸"时期军费不断增加，时至建中四年（783年）赵赞（户部侍郎）提出"以军需迫蹙，常平利不时集，乃请税屋间架"。这里的"间架税"就是以房屋为征税对象的财产税，据《旧唐书·卢杞传》记载"间架税"的征收办法是"凡屋二架为一间，分为三等，上等每间二千，中等一千，下等五百"。由税吏进行逐家逐户对房屋进行检查和记录，如果发现有隐匿房屋的情况，隐匿一间就会罚杖六十，还会给予检举告发的人以奖励。当时的税收可以说采用了现代的累进制，但是对每间房屋都征税而不考虑住户是否有收入的做法是十分不公平的，所以有文字形容当时的状况为"衣冠士族，或贫无他财，独守故业，坐多屋出算者，动数十万，人不胜其苦"，其中的平民百姓更是无法忍受"间架税"的负担，"愁叹之声，遍于天下"。兴元元年（784年）由于德宗出逃，在长安自称秦帝的叛军首领迫于形势废除了间架税。[①] 间架税是当时一个短命的税种，从施行到结束还不到一年，但在历史上开创了直接对居民房屋征税的先例，具有重大的意义。

到了五代后梁时期，出现了屋税，是对城市居民的房屋征收的税种。到了后唐时期需要按规定酌量交纳税钱。天成二年（927年），就曾颁布法令实行免征两年屋税的规定。由于国库储备不足，末帝清泰元年（934年）在洛阳实施预征五个月的屋税，而且无论谁是房屋的所有者，都强行对居住者征收。为安抚民心后晋时期曾经出现免去襄州城内居民一年夏秋屋税的政策。到了后汉、后周时期开始继续征收屋税。

在宋、元、明时期，房产税虽然被多次提出，但一直没有开征。历史

---

① 漆亮亮. 房产税的历史沿革 [J]. 涉外税务，2002（4）：74–80.

上，虽然元朝曾有"房地租"、明朝有"塌房税"之类的税，但是学者认为，"塌房税"只是一种规费并不能被归为财产税。所以，总体上这段时期对于房产税属于时停时征的状况。

到了清朝初年，出现了大量的地方杂税，铺面行税出现在宛县和平县，间架房税出现在仁和、钱塘，江宁出现市廛输钞，还有京师琉璃、亮瓦两厂的计檩输税，等等。这些都是可以归属为房地产税类的捐税，而这样混乱的局面持续了很长一段时期，经过康熙、雍正、乾隆三朝整顿才逐渐废除。

近代房地产税的源头出现在 1840 年鸦片战争以后，也是中国近代史的开端。当时西方列强霸占了上海等一些大城市，在那里设立了租界，并在租界内强行开征了房捐，理由是为了提供捕房经费。同时，在太平天国的部分辖区内，也出现过房捐。太平天国内的房捐的征收办法是以间数为标准按日起征。根据《漏网喁鱼集》《避寇日记》等史料记载，不同地区设置了不同的税率，在嘉兴、桐乡是以每间屋每日三文征收的，到了常熟则按每间屋七文每日来征收。户部制定了房捐章程是在光绪二十四年，并要求各省对城市集镇的铺户行店数进行调查。要求按照一成房屋的金额由房东和房客按月交纳，在简化手续方面考虑决定由房客交纳全部房捐，再将房东的负担额从房租中扣除；对居民自有房屋时，是按照附近相似房屋的房租额以 10% 的税率征收。事实上当时虽立了章程，却没有真正实施。到了 1901 年，由于要分担庚子赔款，各省开始了房捐的征收。当时最先开始实施的是浙江，征收对象是店铺，并且对于每月房租收入在钱三吊和银三元以下的店铺予以免税。当时对居民自用房屋也是免于征收的。

如上所述，以房地产为征税对象的税种在封建社会是不统一的，各个时期和各个地域的差别也比较大。

在各个国家的税收历史中，课税总是和土地息息相关。在自然经济形态中，土地是农业生产的源泉。拥有或耕种的土地、农业产出和其他与土地相关的财产，成为国王或皇帝从市民（古罗马和希腊）、地主（英国和法国）和佃农那里获取收入的依据。中华民族的历史源远流长，研究表明，自公元前 21 世纪起至封建社会结束（1911 年），与土地相关的财政收入同样是各朝代获取收入的依据。在 4000 多年的历史长河中，各种形式的土地税成为政府的重要收入来源。

当然，土地税在不同朝代有着不同的称呼，如"田租""田赋""地丁银"等（见表 2-1）。

表 2-1 中国各朝代财产税简介

| 朝　代 | 主要收入来源 |
|---|---|
| 秦（前 221~前 206 年）<br>汉（前 206~220 年） | 土地税 |
| 三国（220~280 年）<br>西晋（265~317 年） | 租、户调 |
| 北魏（386~534 年） | 租、调 |
| 唐前期（618~780 年） | 租、庸、调，地税，户税 |
| 宋（960~1279 年）<br>元（1271~1368 年）<br>明（1368~1644 年） | 土地税 |
| 清（1644~1911 年） | 地丁银 |

资料来源：张平，任强，侯一麟．中国房地产税与地方公共财政转型［J］．公共管理学报，2016（4）：1-15。

中国历史上处于奴隶社会阶段的夏、商、西周三朝以"贡""助""彻"为主要收入形式。这三种收入形式都是按照农业产量的一定比例向国家缴纳。春秋、战国、秦、西汉和东汉时期（前 770~220 年）最主要的收入形式是土地税。

这一时期的土地税仍旧是按照单位土地产量的一定比例进行征收。三国、西晋、东晋、南朝、北朝、隋朝和唐朝前期，尤其是北魏、隋和唐前期的主要收入形式逐渐演变成"租""庸""调"。从字面上看，这几种收入形式接近人头税或户税。[①]

但是，由于这几个朝代，尤其是朝代建立之初，都尽可能地按人头均分土地（这些朝代在土地分配上实行"屯田"制、"占/课田"制和"均田"制。如，三国时期，曹魏在土地制度上实行"屯田"制，将荒地和无主土地收归国有，并尽可能均等地分给平民供农业耕种使用。北魏时期在土地制度上实行"均田"制。男丁十五岁以上受田四十亩，为露田或口

---

① 北魏将一夫妇称为"一床"，纳粟 2 石，谓之租；15 岁以上未结婚男性 4 人、奴婢 8 人或牛 20 头征收一夫妇的租。对于调，对一夫妇布 1 匹，帛 8 两；15 岁以上未结婚男性 4 人、奴婢 8 人或牛 20 头征收一夫妇的调。因而，北魏时期的"租调"制，有点类似于人头税或户税。

分田，死后还给官府；男丁还受田二十亩为桑田或永业田，为私有），因而，"租""庸""调"和财产的相关度是比较大的。唐后期和宋、元、明、清四朝，税制又逐步向以田亩为对象的土地税回归。

纵观中国奴隶社会和封建社会四千年的税收制度史，除了三国至唐中期的近700年历史（尤其是北魏至唐前期的386~780年），直接对土地征税始终是中国各朝财政收入的主要来源（见表2-1）。即便是在三国到唐中期，政府的重要收入也是"租调"和"租庸调"。该"租调"和"租庸调"近似于对家庭征收的定额税，但是这种税实施的背景是实行了均田，因而，这种税制也近似为财产税。由此可以得出结论：历朝财政收入的主要来源始终是财产税；财产税制的合理设计及有效实施是促使朝代兴盛的重要原因。

总体来看，中国历史上土地税的缴纳与多个因素相关。如果用 $Y$ 表示历史上某一户需要缴纳的土地税，$A$ 表示该户拥有①土地的数量，$L$ 表示该户拥有土地的质量，$D$ 表示该年度该地区收成的丰歉程度，$O$ 表示其他影响因素（如大土地所有者和官员勾结程度，朝代的稳定程度和腐败等），那么，上述变量之间的关系，可以用公式（2-1）来进行表达。一般来看，拥有土地数量多，缴纳的土地税多；土地质量高，单位面积缴纳的土地税多；年度丰收，缴纳的土地税提高，反之，可能减税。各个朝代之初的建立者，都希望发挥公式中前3个变量的作用，以期望建立一个尽可能公平的税制，基业长青。

$$Y = f(A,\ L,\ D,\ O) \qquad\qquad (2-1)$$

现代社会中的财产税一般是基层政府的重要财政收入，中央政府获取的财政收入往往是所得税、关税等。在封建社会，经济社会发展层次较低，税类单一，土地税既是中央政府的主要财政收入，又是地方或基层政府的主要财政收入。在不同朝代及朝代的不同阶段，可能出现过中央政府大一统的体制，也可能出现过包干的诸侯经济，还可能出现过其他形式的分配关系，但是，封建社会本质上是中央集权，在中央权力足够大时可以任意决定中央和地方分配关系。在现代社会，财产税是基层治理的重要工具。居民通过缴纳财产税获取需要的公共服务；税收的缴纳根据支出需要由居民确定；居民在基层收支上有很强的欲望及有力的渠道进行需求表达；除此之外，财产税还是一种价值捕获（value capture）的工具。将财

---

① 封建社会的产权关系比较复杂。从土地耕种者和各朝代统治者的关系来看，很难说土地耕种者向该朝代统治者缴纳的土地税是一种租金，还是一种税收。

产税这种收入工具赋予基层政府，使得基层政府通过提高公共服务水平进入竞争模式。现代社会的财产税是一种公平、有效且有利于基层治理的工具。然而，这些制度性的背景在封建社会不会存在，使得土地税仅仅作为一种收入工具发挥作用。

### 二、民国时期的居民房地产税

我国近代的居民房地产税制度是由国民政府在借鉴西方税制的基础上，结合中国当时实际情况建立起来的，在税收思想、税收制度及管理方面都取得了一定程度的发展。

辛亥革命后，各地依据本区域财力情况自主制定了征税范围、税率及征收方法，在命名上有的叫"市政总捐"和"特捐"，有的叫"警捐"和"店铺捐"等，十分混乱。1915 年，北洋政府颁布《划分国家税地方税法（草案）》，试图将各地以房屋为征税对象的税种进行统一，统称为房税，征税范围由原来的商品用房扩展至居民住宅，无论是出租还是自用都统一征税。两年后，北平开始实行财政部颁布的《房捐章程》（1917 年）。在税收管理体制上，北洋政府曾经对中央税和地方税进行两次划分。当时北洋政府的房税具有以下几个特征：一是开征的地点，基本都选择在都会、省会、繁盛城镇的地方，分析原因，是由于这些地区因为繁华一般都设有维持治安的巡警，有巡警就需要支付其开销，税收即为开销的主要来源；二是房税以房屋的租价为计税依据，同时对民用和商用房屋征收；三是有免税条款，免税的优惠主要针对国有住房、公用公益住房以及其他弱势群体的用房。由此看出，当时北洋政府的"房税"制度已基本具备了现代房地产税制的雏形。

1927 年，南京政府颁布了名为《划分国家收入地方收入暂行标准案》，将房捐确定为地方税，但是在征收时各省市并不统一。在税率设置上，各地方政府并未遵守中央政府的规定，杭州店屋和住宅分别为 15% 和 10%，天津为 3%，上海分别为 14% 和 12%。为了改变各地对房捐税收要素规定的混乱局面，1941 年 5 月国民政府公布了《房捐征收通则》，确定将房捐为市县收入是在 1941 年的国民政府第三次全国财政会议上，会上还对房捐的税收要素制定了详细的规定。在计税依据方面，自有住房的房产主人以房价为依据，承租者以租金为依据缴纳房捐；在减免方面，对于国有、公用住房，宗教、慈善用房、贫民草屋相应地进行免征或减征等，并将其名称确定为"土地改良物税"。可见国民政府是深受西方国家税制影响的。为了适应战时的财力需要，国民政府于 1943 年又公布《房捐条例十四条》，简化了征收制度，扩大了征税范围和税率。条例中规定，在市、县、镇普遍征收房捐，同时对于县市政府所在地及其他商业繁荣地区，如果没有按照土地法缴纳土地改良物税，就应征收房捐，农村房屋除外。还规定了纳税人是房屋所有者，如果存在房屋出典情况的由承典人缴纳房捐。如果将房屋用于营业出租，计税依据按照租金计算，税率是租金收入的 20%；如果房屋用以营业自用的从价计征，税率是 2%；如果房屋用以出租的从租计征，税率为 10%；对于住家自用的房屋按照 1% 的税率从价计征。在执行过程中由于该税不对官员征收，所以当时住在大城市里的达官贵人并不需要缴纳房捐，可见该税的不公平性。

国民政府对于包括土地与土地改良物在内的房地产征税，经历了较为曲折的过程，虽然由于种种原因未能在全国范围内广泛实施，但仍为我们研究居民房地产税收提供了可借鉴的思路。

### 三、新中国成立后居民房地产税的变迁

新中国成立以后，经历了 1950 年、1958 年、1973 年、1984 年和 1994 年五次税收制度改革，一个比较完整的税收体系基本形成，居民房地产保有税作为一个重要的组成部分也在不断完善中。

#### （一）新中国成立后对居民房地产税的征收（1949～2003 年）

新中国成立后，1950 年 1 月中央政府颁布了《全国税政实施要则》，规定征收地产税与房产税。随后在 7 月进行了调整，将房产税与地产税合并为房地产税，面向全国征收。1951 年 8 月 8 日，中央政府公布实施《中华人民共和国城市房地产税暂行条例》，在"房地产税"名称之前加上"城市"二字，以界定此税的课征范围。同时以产权所有人、承典人为纳税人，以标准房低价的 1.5% 按年计征。1952 年在《关于税制若干修正及实行日期的通告》中调整了税率，以标准房低价为依据合并征收的房地产税率调整为 1.8%。

在 1973 年的税制改革过程中，将原本对国营、集体企业征收的城市房地产税并入工商税，结果是只有外国人和华侨需要交纳城市房地产税。1978 年中共十一届三中全会之后，我国开始了经济体制改革和对外开放政策，与此同时也开始了 20 世纪 50 年代确立的房产税制度的改革。1984 年进行第二步"利改税"，废除了工商税，决定对国有企业开征房产税，由于我国城市土地属于国家所有的特殊性，所以将城市房地产税分为房产税

和城镇土地使用税两个税种，并确定由地方政府征收使用房产税。随后在
1986 年 9 月公布实施了《中华人民共和国房产税暂行条例》，征税对象为
境内城市、县城、建制镇、工矿区内房屋，不包括农村区域。同时，20
世纪 50 年代开征的城市房地产税仍然保留，对外国投资企业、外国企业
和外国人征收城市房地产税，而城镇土地使用税不适用于其在华机构的用
地，对其用地征收土地使用费。在计税依据和税率上，房产税规定了从价
计征和从租计征两种方式，从价计征指将房产余值（原值扣除一定比例以
后的价值）按照 1.2% 的税率征收，从租计征指以租金收入作为计税依
据，按照租金收入的 12% 征税。同时规定个人团体、国家机关、事业单
位、军队用房以及宗教、公园等非营业用的房产免征房产税。可见，城市
房地产税实际上只对房产征税，其本质上是房产税，见表 2 - 2。

表 2 - 2　　　　　　　　　　中国历史上的房产税

| 税种名称 | 时期 | 征税方法 | 历史环境 |
|---|---|---|---|
| 间架税 | 唐朝 | "请税京师居人屋宅，据其间架，差等计入"。以"屋二架为间，上间钱二千，中间一千，下间五百"；"匿一间，杖六十，告者赏钱五万"（见《旧唐书·食货志上》） | 唐朝安史之乱后，各地藩镇割据。建中四年（783 年），朱泚叛乱攻入京城，宣布废除京城的"间架税"。扑灭朱泚叛乱后，唐德宗于兴元元年（784 年）正月正式废除间架税 |
| 屋税 | 五代十国 | 后晋时期屋税按月计算，分春秋两次缴纳；后唐时期，朝廷还曾预借五个月的屋税 | 五代十国时期，藩镇林立，军阀混战，被唐朝废弃的屋税成为当时朝代的新宠。后梁、后唐、后晋、后汉和后周五代皇帝都曾经对京城和各州城郭中的屋税进行过赦免 |
| 屋税 | 宋朝 | 南宋高宗时，屋税已经扩展到乡村地区。宋徽宗时期，屋税按等征税，"诸州县寨镇内屋税，据紧慢十等均定，并作见钱"（《宋会要辑稿》卷5《食货四》） | 宋朝屋税的开征涉及很多州的城郭 |
| 房捐 | 清末 | — | 清朝初期，部分地区征收过"房捐"，经过康熙、雍正和乾隆三朝的整顿，"房捐"被废止 |
| 房捐 | 民国时期 | — | 在北京和上海曾征收过"房捐"，时间很短 |

续表

| 税种名称 | 时期 | 征税方法 | 历史环境 |
|---|---|---|---|
| 房产税（城市房地产税） | 中华人民共和国（1951 年） | 房产税以标准房价为计税依据，按年计征，税率为 1%；房产税税基以房产市场价值来确定 | 中华人民共和国成立以后，政务院于 1951 年 8 月颁布《中华人民共和国城市房地产税暂行条例》。城市房地产税未对财政收入产生过多少实质性贡献 |
| 房产税 | 中华人民共和国（1986 年） | 房产税依照房产余值（原值一次减除 10% ~30% 后）计算缴纳。税率为 1.2%。居民自住用房不在征收范围 | 改革开放后，国务院通过《中华人民共和国房产税暂行条例》。仍不是财政收入的主要来源 |

资料来源：张平，任强，侯一麟. 中国房地产税与地方公共财政转型［J］. 公共管理学报，2016（4）：1 -15。

综上所述，在这一阶段我国出现了城市房地产税、房产税和城镇土地使用税三税并存的局面。其中，内资企业和个人缴纳房产税及城镇土地使用税，外资企业和外国人缴纳城市房地产税。这就造成了内外不统一的状况，影响了经济竞争的公平性。

**（二）对居民征收房地产税的改革新时期（2003 年至今）**

2003 年 10 月中共十六届三中全会胜利召开，在会上明确提出了"实施城镇税费建设改革，条件具备时对不动产开征统一规范的物业税，相应取消税费"。随后，时任国家税务总局局长谢旭人在"中国财税论坛 2005"上表示，"十一五"期间，我国将积极稳妥地深化税制改革，其中包括实施城镇建设税费改革，稳步推行物业税，并相应取消相关收费。[①] 2006 年，中央政府对《中华人民共和国城镇土地使用税暂行条例》进行了修改，将外资企业和外国人使用的土地纳入城镇土地使用税的征税范围。同年，税务总局和财政部批准了北京、辽宁、江苏、深圳、宁夏、重庆等六省区市进行房地产模拟评税试点，物业税"空转"实验开始。

2007 年 3 月，在财政预算报告中，第一次提出了"研究开征物业税的实施方案"。批准河南、安徽、福建、大连四个地区的部分区域，作为房地产模拟征税试点的扩大范围。2007 年 12 月，时任国家税务总局局长

---

① 齐中熙，肖敏. 税务总局："十一五"期间我国将稳步推行物业税 ［EB/OL］. http：//www. gov. cn/ztzl/2005 -11/19/content_103124. htm, 2005 -11 -119.

肖捷在全国税务工作会议上提出①，将在 2008 年积极稳妥地推进国家税制改革以及对税收政策进行调整，逐步建立有利于科学发展和公平分配的税收制度，对财产税改革的研究主要集中在促进房地产税建设上。因此，当年国家税务总局有关负责人表示，物业税模拟试点的范围将进一步扩大。2009 年 1 月 1 日，中央政府又废止了 1951 年颁布的《中华人民共和国城市房地产税暂行条例》，实行内外资房产税并轨，取消城市房地产税。外商投资企业、外国企业和组织以及外籍个人按照《中华人民共和国房产税暂行条例》缴纳房产税，这样任何组织和个人按照统一的税收制度缴纳房产税与城镇土地使用税，同时开始了对城镇居民个人所拥有的自用房地产的免税阶段，这为进一步完善房地产税制的要素设计奠定了基础。同年房价超过了历史高位，楼市中炒房成风，物业税的开征再次提上日程，成为焦点话题。于是我国政府决定于 2011 年 1 月 28 日在重庆和上海两地分别开展试点个人房产税征收工作。两个试点城市的征税方案并不相同，但是均选择了只对小范围的居民房地产征税。虽然，重庆、上海两市的试点距离完全意义的居民保有环节房地产税还有一定的差距，但是对我国房地产税改革以及税制的建设具有重要意义。

### 四、上海、重庆居民房产税试点的政策比较

2011 年 1 月 27 日，上海市人民政府印发了《上海市开展对部分个人住房征收房产税试点的暂行办法》的通知，通知中公布了对部分个人房产征收房产税，2011 年 1 月 28 日实施。同一时间，重庆市人民政府颁布了《重庆市人民政府关于进行对部分个人住房征收房产税改革试点的暂行办法和重庆市个人住房房产税征收管理实施细则》。自此，上海和重庆开始对居民住房征收房产税的试点工作，开启了征收居民房地产税的"实证之路"。

上海是经济发达的东南沿海城市的代表，属于国家中心城市和国际大都市，在房地产市场方面要比代表中西部城市的重庆成熟，但也有明显高于重庆的房屋价格水平。因而，在征收居民房产税试点城市上选择上海和重庆两座城市是具有普遍代表性的。从试点政策来看，上海、重庆两市在对居民住房征收房产税收入的使用及征管方面试点方案基本相

---

① 全国税务工作会议召开，要求着重抓好 6 个方面工作 [EB/OL]. http：//www. gov. cn/gzdt/2007 – 12126/content. 843885. htm，2007 – 12 – 26.

同；但是在征税对象、税率水平、征税范围以及减免标准等方面存在明显差异。

对上海、重庆两市房产税细则进行比较（见表 2 - 3）可以看出，上海的试点范围更广，包括上海市的 17 个市辖区和 1 个县，而且把满足市民对普通商品住房的消费需求作为首要任务，这是上海房产税改革试点方案的亮点，方案同时也照顾到了一部分市民在住房改善方面的需求。重庆房产税改革试点范围仅限于主城九区（渝中区、江北区、沙坪坝区、九龙坡区、大渡口区、南岸区、北碚区、渝北区、巴南区，含北部新区、高新技术开发区、经济技术开发区），方案的特点是居民房产税的征收只针对高档住房，在建立一个低端有保障、中端有市场、高端有约束的住房供给体系方面具有较大优势。

表 2 - 3　　　　　　　　上海和重庆房产税试点政策比较

| 项目 | 上海 | 重庆 |
|---|---|---|
| 征收范围 | 市行政辖区（18 个区县） | 主城 9 个区 |
| 课税对象 | 1. 上海居民家庭新购第二套及以上住房<br>2. 非上海居民家庭的新购住房<br>3. 居民家庭住房套数根据居民家庭（包括夫妻双方及其未成年子女）在本市拥有的住房情况确定 | 1. 个人拥有的独栋商品住宅<br>2. 个人新购的高档住房。高档住房是指建筑面积交易单价达到上两年主城九区新建商品住房成交建筑面积均价 2 倍（含 2 倍）以上的住房<br>3. 在重庆市同时无户籍、无企业、无工作（三无）的个人新购第二套（含）以上住房 |
| 纳税人 | 应税住房产权所有人。产权所有人为未成年人的，由其法定监护人代为纳税 | 应税住房产权所有人。产权所有人为未成年人的，由其法定监护人代为纳税 |
| 税率 | 1. 一般适用税率定为 0.6%<br>2. 应税住房每平方米市场交易价格低于本市上年度新建商品住房平均销售价格 2 倍（含 2 倍）的，税率减为 0.4% | 1. 独栋商品住宅和高档住房建筑面积交易单价在上两年主城九区新建商品住房成交建筑面积均价 3 倍以下的住房，税率为 0.5%；3 倍（含 3 倍）至 4 倍的，税率为 1%；4 倍（含 4 倍）以上的税率为 1.2%<br>2. 在重庆市无户籍、无企业、无工作的个人新购第二套（含第二套）以上的普通住房，税率为 0.5% |
| 计税依据 | 应税建筑面积×交易单价×70% | 应税建筑面积×交易单价 |

续表

| 项目 | 上海 | 重庆 |
|------|------|------|
| 税收减免 | 上海居民家庭在本市新购且属于该居民家庭第二套及以上住房的，合并计算的家庭全部住房面积人均不超过60平方米的，其新购的住房暂免征收房产税；人均超过60平方米的，对属新购住房超出部分的面积，按本暂行办法规定计算征收房产税 | 1. 扣除免税面积以家庭为单位，一个家庭只能对一套应税住房扣除免税面积<br>2. 存量独栋商品住宅，免税面积为180平方米；新购的独栋商品住宅、高档住房，免税面积为100平方米<br>3. 在重庆市同时无户籍、无企业、无工作的个人的应税住房均不扣除免税面积 |
| 收入用途 | 用于保障性住房建设等方面的支出 | 全部用于公共租赁房的建设和维护 |

资料来源：《上海市开展对部分个人住房征收房产税试点的暂行办法》和《重庆市人民政府关于进行对部分个人住房征收房产税改革试点的暂行办法和重庆市个人住房房产税征收管理实施细则》。

在重庆、上海房产税试点方案中，共同点体现在四个方面：第一，征税对象以新增住房为主，尤其是高档住房，表现出今后买高价房就要多交税的方向。第二，对居民住房执行了差别化税率。控制高价住房比例和抑制购买高价住房是房产税政策的主要意图，所以在税率设置方面上海和重庆两地都设定了两档和三档的差别税率，在政策导向方面通过差别化税率得以体现。第三，在税收减免方面设定了比较宽松的免税标准。上海的政策规定的免税标准是人均 60 平方米，而重庆由于是对高档住房征税，所以规定的免税条件是 100 ~ 180 平方米，两市政策都体现了房产税是在保护本市居民自住需求和相当一部分的改善性需求为前提下制定实施的。第四，均对外来的投资需求制定了较为严格的标准，对本市居民的政策相对宽松，而对没有在本地工作生活居住的居民购房征税条件则较为严格。

## 第三节　征收居民房地产税的必要性

2005 年 3 月 20 日，时任财政部副部长肖捷在出席 "中国发展论坛" 时表示，我国房地产在保有环节和交易环节税费偏轻的问题十分严重，今后一段时期的房地产税改革将以此为重点进行推进。[①] 可见，房地产税制改革问题当时已经提上了议事日程。2013 年 1 月 15 日，国务院总理温家

---

① 肖捷：中国开征房地产税已成定局 [J]. 经济政策法规参考，2005（12）：14 – 15.

宝在财政部调研时强调，财政工作要更好地服务国家经济社会发展和民生改善。① 在谈到优化税制时，提到"改革房地产税收制度，逐步建立起覆盖住房交易、保有等环节的房地产税制，促进房地产市场持续健康发展"是两项重大的税制改革之一。由此可见，居民自用房地产征收保有环节的房地产税对于健全完善我国房地产税制和促进房地产市场的健康稳定发展、加快房地产行业真正成为一个支柱产业以及实现我国全面建成小康社会的战略目标等方面具有非常重要的现实意义。

根据上述分析，我国征收居民房地产税的必要性在于以下几个方面。

### 一、筹集地方财政收入的需要

税收的主要功能就是组织财政收入，房地产税作为实质意义的财产税，是历史上最早出现的税种。由于财产税具有收入的稳定性、持续性、适宜地方征收等特点，曾经是国家税收的主体税种。在奴隶社会向封建社会过渡及整个封建社会时期，土地税一直都作为筹集财政收入的主要工具而存在，而房产作为土地的附着物是在土地税种合并征收的。之后，随着流转税及所得税的产生发展，丧失了其主体税的地位。但是，20 世纪末分税制财政体制的推行，国家税收分为中央税系和地方税系以后，财产税又成为地方税的主体税种，而归属于财产税系的居民房地产税更是地方政府筹集财政收入的主体力量。

我国在 1994 年进行了分税制改革，当时的改革思路是建立起分税、分级的财政分权体制，努力实现"一级政权、一级事权、一级财权"的税制架构。然而在实践中由于事权和财权的分离，使得财权重心向上移动而事权重心向下移动，体现出的具体情况就是国家的总体财力增长了，而县乡财政出现困难。这样，出现了"土地财政"现象，即地方政府为了满足不断增加的财政支出需要，通过卖地来筹集财政资金。上海易居房地产研究院发布《地方政府对土地财政的依赖度报告》中数据表明，2002 年以来，全国土地出让金收入在大多数年份都保持正增长，仅出现 4 次负增长②，而 2018 年，土地财政收入占地方财政收入的 51.0%，比 2017 年上升 3.3 个百分点，创下历史新高。其中，2018 年全国土地出让金收入为 6.5 万亿元，比 2017 年增长 25.0%，土地出让金占地方财政总收入的

---

① 温家宝在财政部调研时强调财政工作要更好地服务国家经济社会发展和民生改善 [EB/OL]. http://www.gov.cn/ldhd/2013-01/15/content_2312653.htm, 2013-01-15.

② 这 4 次负增长主要是受到我国宏观经济及房地产市场阶段性调整的影响。

39.9%，比 2017 年上升 3.6 个百分点。[①]"土地财政"虽然是地方政府筹集财政收入的一种手段，但是由于土地资源的有限性，使得这种手段具有短暂性及不可持续性。

在国际上，多数国家地方政府筹集财政收入的主要方法是通过房地产税，使房地产税成为地方政府的主体税种和主要收入来源。虽然从国家范围来看，房地产税并不是国家税收的主体税种，在经济合作与发展组织（OECD）国家，2007 年财产税平均占全部税收的 5.6%，但是，与占全部税收比例不大的状况相比，房地产税在地方政府税收中所占的比例却很高。2010 年的统计数据显示，在 34 个成员国家中，房地产税收入占地方税收收入总额超过 30% 的有 19 个国家，其中 13 个国家的房地产税收入在地方税收收入的占比超过 50%，特别是澳大利亚、英国、爱尔兰，将房产税作为地方唯一税种，是地方税收收入的全部来源。亚洲国家中，经济较发达的日本，房地产税收入占地方税收收入的 31%，韩国的数据是 45%。[②] 因此，我们应该借鉴国际经验，征收居民房地产税，并将其作为地方财政收入的稳定来源，这样既可以规范地方财政收入形式，缓解基层政府财政困难，也可以获得一个均衡的长期的收入来源。

**（一）房地产税具有成为地方主体税种的特质**

房地产税在地方政府中发挥筹集财政收入功能是基于其课税对象本身特点的。地方政府的主体税种应该具备的基本要求包括：课税对象的固定性、收入的稳定性、税负的直接受益性以及征管的透明性等。因此，与所得税、营业税相比，由于房地产所特有的自然属性和经济属性，就决定了它更适合作为地方的主体税种。

首先，地方政府与中央政府相比，地方政府在了解本地区的经济发展、居民的住房需求和对于公共服务的偏好方面具有更大的优势，因而，在对房地产税立法时世界上大部分国家将其归属于地方职责，中央政府只是对其进行规范性的规定，所以地方政府在房地产税方面可以拥有更多的自主权。其次，房地产税与其他税种相比具有比较稳定的税基，不会随着经济发展而产生较大波动，因而能够为地方政府带来稳定的财政收入；同时符合受益原则，谁受益、谁支付，而且房地产税归属清晰，不会出现类似流转税的税负转嫁问题，符合税收中性以及税收公平原则；还能够筹集

---

① 张钟尹. 财政部报"账"：2018 税收增幅回至个位数土地出让金同比增 25%［EB/OL］. https：//house. focus. cn/zixun/48034235971eb8cd. html，2019 − 01 −23.

② OECD 数据库相关数据［DB/OL］. http：//stats. oecd. org.

资金用于地方的基础设施建设，并且能够获得由此带来的价值增值，使得地方政府收入、支出得以均衡发展。最后，虽然在政治上的接受度方面，房地产税比较低，而且有着较高的征收成本等缺陷，但是，由于房地产税征税对象的不可隐匿性，地方政府有较大的信息和征管优势，因此，与其他税种比较而言，房地产税从性质和特点上都能体现出它作为地方政府的主体税种的特质。

**（二）房地产税在筹集财政收入方面表现出较强的能力**

"十五"时期到"十三五"时期，正是我国经济快速发展的 20 年的历史时期，也是我国进行居民住房制度改革的关键时期，在居民住房条件得到不断改善的同时，家庭也逐渐积累了一定的财富。假设我们按照该时期居民所持有的存量房来测算房地产税筹集收入的能力，那么如表 2 - 4 所示，在"十五"至"十三五"的 20 年间，全国房屋竣工总面积 4181965 万平方米，而其中"十五"以来的 20 年中别墅、高档公寓的销售面积为 68904 万平方米。

表 2 - 4　　　　　"十五"至"十三五"时期（2001～2020 年）
全国房屋竣工面积统计　　　　　　　单位：万平方米

| 时期 | 房屋竣工面积 | 别墅、高档公寓销售面积 |
|---|---|---|
| "十五"（2001～2005 年） | 202189 | 4025 |
| "十一五"（2006～2010 年） | 334404 | 22040 |
| "十二五"（2011～2015 年） | 500978 | 21929 |
| "十三五"（2016～2020 年）* | 457150 | 17642 ** |
| 合计 | 4181965 | 68904 |

说明：别墅、高档公寓竣工面积数据在"九五"时期以前很小或者无数据，因此没有考虑。* "十三五"的数据截至 2020 年 11 月。** 未包含 2020 年数据。
资料来源：房屋竣工面积来自《中国统计年鉴（2020）》；别墅、高档公寓数据来自《中国房地产统计年鉴》（2002～2010 年，历年）与《中国第三产业统计年鉴》（2002～2011 年，历年）。

在此，我们按照国际房地产税的普遍税率 1%[①]计算，以对全部居民的存量房统一征收房地产税为假设，再以 2019 年的全国商品房销售平均价格 9287 元/平方米为标准，按照 70% 的价格评估率，以此来计算房地产

---

[①]　美国佐治亚大学安德鲁·杨政策研究院罗伊·鲍尔（Roy Bahl）和莎莉·华莱士（Sally Wallace）在对发展中国家房产税的研究中提出的。

税额。2019 年房产税实际收入为 2988.43 亿元，按照上述方法估算出的房地产税额约为 27174 亿元，占 2019 年国内生产总值的 2.74%，是 2019 年全国房产税实际收入的 9.1 倍，是全部税收收入总额 17.2%，在地方财政收入中占到 26.9%。

如果对高档住宅单独计算，即普通居民住宅按照上述条件计算，假设对豪宅、高档公寓按照 3% 的税率计算，并以 2019 年别墅的平均售价 17886 元/平方米为基础，同时将评估率定为 70%，以此来计算房地产税，估算出的房地产税额应为 2588 亿元，占 2019 年全国税收收入总额的 1.6%，相比较对全部居民的存量房统一征收 1% 的普遍税率的测算，居住在高档住宅的居民需要多缴纳约 831 亿元的房地产税金。通过上述测算可以看出，如果将住宅分为普通住宅和高档住宅并对高档住宅征收较高的税率，那么房地产税除了可以筹集地方政府财政收入以外，还具有调节存量财富的功能。

**二、调节收入差距实现社会公平的需要**

税收的功能之一就是调节居民收入差距，使整个社会的收入分配状况维持在一个相对公平的状态，房地产税的收入再分配功能是指通过征收房地产税，能够减弱社会财富分布不公平的程度。对于税收的这种调节功能，主要是在再分配环节由直接税行使，包括个人所得税和财产税两种。居民的收入有两种形式：流量收入和存量收入，因此，个人所得税主要是从财富流量角度来调节，而存量收入以房地产税来调节，两者相互配合的税制才能有效缓解居民的收入差距，实现社会公平。

房地产税的收入再分配功能主要通过两个方面体现。首先，房地产税是量能负担的。居民的经济实力可以直接通过其拥有的房地产的多少来体现，同样房地产的多少可以反映居民纳税能力的高低。由此，通过征收居民房地产税，对拥有不同房地产的居民征收不同的税，从而取得缩小居民收入差距的作用。其次，房地产税是直接税，具有不易转嫁的特点。房地产税的征税对象是房地产所有者，即对最终消费者征税，因此从税收负担的角度来看，会直接落到所有者身上。房地产所有者或占有者对其拥有房地产的数量纳税，拥有越多，纳税越多，符合按纳税能力决定税负轻重的公平原则，有利于矫正社会财富分配不均，缩小社会贫富差距，能够避免个人所得税的仅通过对居民的流量收入征税来调节收入差距的局限性，建立和规范一个可以从收入和财产两个层次来全方位地调节居民收入差距的税收体系，在实现公平与效率的统一的同时促进社会的发展，建立和谐社会。

### 三、优化房地产资源配置的需要

房地产税收不仅可以理顺分配关系，保证土地收益的合理分配，实现国家的产业政策，而且通过征收居民房地产税增加了居民房地产的成本，从而引起居民持有房地产的结构改变，进而对土地及建筑物资源重新配置，以达到抑制房地产市场投资行为、促进土地资源有效利用的目的。

通过对房地产特别是土地课税，可以促进房地资源的合理开发和利用，从经济上制约滥用、多占及占而不用等浪费土地资源的现象，保证人们有计划地合理开发和利用，促进社会经济的可持续发展。同时，通过征税可以促进房地产资源的合理流动，尤其是其中闲置不用的房地产、待价而沽的房地产，以此来增加土地利用的程度，对土地投机行为进行抑制。在某些情况下，还可以将一部分用来消费的房地产资源转为生产，使其成为一种生产资料，同样可以促进经济的发展。

### 四、促进地方政府提高公共服务水平的需要

现行的地方政府获取财政收入的主要来源是通过出售土地。而目前的土地出让制度是一次性转让土地 70 年的使用权，容易使地方政府只看重眼前利益，为了提高当前的经济发展速度和局部的基础建设而热衷于以出售土地获取财政收入，但这却是一种短期行为。站在长期的角度，因为土地是一种资源，而且是一种有限的资源，"土地财政"行为的结果将是造成土地资源的不合理利用。因此，通过征收房地产税，可以使地方政府改变现行的"土地财政"，改变对于土地出让金的依赖。把主要精力用于改善当地的公共服务水平，使居民的生活居住环境、投资环境得到改善，加强城市的建设，而居民房地产税成为居民享受地方公共服务而支付的成本，需要房地产税收收入规模与提供公共服务的质量匹配，这样的结果是：房地产的价值会随着地区较高的公共服务质量而不断增加，房地产价值的增加会吸引较多的居民来此居住，从而引起税源的增加，税源的增加又会为地方政府带来更多的税收收入；与此对应的是，地方政府财政收入的不断增加又是提高地方公共服务的财力基础，这样就形成了一种良性的循环机制。因此，通过征收居民房地产税，并且使其成为地方政府的主体税种，将有利于规范地方政府行为，同时为地方公共服务能力的提高提供基础。

### 五、促进房地产市场健康发展的需要

住房是人的基本需求，人们只有"安居"才能"乐业"，所以保障每个公民基本的居住权是国家公共服务的基本要求，也是政府的职责所在，"居者有其屋"是构建和谐社会的重要前提。当前，房地产业在国民经济和社会发展中占据着举足轻重的地位，已经成为我国的支柱产业，因此，房地产市场的健康与否影响着我国经济运行全局，而房价的高低更是对百姓的切身利益有着重大的影响。目前，我国的现实状况是房地产行业销售持续增长，2005～2019年我国房地产开发投资平均增长速度为16.7%，居民的住房条件得到了根本性改善，有数据表明，1978年我国城市居民人均居住面积只有6.7平方米，到2019年，这一指标已经变为39.8平方米，增长了接近5倍。① 在看到这些积极数据的同时，住房的供需矛盾也日益突出，商品住宅价格高涨，远远超过普通居民的承受能力。1993～2011年，房价连续18年持续增长，平均销售价格的增长率高达9.5%，2000～2019年，房价翻了3.77倍，Wind数据显示，2019年50大城市的房价收入比为11.91，其中，一线城市的这一数值为23.9，远远超过世界银行资料中3∶1～6∶1的居民负担范围。同时全国空置商品房逐年增加，在2019年全国商品房空置率已达到26.6%，超过国际公认的10%的警戒线，高档住宅的供过于求和中档住宅、经济适用房的供不应求造成了房地产市场的供需矛盾。上述种种情况均引起国家的重视，采取各种手段对房地产市场进行调控。

然而，随着市场经济体制的发展，要想解决房地产市场当前的问题，单纯依靠行政的调控手段是不能完成的，还需要既符合市场规律又能灵活运用的税收杠杆发挥其强有力的作用。

### （一）调控房价需要多种经济杠杆的综合运用

在大家眼中，"高价格、高利润"可以说是当前房地产行业的真实写照。要想实现对房地产行业的调控，首要任务就是控制房价的过快上涨。然而对房价的调控是一个系统工程，涉及范围广，难度大，也不能单独靠税收来实现，而是需要通过信贷、土地、税收等经济杠杆的综合运用来进行。在土地保护和资源利用方面，国家规定在对住宅用地进行规划时必须有70%以上的土地是用以建设保障性住房、自住型中小户型商品房的建筑

---

① 70年住房变迁：从"蜗居"到"宜居"［EB/OL］. https：//baijiahao. baidu. com/s？id = 1645515952207919001&wfr = spider&for = pc，2019 - 09 - 24.

用地，特别对于一些房价过高或上涨过快的城市，在住房的供给不能满足居民需求时，要相应地提高保障性住房建设用地供应比例。当前，投资（投机）尤其是房地产投资的收益率远远高于银行贷款利率，由此呈现出的投资（投机）性需求增加。由于这类需求要依赖于银行货币资金的供给，所以，需要在银行信贷方面进行调控。首先，对于房地产开发企业来说，要严格控制商业银行向其发放贷款的额度，严禁对不符合信贷政策的房地产开发企业或项目发放贷款，同时随时监控信贷资金的流向以及跨境投融资活动，严格防范违规进入房地产市场的信贷资金；其次，对于购房者来说，金融机构给予首套贷款购房，并且购买 90 平方米以下小户型的、自住的居民购房者提供支持，贷款首付款比例不得高于房价的 20%，同时实行优惠利率，对于购买二套以上住房的购房者，贷款首付款比例不得低于房价的 50%，利率严格按照风险来定价。除了国家政策、金融机构的调控以外，在税收方面，应对房地产需求的消费性需求和投资（投机）性需求进行区分，以便对房地产的各个环节的征税实行差别的税收政策，既要抑制投资性需求，又要鼓励正常的居民消费性需求。此外，对商品房的预售制度进行完善，以降低购房者的单边法律风险及财务风险；还可以通过政府信息公示的方式发布关于房地产市场运行的实时信息，合理引导消费者的市场预期。总而言之，只有通过多种调控手段的综合运行，才能够使对于房地产价格调控的目标得以实现。

**（二）征收居民房地产税的调控作用**

税收是政府凭借国家的强制力参与社会分配，通过影响社会经济结构的同时改变社会成员在国民收入分配中的份额，进而作用于他们的经济活动。对于政府来说正是要通过利用这种效应来引导社会经济活动，并对社会经济结构作出合理调整。而作为税收体系的组成部分的房地产税也具有对经济进行宏观调控的职能。

房地产税是对房地产供求关系以及房地产市场结构进行调节的重要手段之一，可以对房价产生影响。有专家指出房地产投资（投机）性需求过大是当前房地产价值增长过快的根本原因，具体表现为在很多新开发小区建成后入住率非常低。如"鬼城"等现象都表现出购买者的投资用途。通过征收居民房地产税来抑制房价过快增长的基本原理在于，征收房地产税后对于居民来说增加了其持有住房的成本，这样必然会引起除了基本生活以外的房地产需求的下降，尤其是引起居民对房地产的投资（投机）性需求的下降，在供给量一定的情况下如果需求减少必然会使房地产价格有所降低。

一般来说，买房成本和养房成本是居民住房成本两个组成部分。其中买房成本是指购买房屋的价格，是在购买房屋时一次性缴纳给房地产商的具体金额；而另外的养房成本则是指在房屋的持有阶段需要缴纳的支出，具体包括房地产税及物业费等支出，这是在居民持有房屋期间需要每年都缴纳的。目前对于居民持有的非经营性的房地产，在保有环节不需要缴纳房地产税，这大大降低了居民住房的持有成本，在一定程度上会扩大房地产市场的需求量，变相助长房价上涨；因此，对居民征收房地产税，通过对持有成本的增加来降低投资（投机）收益率，从而降低房地产在投资方面的需求，尤其是投资（投机）性需求。

一些国家和地区对于闲置性房地产采取了严厉的惩罚办法。例如：为了遏制房地产闲置数量的不断增长，瑞典政府规定可以推倒无人居住的住房；采取类似方法的还有德国，对于房屋闲置率超过10%的市镇，地方政府也会采取推倒那些无法出租的房屋的做法；法国有所不同，采取的措施大多属于经济上惩罚，即向闲置的房屋收取罚金，第一年收取房屋价值的10%，第二年12.5%，第三年增加到15%，以此类推；丹麦的做法与法国类似，对闲置6个星期以上房屋所有者进行罚款处罚，这个政策在丹麦已经实施50多年了。① 我国香港特区政府通过税收政策来控制房屋的空置率，征收物业税就是其中之一，并且在房屋空置数量方面很有成效，绝大多数业主宁愿将空置的房屋低价出租甚至零租金出租来避免房屋的空置。除了房屋的空置以外，造成土地长期闲置和浪费现象的形成是由于一些开发商买地不是为了开发，而是通过囤地、倒地以从中获取利益。当然，上述有些国家和地区的做法并不适合我国的具体国情，尤其像德国和瑞典那样将空置住房推倒的惩罚措施，在我国除了会造成巨大的经济浪费之外还会激化社会矛盾。因此一些类似于征收房地产税的调节措施是我国比较合适采用的方法，具体政策上可以通过对闲置的土地和房屋设置比较高的税率，以减少囤地、囤房现象；还可以通过对中小户型房和大户型房、一般性住房和高档别墅制定差别税率的方法，减少人们对于大户型房和别墅的需求，需求降低了通过市场的自动调节功能会引起对中小户型房屋的供应的增加。通过合理的税收政策，不仅可以抑制炒房活动，同时还促进房屋的有效利用，引导人们的合理住房消费，自然可以促进房地产市场的健康发展。

---

① 西班牙《起义报》. 欧洲向闲置房开战［EB/OL］. http：//www. xinhuanet. com，2008 - 07 - 16.

**（三）房地产税的开征对一般性消费会起到促进作用**

1978 年我国居民消费率为 48.79%，20 世纪 80 年代基本维持在 50% 左右，到 90 年代以后，呈现逐年下降的趋势，2019 年世界银行 WDI 数据库数据显示中国居民消费率 2018 年大约在 38% 左右，处于世界偏低水平，按照世界银行的统计资料，高收入国家一般在 65%，中等收入国家平均为 57.5%，全球平均为 61.5%。而房地产价格的过快增长正是抑制居民消费的重要因素。专家分析，正是由于房价的快速上涨改变了居民的消费预期，引发了居民对房地产的恐慌性"抢购"。很多家庭为了积攒购房资金减少了其他方面的消费，有的家庭动用了几代人的储蓄来购买房地产，还有的为了归还房屋贷款只能节衣缩食最终沦为"房奴"。当房地产价格超出了大多数人的购买能力，人们只能通过银行贷款来实现对住房的需求，因此过重的还贷压力就必然会抑制居民消费，与此同时商品房的消费品属性也发生了根本性的改变。站在这个角度来解释我国居民消费率不仅低于发达国家而且低于一些发展中国家的原因就十分容易了。根据美英等发达国家征收房地产税的经验，在征税后会使一部分房地产相关的税收后移，居民在购买房地产时的购买成本就会有所减少。要想解决中低收入群体的住房问题，征收居民房地产税的同时增加社会保障性住房的建设不失为一个解决途径，实现"居者有其屋"的目标将不再艰难。此外，在更多的家庭拥有住房后，没有了"住"的压力，自然会增加其他方面的消费，可以将收入用于衣、食、行等方面的生活消费，也会增加包括旅游、文化教育等精神方面的消费，各地区的居民消费率自然会上升，同时可以促进国民经济的增长。

# 第四节 现行房地产税制存在的主要问题

我国在 1986 年就颁布的《中华人民共和国房产税暂行条例》，沿用至今已有 30 多年。在此期间，我国房地产市场有了翻天覆地的变化。我国土地虽然归国家和集体所有，但是居民对于房屋已经有了所有权。从财富的角度考虑，房地产的拥有量与人民的富裕程度和财富的拥有程度有着正相关性。因此，当前我国的房地产税收体制与房地产市场的发展态势及房地产的市场化推进极为不符，综合而言，在以下方面存在问题。

## 一、各环节税负分布

目前房地产在开发和经营环节的税负最重，与政府从开发经营环节获取的大量收入相比在房地产保有环节政府获取收入的规模很小，只有房产税、城镇土地使用税两个税种。同时由于税收的减免范围过大引起了税负的不平衡和不公平现象，加剧了房地产业发展的不可持续性和不平衡性，对房地产市场的健康发展设置了障碍。

而目前对于房地产的保有环节的税负较轻，下面我们通过表 2-5 的数据进行具体分析。

表 2-5　　　　2003~2020 年房地产流转环节税收负担分析

| 年份 | 流转环节的税收（亿元） | | | | | 流转环节税收增速（%） | 保有环节的税收（亿元） | | | 保有环节税收所占比重（%） |
|---|---|---|---|---|---|---|---|---|---|---|
| | 主营业务税金及附加* | 城市维护建设税 | 土地增值税 | 契税 | 合计 | | 城镇土地使用税 | 房产税 | 合计 | |
| 2003 | 494 | 550 | 37 | 358 | 1439 | — | 92 | 324 | 416 | 28.9 |
| 2004 | 413 | 674 | 75 | 540 | 1702 | 18.3 | 106 | 366 | 472 | 27.7 |
| 2005 | 845 | 796 | 140 | 735 | 2516 | 47.8 | 137 | 436 | 573 | 22.8 |
| 2006 | 1127 | 940 | 231 | 868 | 3165 | 25.8 | 177 | 515 | 692 | 21.9 |
| 2007 | 1660 | 1156 | 403 | 1206 | 4426 | 39.8 | 385 | 575 | 961 | 21.7 |
| 2008 | 1829 | 1344 | 537 | 1308 | 5018 | 13.4 | 817 | 680 | 1497 | 29.8 |
| 2009 | 2585 | 1544 | 720 | 1735 | 6584 | 31.2 | 921 | 804 | 1725 | 26.2 |
| 2010 | 3465 | 1887 | 1278 | 2465 | 9095 | 38.1 | 1004 | 894 | 1898 | 20.9 |
| 2011 | 3960 | 2779 | 2063 | 2766 | 11567 | 27.2 | 1222 | 1102 | 2325 | 20.1 |
| 2012 | 4731 | 3126 | 2719 | 2874 | 13450 | 16.3 | 1542 | 1372 | 2914 | 21.7 |
| 2013 | 6323 | 3420 | 3294 | 3844 | 16881 | 25.5 | 1719 | 1582 | 3300 | 19.6 |
| 2014 | 6239 | 3645 | 3915 | 4001 | 17799 | 5.4 | 1993 | 1852 | 3844 | 21.6 |
| 2015 | 6413 | 3886 | 3832 | 3899 | 18030 | 1.3 | 2142 | 2051 | 4193 | 23.3 |
| 2016 | 6876 | 4034 | 4212 | 4300 | 19421 | 7.7 | 2256 | 2221 | 4477 | 23.1 |
| 2017 | 6307 | 4362 | 4911 | 4910 | 20491 | 5.5 | 2361 | 2604 | 4965 | 24.2 |
| 2018 | 7300 | 4840 | 5642 | 5730 | 23512 | 14.7 | 2388 | 2889 | 5277 | 22.4 |
| 2019 | 7421 | 4821 | 6465 | 6213 | 24919 | 6.0 | 2195 | 2988 | 5184 | 20.8 |
| 2020 | 6925 | 4608 | 6469 | 7061 | 25062 | 0.6 | 2058 | 2842 | 4900 | 19.6 |

说明：*自 2016 年 5 月 1 日起，在全国范围全面推开营业税改征增值税试点，此项目变为"税金及附加"。

资料来源：国家统计局．中国统计年鉴（2021）[M]．北京：中国统计出版社，2021。

　　根据表 2-5 中数据，2004～2013 年的 10 年间我国房地产流转环节税收合计数在逐年增长，平均增长速度达到 30% 左右。从流转环节税收在房地产税收中所占比例来看，从 2004 年到 2013 年该比率连年提高，2013 年达到了 80.4%。而房地产保有环节税收占房地产税收总额比重较低，最高年份 2008 年仅为 29.8%，最低年份 2013 年 19.6%，且呈下降趋势（见图 2-3）。这种状况是由于我国政府在房地产保有环节的税收制度缺陷所致，在征税范围与计税依据的设置上都存在导致税基过小的因素。所以这种税负不公的税制，既不利于房地产资源的合理利用，优化资源配置，也不利于增进社会公平。

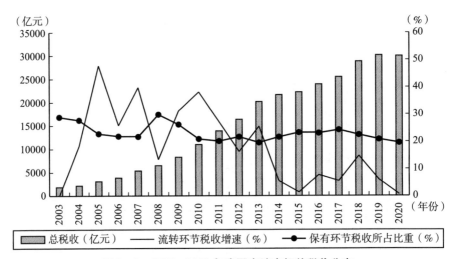

图 2-3　2003～2020 年我国房地产相关税收分布

资料来源：国家统计局. 中国统计年鉴（2021）[M]. 北京：中国统计出版社，2021。

　　考察发达国家的税制，房地产税等财产税的税率较高，在许多国家如美国（10%）、英国（12%）、日本（10%），以房地产税为主的财产税占整体税收收入的 10% 左右。而当前我国并无真正意义上的房地产税，类似保有环节的房地产税收在国家整体税收收入中的比例微乎其微，因此，我国这种在房地产相关税收中"重流转、轻保有"的现状，在加重了开发房地产的负担，从而导致房地产成本价居高的同时，也加剧了房地产的投机现象，阻碍了房地产市场的健康发展。

**二、征税范围**

我国房地产保有环节税收的另一问题是征税范围过窄。我国现行的房产税规定对个人所有的非营业性房产免缴房产税的优惠政策，这在很大程度上缩小了房产税的征税范围。随着我国经济的不断发展，居民家庭持有的住宅用房产已经成为我国最基本的房产持有方式，已经在房产中具有非常重要的地位。2005 年末，城市实有房屋建筑面积 1645064.1 万平方米，实有住宅建筑面积为 1076899.6 万平方米①，住宅房产占总房产面积的65.46%。在城镇土地使用税的实施方法中同样把个人住宅房产的占地排除在外，而目前的状况是居民住宅用地在土地的使用中占有较大的比重。据《2008 年国土资源公报》显示，2008 年出让的土地中，住宅用土地占31.3%，商服用地仅占 11.5%，将占如此大比重的住宅房产和地产排除在房地产税之外，极大缩减了房地产税的税基。

此外，从土地使用税的覆盖范围来看，城镇土地使用税的征收范围是不包括农村在内的城市、县城、建制镇以及工矿区。在此，县城指县人民政府所在的地区；建制镇指经省、自治区及直辖市人民政府批准设立的镇；工矿区指工商业比较发达、相对人口比较集中，虽然符合国务院规定的建制镇标准，但是却未建立建制镇的大型、中型工矿企业所在地。从征收范围来看，并未包含广大农村的一些应纳税对象，而这部分税源的流失对于国家和地方财政来说无疑是很大的损失，直接影响了房产税收入的正常增长。实际上，伴随着工业化城镇化的进程，农村的城市化程度日益提高，随着农民收入的不断增加，城镇收入和农民收入差距也在逐渐缩小，其中一些农村地区不但已经具备了城市的特征而且在人口管理方式上采取了城市的政策，然而，由于其土地的农村集体所有性质导致的结果是不能征税。而正是由于对农村房地产的免税，使得一些别墅、度假村等高档房地产选择在农村修建，以此来躲避税收。

最后，房地产税的征收范围也不包括在建和未售出的商品房，这样使得房地产开发企业的"囤房"成本很低，由于我国房价的不稳定性，"囤房"的现象又得到免税的变相鼓励，这也是造成我国房价居高不下的一个原因。

对于目前的房地产环节税收征税范围狭窄的设定，一方面限定了房地产税收的规模，迫使地方政府另辟税源，影响了地方政府财政收入的稳定性和持续性；另一方面，这样狭窄的征税范围并不适用于大部分房地产，在一定程度上失去了财产税的实际意义。

---

① 数据源于《中国统计年鉴（2006）》，2006 年后的统计年鉴均未显示实有房屋建筑面积。

### 三、计税依据

除了征税范围狭窄之外，现行房地产保有环节税收的计税依据也是导致税收规模较小的原因。目前我国的房产税实行从价计征的方法，以房产原值一次性减去10%～30%后的余值为计税依据，出租的房地产采用以租金收入为计税依据。这种一次性的减除属于技术性的范畴，类似于国外地方政府的评估率，对我国房产税规模并不会有显著的影响，而对于依据房产原值计税的规定是不恰当的。随着周边环境、区域经济、房产设施的变化，房产的原值与市场价值相去甚远，因此造成房产税税基的不合理。

# 第三章　征收居民房地产税的国际比较

## 第一节　美国房地产税

### 一、概述

在美国，州政府和地方政府的主要收入来自财产税，因此美国财产税是一个古老的税种，美国政府早在殖民统治时期，就开始对包括房屋和土地、牲畜、现金在内的财产征税。由此美国政府对财产税，尤其是房地产税的制定与征收有着丰富的实践经验。当时，人们拥有的财产，主要是房屋和土地，所以那时的财产税就是以土地和房屋为主要课税对象的税种，一般按照从量计征的原则征收。经济发展到18世纪，人们拥有财产的种类也发生了变化，出现了动产和不动产的区分，一般财产税逐渐形成。18世纪中叶，美国纽约率先征收一般财产税，随后在美国西部、南部推行。19世纪中叶，美国各州已普遍征收一般财产税。各州陆续在州宪法中规定了财产税的一致性原则，以此来解决财产税中存在的诸如税率差异、从量计征等带来的不公平问题，开始要求对所有的财产按照价值进行平等课征，从价征税的财产税制度逐渐确立。[①] 19世纪末，财产税种类的快速增长，尤其是以金融票据形式存在的无形财产的出现使得一般财产税的征收变得越来越困难，政府很难针对流动性强的财产进行高效的管理，因为评估难度很大，还会造成横向不公平。到了20世纪初，州宪法开始废除统一条款和普通条款。当时出现了影响重大的税制改革，包括对所得税和财

---

[①] 资料来源：Wallis（2001）。各州的宪法一般确立四项基本的经济制度，其中第四条就是：财产税要求包含普遍性条款（uniformity provisions）和统一税率（universality provisions）条款，即全部财产应公平地按价值和统一税率征税。

产税两方面的改革，带来的结果是减少了州政府对于财产税的过分依赖，同时推动了财产税的分类，去除了动产，并要求不同财产制定差异税率和评估率，这场改革是由美国国家税收学会（The National Tax Association，1907 年成立）领导的。同时，提议不动产应由专业评估师评估。之后的美国税制和管理都发生了一系列的变革，在财产税方面，大多数州取消了对动产征收的财产税，此时，美国财产税的主要课税对象为居民房地产和工商业财产。

房地产税是财产税的重要组成，美国的房地产税是建立在受益原则基础之上的税种，不仅对工商业生产经营用房地产征税，同时对于个人房地产也征收房地产税。实际上，针对个人征收的房地产税在房地产税收入中占有相当大的比例。美国征收房地产税的主要目的是为地方政府提供稳定的财政收入，为地方公共服务和基础设施建设提供资金支持，地方政府征收房地产税的主要用途是改善城镇的居住、生产环境，相关数据表明房地产税收入对应支出于当地的公共服务，包括教育、医疗卫生、公共安全、道路交通等项目，超过 50% 的房地产税支出用于教育（见图 3－1）。美国学区政府 96% 的收入、郡政府 45% 的收入和市政府 40% 的收入均来自房地产税。美国房地产税占地方政府税收超过 70%，占总收入比重达 1/4，仅次于政府转移支付收入（见图 3－2、图 3－3）。因此地方政府十分注意对房地产税收入的征收和使用，通过对于城镇环境的有效改善，使得纳税人有支付意愿，在此基础上使房地产收入与支出形成直接对应关系，建立起一个城镇良性发展的资金循环体系，让纳税人受益，更使得城镇得到长期发展的活力。

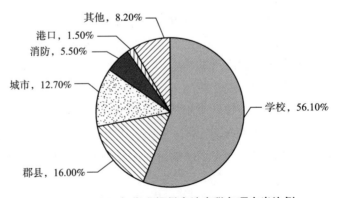

图 3－1　2015 年华盛顿州房地产税各项支出比例

资料来源：恒大研究院．房地产税征收的国际经验：房产税系列之一［R］．恒大研究院研究报告，2019。

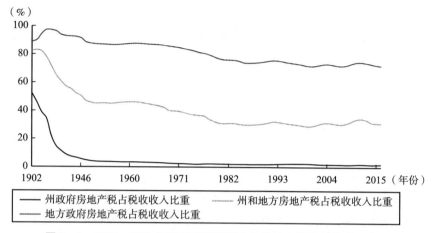

**图 3 - 2 1902~2015 年美国房地产税占各级地方征收税收收入比重**

资料来源：恒大研究院. 房地产税征收的国际经验：房产税系列之一 [R]. 恒大研究院研究报告，2019。

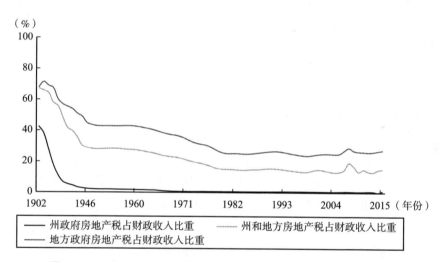

**图 3 - 3 1902~2015 年美国房地产税占各级地方政府财政收入比重**

资料来源：恒大研究院. 房地产税征收的国际经验：房产税系列之一 [R]. 恒大研究院研究报告，2019。

## 二、美国房地产税制

### （一）课税对象

美国境内（包括城镇和农村）的土地、建筑物及其他附着物均为美国房地产税的课税对象。具体可以分为三大类，一类是商用财产，一类是民用住宅，还有一类是工业财产。用途不同的财产承担的税负也有所不同。

**（二）纳税人**

和我国不同，美国大部分的房地产拥有者是个人，美国房地产税的纳税人是房地产的拥有人，同时规定对政府拥有的房地产不征税，所以，个人是房地产税的主体纳税人。不过，部分州也将出租的房屋纳入征税范围，而纳税人由出租者和承租者协议商定，或由当地法规决定具体的纳税人（出租者或者承租者）。

美国各州对房地产征收的财产税并不相同，在马里兰州，税法规定了财产税的纳税人为房地产的所有者，但很多时候没有所有者，那么就会将房地产的实际使用人或对这项房地产有控制权力的人当作所有者。如承租人（lessee）、保管人（custodian）及受托人（consignee 或 bailee）等都可能属于房地产实际使用人或控制人，也就是房地产税的真正纳税人。

**（三）计税依据**

在美国，房地产税属于地方税，因此大多数州以房地产的评估价值作为计税依据，一般 1～5 年对评估价值进行更新。在美国房地产的评估价值与市场价值非常接近，使评估价值与市场价值相符是税务当局的责任，而房地产的评估价值包括房屋的价值和土地的价值，是市场公允价值与评估率的乘积。评估率各州有差异，大部分州如加利福尼亚会直接将评估的市场价值作为计税依据，但是也会采用评估价值乘以税基比率作为计税依据。有些州商业财产的税基价值只占市场价值的50%，也就是说，100 万美元市场价值的商业用财产，只以 50 万美元作为计税财产的税基，即税基价值。有些州在制定税基比率时，还会对不同房地产制定不同的税基比率，例如民用住宅的税基比率是 25%，工业财产的比率是 75%，这样实际上是使不同类财产在税收待遇上进行区别。各地方政府的法律会对税基比率有所规定。

**（四）税率**

美国没有统一的房地产税税率，但绝大部分的州都必须缴纳房地产税。税率的制定通常是由地方政府，也就是州政府进行的，每年州政府会依据本年度财政预算以及自身发展状况来确定税率，大多数情况还会考虑税基评估机构确定的税基价值。这意味着在美国房地产税的税率是不断变化的，但一般不会超过法定幅度（约 2%）。通常税率不会每年都发生变化，居民承担的税负也比较稳定。程序是先确定财政支出和收入预算数额，然后根据该地区的经济发展状况对房产总额进行估价，随之确定税基价值，最后再推算出该年度的财产税税率。2018 年，美国各州的房地产税实际税率在 0.27% ~2.4% 之间。

### （五）税收优惠

美国房地产税的税收优惠政策，除了不同土地用途房地产税的优惠待遇、自住用房税收优惠以外，还包括税收限制条款。需要说明的是在制定税收限制条款时的主要目的是防止地方政府随意增加房地产税，然而在实际实施过程中还体现了税收让渡于民的效果，在此可以将之纳入税收优惠政策的范围。

每种优惠政策所针对的受益人群不同，美国的税法规定制定房地产税的减免项目是州政府的职能，不过一些州政府把这项职能赋予州内的地方政府，部分税收减免由地方政府制定。大多数州都以减轻特定用途房地产的税收负担以及特殊群体的税收负担为税收优惠的目的，为它们提供优惠；房地产税的减免政策可以给予个人或机构，也可以给予特定种类的财产，如对特殊用途土地进行经济利益补偿。实际上，在美国各县、市（镇）约有超过一半的房地产不用纳税，因为各级政府拥有的房地产与设施都属于免缴范围，如军事基地、宗教机构、学校等。

限于篇幅，在此着重介绍不同土地用途房地产税的优惠待遇和自住用房税收优惠。

1. 不同土地用途房地产税的优惠待遇

这是用于促进保护现有优先用地的土地使用政策的一种工具。减少税收负担，是向业主提供激励，促使他们保留土地的现有用途，而不转为他用。

土地用途主要可分为五大类：农用地或农田，自留地或开放空间用地，林地或木材生产用地，古迹用地、公园或游憩用地，以及其他用地。相应的优惠政策包括：根据用途评估价值、降低评估比率、部分或全部税收免除、州政府决定评估价值（古迹用地和公园或游憩用地没有此方式）和其他方式。[1]

2. 自住用房的税收优惠

除了对于政府拥有房地产有优惠以外，对自住房地产也有很多优惠政策，对自住用房房地产税的优惠是各州缓解业主和租房者的税收负担的一种常用手段。具体为：美国居民为自住住房缴纳的州和地方房地产税可以在计征联邦个人所得税时从应税收入中扣除，但是对于境外房产、租赁房

---

① 唐在富，冯利红，张耀文.美国房地产税制对中国的启示与借鉴——基于50个州房地产税制运行及税负结构分析［J］.地方财政研究，2016（4）：102 – 106，1.

以及商业用房则不能扣除。

很多州对自住用房税收优惠实行的是多种优惠结合使用的政策。大多数情况下免税优惠可以累加。针对不同的受益群体税收优惠有所不同，包括对特殊年龄、退伍军人、寡妇、无能力人士均有优惠政策。如果房地产的所有者是退伍军人，同时也属于老年人，那么可以同时享受这两种优惠的叠加，就可以从房地产税税基中将这两项免税的金额都扣除掉。2010年以来，自住住房房地产税扣除占联邦住房税式支出比重的12%左右（见图3-4）。

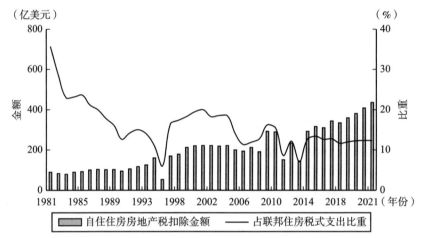

**图3-4 1981~2021年美国自住房屋房地产税扣除金额及其占联邦住房税式支出比重**

资料来源：恒大研究院. 房地产税征收的国际经验：房产税系列之一 [R]. 恒大研究院研究报告，2019。

### 3. "断路器" 政策

美国房地产税的"断路器"政策是税收优惠的研究典型，"断路器"政策的主体思想是在确定房地产税税收补助范围时，主要依据纳税人的收入水平来确定。具体操作中，需要根据纳税人缴纳的房地产税与他的收入计算出一个比率，当这个比率超过了法律中的"断路器"时，纳税人将收到超过部分的返还。因此，"断路器"抵免减少了纳税人财产税税负中的超额负担。在美国接近30个州都对房地产税实施了"断路器"政策，可以避免对老年人课征过重的税收，是一种集中力量向低收入群体提供财政补助方法。此外，美国的房地产税还有诸如锁定评估价值、延迟纳税等其他优惠。在美国采取"断路器"税收抵免政策的州高达29个，同时哥伦比亚特区也采用了"断路器"政策。

## （六）征收管理

为了实现房产评估过程的客观公正，美国一直采用房地产价值评估和税收征管相独立的原则。其中，房地产价值的评估是由评估机构进行，评估价值通常以房地产市场价值的一定比例为依据，税务部门只负责进行税收的征收管理工作。美国的税收征管制度十分规范，首先是建立完善的财产登记制度，对房地产信息采取网络化管理，同时居民个人的财产与个人信用和存款均为实名制，并能全面及时地进行记录和变更，在此基础上税务部门不仅能够掌握纳税人的所有资料，方便征管的同时纳税人也可以对房产评估并利用网络进行纳税。房地产税收入主要应用于当地的公共服务，包括道路交通、公共安全、医疗卫生、教育等项目，其中教育占到房地产税支出的50%以上。美国房地产税通常由郡政府统一征收，之后再划转到相应的政府部门。地方政府的房地产税收入，应用于学区政府的超过40%，归属于郡政府和市政府的各为20%，而镇政府和特别区政府的就是剩余的少量收入了。

在对房地产价值进行评估时采用批量评估的方法，在这个过程中，需要精准的房地产数据，因此完善的房地产产权登记制度是房地产税收顺利实施的前提条件。

对于财产登记，各地区都有各自的财产税税务登记册（tax roll）。里面需要包括房地产的详细数据，如土地信息、所有权信息、建筑类型、工程质量、周边设备等数据，它是对管辖区内房地产所有者征收财产税的依据。税务登记册的编纂要经过以下四步：第一步是建立一个完善的数据库，明确房地产的地理位置以及所有者；第二步是进行评估，评估房地产的价值进而确定征收的范围；第三步是进行评估名册的登记；最后一步是将房地产的评估价值告知房地产所有者，计算应该缴纳的房地产税额。

在对房地产数据进行定期的核查与更新并登记在税务登记册时，按评估对象要求的不同，可分为周期性全面评估、分批评估、每年再评估三种更新类型。

在税收征收方面，通常的做法是地方政府税务机关对本行政区内的房地产按财政年度征税。也有的地区选择半年征收一次，还有的地区是按季（即分四期）征收。在征收时，通常是负责征税的工作人员将税单邮寄给纳税人，大多数纳税人会按照税单上的应纳税额开具支票，同样通过邮寄的方式寄给征管部门。当然，纳税人也可以选择通过银行代缴房地产税，或者直接到税务机关缴纳税款。

在税收管控时，各州基本都针对欠税行为制定了相应的处罚措施，只是针对延迟纳税的时间以及处罚的费率有所不同，一般超过 30 天作为欠税处理，收取的滞纳金的费率也随着欠税金额不同而有所不同，一般在 8% ~ 25% 之间。针对长期不缴纳税款的人员，例如到年底纳税人还没缴纳，还会采取出售纳税人房地产质押权的处罚，包括拍卖该资产的抵押权，由购买人向政府纳税及支付利息。无人购买的抵押权以市政府的名义保留，市政府可以按照法律程序拥有该财产。一般来说，所欠房地产税款的大多数是房屋的所有者。政府部门通过拍卖使房屋的所有者变为承租者，这意味着他们不会因此失去住房。

## 第二节　英国房地产税

### 一、概述

英国是高度发达的资本主义国家，税制完善，而且对于征收房地产税有着悠久的历史。在英国税收体系中，专门对房地产课征的税种有议会税（council tax）和营业税（business rates）。议会税也称住宅税（domestic rate）、市政税、房屋税，营业税也称非住宅税（non-domestic rating）。二者税基都是房地产价值。英国开征房屋税（domestic rates 或 house tax）的历史较长。刚开始是以家中炉灶的数量作为计税依据，称为炉灶税（oven tax），之后又被叫作窗户税（window tax），说明计税依据是房屋窗户的数量，收入主要用于为贫民提供救济。之后又按照房屋租赁价格征收定额税（1778 ~ 1834 年），到了 1851 年，开始对营业房产和民用房产征收房屋税。英国政府对地方税种进行改革，将房屋税改为营业房产税和人头税（也称社区税）是在 1989 年；"人头税"是按照成年人的数量来平均分摊整个社区的税额，而社区的税额是由地方政府确定的。但是，当时地方政府收税的金额太高，同时存在收入差距问题，因此当时的房屋税引起了百姓的不满。之后英国政府又进行了改革，颁布了《1992 年地方财政法案》，决定执行新的地方税——议会税（council tax），次年 8 月 1 日起实施，废止原社区税。2008 年，平均每一住宅的住宅房地产税是 1145

英镑。①

虽然议会税和营业税的税基都是房地产价值，但二者有着本质的区别。首先营业税是对于商店、工厂、写字楼、仓库等其他有着非住宅属性的房地产征收的税种，其课税对象是营业性的房地产，这是与议会税最主要的区别；其次从税收归属上，营业税是中央税（1990 年），各地方政府征收上来以后要全部上缴国家，汇入专项基金，然后再由中央财政依据各地人口基数等因素，按照一定的比例通过转移支付的方式划拨到地方②，而议会税则是地方税种，可以说是地方政府征收的唯一税收，同时还是地方财政收入的重要来源。以伦敦的布罗姆雷区为例，2005～2006 财政年度中，议会税税额在收入预算中占比 21.5%，如果把中央政府返还的营业房产税计算在内，房地产税收在布罗姆雷区财政年度收入预算中的占比将会高达 40% 以上。2016 财年，英格兰议会税合计征收 261 亿英镑，占地方政府本级财政收入的 43%，占地方政府全部财政收入的 16%（见表 3-1、图 3-5）。

表 3-1　　　　　英格兰议会税在地方财政各项收入中的比重　　　　单位：%

| 财年 | 1998～1999 年 | 1999～2000 年 | 2000～2001 年 | 2001～2002 年 | 2008～2009 年 | 2009～2010 年 | 2010～2011 年 | 2011～2012 年 | 2012～2013 年 | 2015～2016 年 |
|---|---|---|---|---|---|---|---|---|---|---|
| 占地方本级收入中的比重 | 47.83 | 47.74 | 47.96 | 48.19 | 52.87 | 54.51 | 55.47 | 55.22 | 54.77 | 43 |
| 占地方财政总收入中的比重 | 15.27 | 15.76 | 15.85 | 15.64 | 16.10 | 15.80 | 15.89 | 16.56 | 17.20 | 16 |

资料来源：*Local Government Financial Statistics England 2018*，笔者计算而得。

众所周知，英国属于中央集权制国家，因此税收收入和权限高度集中于中央。由中央政府掌管的国税是中央财政主要的来源，因此 90% 左右的税收要归属于国税，剩余的 10% 属于地方税，由地方政府负责征收管理，同时成为地方政府财政收入的主要来源。英国的中央集权还体现在税收权限上，具体表现在中央掌控着全国的税收立法权，虽然在英国负责地方税

---

① 蔡红英，范信葵. 房地产税国际比较研究［M］. 北京：中国财政经济出版社，2011.

② 2006～2007 财年以后，不再按人口基数，而是按财政转移支付的方式进行分配。

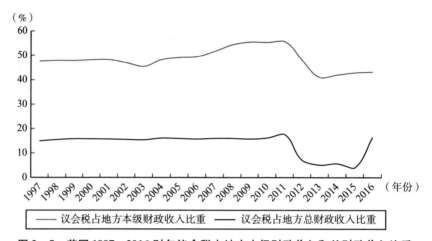

图 3 – 5　英国 1997～2016 财年议会税占地方本级财政收入和总财政收入比重

资料来源：恒大研究院. 房地产税征收的国际经验：房产税系列之一 ［R］. 恒大研究院研究报告，2019。

收征管工作的是各郡、市、区等的税务机构，地方也可以对地方税的征收以及税率调整、减免等政策进行调整，然后中央会对于这些权限进行限制，例如在税种的开征以及征税范围的确定和税率的选择等方面，受到中央政府管制，需要根据立法程序通过。

此外，与税务相关的法律法规同样由中央政府制定颁布。例如议会税，是依据《1992 年地方财政法案》（*Local Government Finance Act 1992*）设立的。法律中通常对所涉及税种相关要素（包括纳税人、计税依据、课税范围、征收管理方式）有相应的规定。

严格意义上议会税是地方政府的唯一税收来源，但也只占当地政府收入很小的比例，全国平均为 25% 左右。地方政府收入主要还是依赖中央的转移支付和营业税税收返还。地方政府的财政支出主要用于提供诸如学校、博物馆、警察、街道清洁、消防、垃圾处理、休闲中心、公园、公共旅游、社会住房补贴和议会税福利、环境健康和食品安全、酒吧、餐饮和商店、支持志愿团体、安装闭路电视、体育设施、签发出租车牌照、修建洪水防御系统等公共服务项目。

中央政府以法定条文形式规定地方政府服务的大部分项目，其他的服务可由地方议会自由决定。地方议会有责任按法律条文提供规定的服务项目。

## 二、英国房地产税制

这里我们主要介绍议会税（council tax）。

**（一）课税对象**

英国议会税的课税对象为住房，法律中规定住房包括平房、楼房以及公寓，也包括用于出租的房屋和活动房，此外，可用作住宅的船只也是课税对象。

**（二）纳税人**

英国议会税的纳税人要求是房屋所有者或承租者，但是必须年满18岁。具体包含6种纳税人，分别是完全保有地产者、领有住房许可证者、法定的房客、住房租借人、居民以及住房所有者。当几人共同拥有一所房产时，他们将被确定为共同纳税人。

**（三）计税依据**

议会税的计税依据是房产的评估价值，负责房产评估的是国税与海关局下属的评估办公室，分为八或九个等级。对于评估价值，英国税务局规定除非房产发生诸如改扩建、部分拆除这种变化以外，其他房产在一定时期内不需要进行重新评估。议会税税基由各地方政府自行确定。

**（四）税率**

税率的确定，受到两个因素的影响，一是地方政府的开支情况，二是地方政府可以通过其他方式获得收入。议会税税率由二者的差额来确定。计算的步骤是：第一步，将辖区内所有住宅进行分类。通常的分类依据是房产的评估价值，分类即可确定各价值等级中应税房产的数量。第二步，计算出需要通过议会税征收的税款总额。计算单依据是地方政府各项支出的数额，与收到中央政府转移支付金额、地方其他收费的预计数额的差额，而议会税需要征收的总税款就是这个差额。第三步，将前面两步进行统计，计算出议会税的税额和税率。

以英格兰地区为例，房产根据评估价值分为八个级次，然后再依据每个级次规定了应纳税额的比例，而其他地区，苏格兰和北爱尔兰也是将每个住宅的房屋价值（1991年4月1日）分为A~H八个等级，有所不同的是威尔士，它是将房屋价值（2003年）分为A~I九个等级（见表3-2）。不过英国房屋以A~D级为主，2018年数据显示，英格兰与威尔士A~D等级房屋占比分别为24%、20%、22%、15%，E~I级房屋占比分别为10%、5%、4%、1%与0。

表 3 - 2                                    英国各地区房地产价值等级

| 等级 | 英格兰*（英镑） | 比率 | 平均税额（英镑）（2006 年） | 所占百分比（%） | 苏格兰（英镑） | 威尔士（英镑） |
|---|---|---|---|---|---|---|
| A | 40000 以下 | 6/9 | 845 | 67 | 27000 以下 | 44000 以下 |
| B | 40001 ~ 52000 | 7/9 | 986 | 78 | 27001 ~ 35000 | 44001 ~ 65000 |
| C | 52001 ~ 68000 | 8/9 | 1127 | 89 | 35001 ~ 45000 | 65001 ~ 91000 |
| D | 68001 ~ 88000 | 9/9 | 1268 | 100 | 45001 ~ 58000 | 91001 ~ 123000 |
| E | 88001 ~ 120000 | 11/9 | 1550 | 122 | 58001 ~ 80000 | 123001 ~ 162000 |
| F | 120001 ~ 160000 | 13/9 | 1832 | 144 | 80001 ~ 106000 | 162001 ~ 223000 |
| G | 160001 ~ 320000 | 15/9 | 2113 | 167 | 106001 ~ 212000 | 223001 ~ 324000 |
| H | 320000 以上 | 18/9 | 2536 | 200 | 212000 以上 | 324001 ~ 424000 |
| I | — | 21/9 | — | — | — | 424000 以上 |

说明：＊1991 年的名义住宅房地产价值。

资料来源：维基网站 ［EB/OL］. https：//en. wikipedia. org/wiki/Council_Tax。

在确定税额时，通常的做法是：首先确定一个标准税额，通常选择 D级的应征税额为基准（标准税额，英格兰 2006 年的平均 D 级税额为 1268英镑），然后以标准税额为基础按照规定的比率（例如：C 级的比率是8/9，E 级的比率是 11/9）计算出其他级次的应征税额，实行的是定额税收，税额累进政策。同时遵循同一级次的住宅征税额相同的原则，而不同级次的房产的应纳税额不同，房价越高，比率相应增高。

在确定税率时是"以支定收"的原则，各地方政府根据当年财政预算的缺口确定房地产税，通常先确定 D 级住宅纳税额，这种方式有效平衡了财政需求与纳税人之间的税负。以 2017 年的数据为例，先确定英格兰 D 级房地产议会税税额为 1591 英镑，进行推算后，议会税约占房价的 0.3% ~1.2%，不过实际税率随着房价上升会有所下降（见表 3 - 3）。

表 3 - 3                        2017 年英格兰各等级房屋议会税税率估算

| 等级 | 英格兰*（英镑） | 比率 | 2017 年对应房价（英镑） | 2017 年平均纳税额（英镑） | 实际税率（%） |
|---|---|---|---|---|---|
| A | 40000 以下 | 6/9 | 85800 | 1061 | 1.2 |
| B | 40001 ~ 52000 | 7/9 | 197344 | 1237 | 0.6 |

续表

| 等级 | 英格兰*<br>（英镑） | 比率 | 2017 年对应房价<br>（英镑） | 2017 年平均<br>纳税额（英镑） | 实际税率<br>（%） |
|---|---|---|---|---|---|
| C | 52001～68000 | 8/9 | 257404 | 1414 | 0.5 |
| D | 68001～88000 | 9/9 | 334624 | 1591 | 0.5 |
| E | 88001～120000 | 11/9 | 446164 | 1945 | 0.4 |
| F | 120001～160000 | 13/9 | 600604 | 2298 | 0.4 |
| G | 160001～320000 | 15/9 | 1029604 | 2652 | 0.3 |
| H | 320000 以上 | 18/9 | — | — | — |

说明：＊1991 年的名义住宅房地产价值。

资料来源：恒大研究院. 房地产税征收的国际经验——房产税系列之一 ［R］. 恒大研究院研究报告，2019。

### （五）税收优惠

在税收优惠方面，英国分为两类，一类是针对纳税人的优惠，还有一类是针对特殊房地产类型的优惠。

1. 针对不同情况的纳税人制定的减免税政策

（1）减税条款。议会税在计算税款时的依据是一个家庭有两个成年人，这样针对那些单独居住的成年人，就可以享受25%的税额优惠。如果都是未成年人，可以减免50%的税款。此外对于残疾人士的住房也有适当的减税政策。

（2）免税条款。在计算某一住房中纳税人的人数时不包括以下人员：①严重精神病患者；②全日制的学生、学生的看护者、学徒人员和青少年培训班学员；③由福利院照顾者；④18 岁或 19 岁的在校学生或刚刚毕业离开学校者；⑤住在旅店或夜间庇护所者；⑥住院病人；⑦通常由慈善机构派往低收入家庭的协助管理者；⑧宗教机构的成员，以及入狱的犯人；⑨访问特定国际机构的团体成员；⑩照顾残疾人、自身年龄在 18 岁以上且为残疾人的非配偶、非同居者。

2. 针对房产的不同情况所制定的减免税政策

（1）减税政策。当房产不属于所有者的主要房产时，该房产可享受议会税减半征收。

（2）免税条款。符合以下条件的房产可以享受免税：最近（12 个月以内）完全处在大修或需要改变结构的空置住宅；破产人员留下的空置住房；用于停车或放置小船的住宅；由年龄在 18 岁以下者居住的房产；慈善机构拥有的不到 6 个月的房产；非法居住但是又被发现已经按照正常税率征收的住宅；无人居住的属于入狱犯人的房产；完全由学生居住或一个学生同其既非学生也非英国公民因而禁止其就业和申请福利补助的配偶居住的房产；学生公寓；无人居住且属于在医院接受住院治疗或住在疗养院者的房产；因某人为照顾他人搬出居住而使其原住所空置的房产；曾经为某人的住所，但因其为需要他人护理而搬至其他住所造成空置的房产；由宗教机构持有并将在未来占用的空置房产；房主已亡故、遗嘱或托管信函正待书立的无人居住房产；曾经有一个或几个学生居住但现已空置的房产；抵押贷款者的空置房产；武装部队宿舍；来访者居住的房产；一处免税房产中至少有一个本应为纳税人者身为外交官的房产；构成另一房产的一部分且两者有难以分开的空置房（如附属建筑等）；由虽有义务支付房产税但有严重心理疾病的人或者是有严重心理疾病的学生、学生的外国配偶或学校毕业生居住的房产；构成唯一物产的住宅，包括至少其他一处住宅是供唯一或主要可依赖亲戚居住的房屋。

**（六）征收管理**

英国的议会税在征管时通常是由纳税人向税务机关申报，申报的同时要提供住房有关材料。税务机关一般会在 4 月 1 日将税单寄给纳税人，税单上所确定应纳税额是依据房产的评估价值和相应的价值等级。税务机关通知纳税人缴纳税额。税款需要按当地政府要求的方式缴纳或者可以选择分期缴纳（一般分期时长是 10 个月以内）。如果选择了分期缴纳，纳税人需要在接到税单之日的 28 天内缴纳首付款。对于在年初一次性缴清税款的纳税人，会在纳税额方面给予一定的折扣。如果存在纳税人没有如期支付税款的情况，纳税人就将收到地方法庭发来的传票，收到传票后，如仍然没有在规定时间内缴纳税款，那么更加严重的情况就是法庭将授权地方政府对欠税者的收入或财产进行冻结处理，以此方式来强制纳税人补足拖欠的税款。对于提供虚假信息的纳税人，同样会受到处罚。

# 第三节　德国房地产税

## 一、概述

德国是联邦共和制国家，德国制定税收时要以法律为依据，所有的税都必须通过立法才能生效。各州在一定范围内拥有自己的立法权、行政权、司法权，因此税收的立法权也归属于联邦和州两级，州以下的行政区则无税收立法权。德国的财税体制框架是独特的，联邦在一些重大的投资计划和财政事务上面是没有直接决定权的，需要与各州州长商议协调。因此，德国的税收立法是相对集中的，联邦具有联邦专享税和共享税以及州专享税的立法权，地方政府对土地税和房产税这类地方税有立法权。而不动产购置税和遗产税属于州专享税，共享税主要是指所得税。

德国目前尚无专门的房地产税制度，而是一个由多个财产税税种组成的体系，德国根据财产价值征收的税收有土地税、土地交易税、房产税以及财富税、继承税和所得税。德国对房地产主要征收土地税、土地交易税和房产税等税种，其中土地税是保有环节的主要税收。在德国，地方政府每年要向在辖区内占有土地的人征收土地税（grundsteuer），德国对出租的住房要缴纳房产税，因此对房地产所有者自用的住宅是不需要缴纳房产税的。只需缴纳土地税，而土地税和房产税是地方乡镇政府的收入，作为直接税增加纳税人的税收负担。

德国的土地税制度起源于土地改革派领袖阿道夫·大马士革的土地改革思想。他认为土地的增值部分应该归国家所有，因此提出征收土地增值税，之后德国的土地增值税合并入所得税体系。第一次世界大战之前，德国市镇税收的主体是所得税，基本占到税收总额的一半、另外的一半主要由土地税（25%）和财产交易税（10% 左右）组成。但是第二次世界大战改变了德国的税收体系，即二战以后地方税收的主要税种不再是所得税，而变成了财产交易税和土地税。这两项税收占到总体税收收入的90%（1950 年），单单土地税在总体税收收入中占到接近一半的份额（43.3%）。然而，1950 年之后的一段时期，土地税所占比例逐年下降，到了 1957 年土地税收入减少了几乎一半，占总税收收入的比例降到20.8%。随着 1990 年德国统一，状况又有了改变，尤其是德国东部地区土地收入增长较快。根据德国联邦统计局和财政部的数据，德国土地税从 1991 年的 50 亿欧元增长至 2020 年的 146 亿欧元，涨幅达 192%（见图 3－6），土地税依然是地方政府财政收入的主要来源，占到市政税收收入的 1/5，对总税收的贡献仅次于所得税和交易税。虽然，德国房屋的价值每年或者每两年都会由专业的评估机构更新一次，但德国并没有及时对计税价值进行调整，而是依照 1964 年 1 月 1 日（原民主德国地区则按照 1935 年 1 月 1 日）的市场价值进行计算评估，因此计税价值一般远低于市场价值（不超过市场价值10%），这也是土地税在市政府税收以及德国总体税收中的比重在过去的50多年中持续下降的重要原因。至2016年土地税占市政府税收收入约15%，远低于1951年的34.8%，占德国总体税收不足2%（见图3-7）。

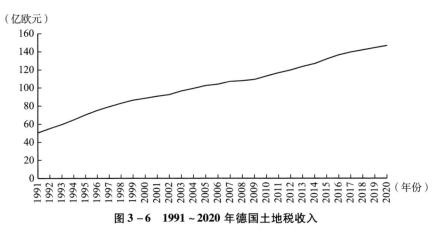

图3-6　1991～2020年德国土地税收入

资料来源：德国联邦统计局、德国联邦财政部（www. bundesfinanzministerium. de）。

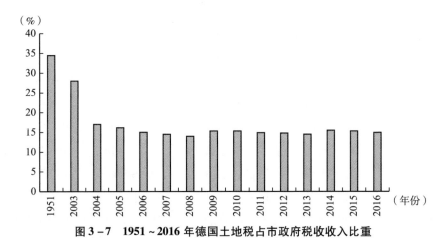

图3-7　1951～2016年德国土地税占市政府税收收入比重

说明：1951年为联邦德国数据。

资料来源：德国联邦统计局、德国联邦财政部（www. bundesfinanzministerium. de）。

## 二、德国房地产税制

根据前后统一的研究口径，这里重点介绍德国针对房地产保有环节征收的土地税。

德国土地税的法律依据是1973年8月7日颁布的《联邦土地税法》

（Grundsteuergesetz，GBGL I，p. 965）及其随后的修正案，因此该税种虽名为"土地税"，实际上却是政府向国内存量土地及其地面建筑物征税。税收代码在联邦统一为市政税，但市政当局有权对土地税通过稽征率（average assessment rates）进行乘数（杠杆）调节。

**（一）课税对象**

土地税的征税对象是国内的土地及建筑物，包括农地和林地。德国《民法大典》第 94 条规定，因为房屋建筑是从属于土地的，与土地不可分割，因此土地上的房屋建筑是土地的组成部分，属于土地所有者所有。在出租住房的纳税方面德国与英国不同的是，出租的住房在德国仍要缴纳房产税，而自用的住房却不用缴纳，自用的住房需要缴纳的是土地税。德国对土地征税时，把土地分为 A 类和 B 类，即农林业用地和非农林业用地（可开发的土地或已开发完成的土地及地上房屋）。对农业生产用地征收 A 类土地税（category A real property tax），对非农林业用地征收 B 类土地税（category B real property tax）。1891 年土地税称为地方税。

**（二）纳税人**

土地税的纳税人为土地的所有者。不管是土地所有者自用还是出租，均由所有者缴纳土地税。

**（三）计税依据**

德国土地税多年来一直没有建立市场价值体系。现行土地税的计税仍然依据以前的（民主德国估值标准是 1935 年出台，联邦德国估值标准是 1964 年出台）的土地单元价值（估计值），是根据德国《资产评估法》确定的地产标准价值。由于估值标准较早，一般计税价值远远低于现有的市场价值，大概只占当前市场价值的10% ~ 30%，因此实际税负较轻。同时由于计算方式相对复杂，导致地区之间税负差异较大。在德国，房地产价格由独立的机构决定，并不考虑政府、委托人以及个人的经济利益。评估师对自己的评估结果负责 30 年，对评估中的错误负有法律责任。德国东西部地区之间、不同建筑物年份之间、不同人口的市镇之间税负都有很大差异。2006 年德国联邦法院要求房地产税应税价值应改为市场价值。该项决定当时主要针对财产继承税，但也涉及地方房地产税。新的财产继承税税法于 2009 年 1 月 1 日开始执行，房地产税仍在讨论和修订中。通常，在买卖房产时一次性缴纳房产交易税是以房产总价值为计算基础。

农业用地是以土地产出价值为计税依据，建筑用地是以土地本身的价值为计税依据。

**（四）税率**

德国土地税的税率取决于地产的种类，是由德国联邦政府规定的统一的税率指数，之后各地方政府可以根据各自的时间状况确定稽征率，实际的土地税税率是二者相乘得来的。联邦统一税率，对 A 类土地（农业林业用地）税率指数为 0.6%，对 B 类土地（非农林业用地）的税率指数为 0.26% ~ 1%，东部地区税率较高，在 0.5% ~ 1% 之间，西部地区较低，在 0.26% ~ 0.35% 之间。各市稽征率范围在 150% ~ 800% 之间，体现了因地施策的特点，2020 年全德国各地方政府对 A 类土地的平均稽征率是 345%，对 B 类土地的平均稽征率为 478%（见表 3 – 4）。

表 3 – 4　　　　　　1991 ~ 2020 年德国土地税收入及平均稽征率

| 年份 | A 类土地税 | | B 类土地税 | | 土地税总收入（百万欧元） |
|---|---|---|---|---|---|
| | 税收（百万欧元） | 稽征率（%） | 税收（百万欧元） | 稽征率（%） | |
| 2020 | 408.9 | 345 | 14265.50 | 478 | 14674.4 |
| 2019 | 405.7 | 342 | 14033.40 | 475 | 14439.1 |
| 2018 | 404.3 | 339 | 13796.20 | 472 | 14200.5 |
| 2017 | 402.6 | 336 | 13557.50 | 470 | 13960.1 |
| 2016 | 393.2 | 332 | 13257.60 | 464 | 13650.8 |
| 2015 | 392.6 | 327 | 12818.40 | 455 | 13211.0 |
| 2014 | 382 | 320 | 12313.80 | 441 | 12695.8 |
| 2013 | 377.5 | 316 | 11986.90 | 436 | 12364.4 |
| 2012 | 373.2 | 311 | 11606.80 | 425 | 11980.0 |
| 2011 | 366.6 | 306 | 11305.90 | 418 | 11672.5 |
| 2010 | 360 | 301 | 10956.10 | 410 | 11316.1 |
| 2009 | 354.7 | 297 | 10586.90 | 401 | 10941.6 |
| 2008 | 354.6 | 296 | 10446.60 | 400 | 10801.2 |
| 2007 | 353.9 | 295 | 10359.20 | 400 | 10713.1 |
| 2006 | 352.1 | 294 | 10042.60 | 394 | 10394.7 |
| 2005 | 348.9 | 292 | 9896.00 | 392 | 10244.9 |

续表

| 年份 | A 类土地税 | | B 类土地税 | | 土地税总收入（百万欧元） |
|---|---|---|---|---|---|
| | 税收（百万欧元） | 稽征率（％） | 税收（百万欧元） | 稽征率（％） | |
| 2004 | 347.4 | 289 | 9590.80 | 385 | 9938.2 |
| 2003 | 340.3 | 286 | 9317.00 | 381 | 9657.3 |
| 2002 | 336.6 | 282 | 8914.40 | 373 | 9251.0 |
| 2001 | 332.2 | 280 | 8738.20 | 368 | 9070.4 |
| 2000 | 331.5 | 278 | 8516.00 | 367 | 8847.5 |
| 1999 | 326.8 | 276 | 8307.40 | 367 | 8634.2 |
| 1998 | 325.9 | 275 | 7970.20 | 366 | 8296.1 |
| 1997 | 325.5 | 272 | 7597.40 | 362 | 7922.9 |
| 1996 | 318.9 | 269 | 7194.30 | 357 | 7513.2 |
| 1995 | 313.3 | 266 | 6714.90 | 351 | 7028.2 |
| 1994 | 309.5 | 262 | 6157.90 | 340 | 6467.4 |
| 1993 | 303.6 | 258 | 5656.70 | 328 | 5960.3 |
| 1992 | 293 | 255 | 5219.60 | 317 | 5512.6 |
| 1991 | 285 | 254 | 4757.40 | 309 | 5042.4 |

资料来源：根据德国联邦统计局数据整理得出，https：//www.destatis.de。

土地税应纳税额的计算公式：

土地税应纳税额 = 土地计税价值 × 税率指数 × 稽征率

例如，在一个 B 类土地税平均稽征率为 350％ 的城市，价值 1000000 欧元商业建筑土地税负担如下：

估计价值 × B 类土地税税率指数 × 稽征率 = 土地税应纳税额

1000000 欧元 × 0.35％ × 350％ = 12250 欧元

土地税的市镇稽征率由各市镇自行决定。各市镇可以为 A 类土地和 B 类土地分别设置稽征率，通常 B 类土地税的稽征率较高（见表 3-5）。下一年度的稽征率是由各市镇在每年初决定，不过州一级政府可以对市镇土地税稽征率的上限加以控制。

表 3 – 5            **2000 ~ 2020 年德国各州土地税稽征率**          单位：%

| 联邦州/城市州 | 2000 年 | | 2010 年 | | 2020 年 | |
|---|---|---|---|---|---|---|
| | A 类土地税 | B 类土地税 | A 类土地税 | B 类土地税 | A 类土地税 | B 类土地税 |
| 巴登 – 符腾堡 | 320 | 332 | 343 | 376 | 363 | 400 |
| 拜恩 | 323 | 333 | 337 | 379 | 350 | 394 |
| 柏林 | 150 | 600 | 150 | 810 | 150 | 810 |
| 勃兰登堡 | 229 | 342 | 270 | 379 | 320 | 410 |
| 不来梅 | 248 | 530 | 248 | 572 | 250 | 687 |
| 汉堡 | 225 | 490 | 225 | 540 | 225 | 540 |
| 海森 | 263 | 320 | 278 | 333 | 420 | 500 |
| 下萨克森 | 315 | 358 | 351 | 388 | 391 | 439 |
| 梅克伦堡 – 前波美拉尼亚 | 233 | 343 | 256 | 371 | 331 | 432 |
| 北莱茵 – 威斯特法伦 | 202 | 401 | 223 | 444 | 292 | 577 |
| 莱茵兰 – 普法尔茨 | 277 | 328 | 285 | 343 | 325 | 407 |
| 萨尔兰 | 244 | 332 | 248 | 347 | 302 | 456 |
| 萨克森 | 280 | 385 | 301 | 450 | 316 | 499 |
| 萨克森 – 安哈特 | 272 | 354 | 294 | 380 | 341 | 423 |
| 石勒苏益格 – 荷尔斯泰因 | 250 | 303 | 285 | 336 | 335 | 404 |
| 图林根 | 227 | 324 | 241 | 346 | 299 | 437 |
| 全国平均水平 | 278 | 367 | 301 | 410 | 345 | 478 |

资料来源：根据德国联邦统计局数据整理得出，https：//www. destatis. de。

### （五）税收优惠

与英国的税收优惠相似，德国对一些公共用地实施土地税免税政策，具体包括医院、非营利机构、教堂、当局公共的土地及建筑物、公共土地（如公园、墓地）、市政公司、联邦铁路、政府拥有的科研和教育机构，以及军用设施等。而住宅的税收优惠政策是与其他土地买卖经营的政策不同的，因为住宅是居民生活的必需品。其他的税收优惠，是在房地产所有者能够提供关于房地产所带来的毛利润下降达到50%或以上时，所有者可以在下一年度的 3 月 31 日之前对税款申请25% ~50%的减免，同时还要求这种毛利润的下降不是由于房地产所有者自身的原因造成的。

德国对居民自有自用的第一套住宅是不征收房产税的,不过对宅基地征收土地税。原因依然是对生活必需品的特殊政策,对待居民生活必需品的房产与其他房产(以土地买卖和经营为目的)实施区别待遇,这也能够解释为什么有些地区只对第二套及以上住宅征收土地税。在政策变更方面,德国在1990实行了新的土地税优惠政策,该政策主要针对居民构建的自有自用住宅。以一户四口之家为例,税收优惠政策是对其拥有的独户并且住宅面积在156平方米以下的住宅免税,或者这个家庭拥有两处住宅但住宅总面积在240平方米以下,也可以免税。①

另外,法律中规定1981~1991年在民主德国领土内的房地产,可免缴10年土地税。

**(六)征收管理**

德国的征收体系中不同于其他国家,没有设置国税、地税两套系统,联邦财政局和州财政局共同在州设立征收管理机构进行税收的征管。土地税的应纳税额,是由市镇税务局核算,再由税务局通知土地所有者,通知时以书面形式标注应纳税额,收到通知书的纳税人再进行缴纳。当土地的应纳税额不变时,市政府还可以以公示的方式告知纳税人,寄送的税单与公示具有同样的法律效力。

# 第四节 俄罗斯房地产税

## 一、概述

俄罗斯的房地产税征收历史悠久,是由封建社会的其他税种演变而来的,土地税从基辅罗斯时期延续至莫斯科公国时期。20世纪俄联邦税包括联邦税、联邦主体税(地区税)和地方税。在俄联邦境内普遍实施的是联邦税,直接由《俄罗斯联邦税法典》规定。而联邦主体税(地区税)由联邦主体立法权力部门制定,并以法律形式实施,在地区内普遍实行。《俄罗斯联邦税收法典》的第13~15条详细规定了上述联邦税、联邦主体

---

① 蔡红英,范信葵.房地产税国际比较研究[M].北京:中国财政经济出版社,2011.

税或称地区税、地方税的全部 28 个税种。

1991 年苏联解体后，俄罗斯出台了一系列新的财税政策，一是保证财政收入，二是推动私有化和分权化的进程，在这个过程中，俄罗斯作为独立国家正式开征房地产税。《企业财产税法》是在 1991 年 12 月 13 日颁布的，1995 年 6 月 8 日和 9 月 15 日，俄罗斯国家税务总局又分别颁布《关于企业财产税计算和向预算缴纳方式的细则》和《关于俄罗斯联邦外国法人财产税计算和缴纳方式的细则》，这两份细则对企业财产税实施原则和特点做了具体的规定。俄罗斯属于大陆法系国家，因此《俄罗斯联邦税法典》也对财产税进行了规定，正式在法典中规定了财产税属于地区税种，但是，在开征和停征时要遵《俄罗斯联邦税法典》和俄罗斯联邦主体法律的规定，税率、缴纳方式和期限也是同样。

## 二、俄罗斯房地产税制

俄罗斯采用土地和房屋单独征税的模式，现有的保有环节房地产税包括三个税种，分别是土地税、企业房地产税和自然人财产税，在此主要对自然人财产税和土地税两部分进行介绍：

### （一）自然人财产税

自然人财产税是在俄罗斯全境实行的一种地方税，包括房屋、建筑物税和交通运输工具税两类。俄罗斯国家税务总局在 1991 年 12 月 9 日和 1995 年 5 月 30 日分别颁布了《自然人财产税》和《自然人财产税计算和缴纳方法细则》，是规范自然人财产税的法律依据。因自然人财产税属于地方税，税率采用累进税率，开征和停征以及缴纳方式期限等要素均由地方政府确定。自然人财产税占市政府收入的比重在 11.3% ~ 18.4% 之间浮动。

（1）课税对象。自然人财产税的课税对象是指自然人拥有的房屋（普通住宅和高档住宅均包含在内）、车库及其他建筑物、交通运输工具（如驳船、摩托艇、直升机、摩托雪橇、快艇等），但汽车和摩托车等除外（按《俄罗斯联邦税法典》缴纳道路交通税）。

（2）纳税人。自然人财产税纳税人是指在俄罗斯境内拥有财产的人，包括本国公民、无国籍人士和外国公民。如果房产无所有者或所有者不详，则不征收其自然人财产税。

（3）计税依据。计税依据为房屋和建筑物的登记价值。在市场经济条件下，俄罗斯的房产登记价值经常发生变化，地方政府可以对其做适当调整。如果房产登记价值不能确定，则会以这类财产在进行强制保险时的估算价格为依据确定其价值。

（4）税率。房屋和建筑物的税率由市政府设定，但联邦确定自然人房屋和建筑物财产税率的最高值，根据房地产的价值而定，在 0.1% ~ 2.2% 的范围内变化，属于累进税率。地方政府据此确定每个市的具体数值。交通运输工具税的税率取决于发动机功率，其税率按法律规定的最低月劳动报酬的百分比计算。

（5）税收优惠。俄罗斯税法对自然人财产税规定了完全免缴所有财产税、完全免缴房屋和建筑物财产税和完全免缴交通运输工具财产税等三种优惠措施。俄罗斯法律规定，属于下列情况的自然人可享受个人房屋和建筑物财产税豁免：俄罗斯联邦英雄，荣获一、二、三级荣誉勋章者；自幼残疾儿童；卫国战争和国内战争参加者；一、二级残疾者；牺牲军人家属；参加过保卫苏联其他战役的军人和游击队员；符合退休法规规定的退休金领取者；切尔诺贝利救灾行动参与人员等。

由于房屋和建筑物税属于地方税，在税收优惠政策的制定时，各自治州、自治区以及区和市的立法机构拥有如降低税率的权力。

（6）征收管理。房屋的登记价值由地方技术局决定，以重建成本扣除房屋贬值部分来表示。地方技术局有义务在每年的 3 月 1 日前将所有已登记的房产的价值额和所有权属都寄送给地方税务稽查员。每年的 8 月 1 日前，税务稽查员把税收通知单寄送给每个房屋的所有者。纳税人的税款可以分两次缴纳，分别在 9 月 15 日和 11 月 15 日之前缴清。如果未能按期缴税，需缴纳滞纳金。①

（7）税基评估。评估机构为市技术评估局。对归公民个人所有的房屋和建筑物财产价值进行评估。

评估方法，以每平方米基础价格加上法律中规定的调整系数来评估税基。在对房地产进行评估时，评估机构可以使用计算系数来反映房地产的价值。

针对评估价值存在争议时，无上诉机制，个人根据征税人员每年 8 月 1 日前寄送的税收通知单纳税。

---

　　① 译自世界银行 2000 年报告第 17 章，Andrey Timofeev，"Land and Property Taxes in Russia"。

**（二）土地税**①

在俄罗斯为了保护土地并提高其使用效力，以此为目的开征土地税，因此依据《俄罗斯联邦税法典》，全境征收土地税，并且土地税属于地方税范畴。

俄罗斯的土地税包括三种形式：土地税、土地租金和土地标准价格。其中，土地税是对土地所有者、土地占有者和土地使用者按年征收的税种，这是针对保有环节征收的税种。

（1）课税对象。土地是土地税的课税对象，在俄罗斯，既包括提供给公民使用的土地，也包括提供给法人使用的土地。具体包括：①提供给公民用于从事个体副业、个体住房建筑、个体园艺和蔬菜栽培及畜牧业的土地；②提供给居民合作社用于园艺和蔬菜栽培及畜牧业的土地；③提供给交通运输、林业、水利、渔业和狩猎业企业机构和组织的某些职工的土地；④采伐木材的林地，以及林地中的农业用地；⑤用于住宅、别墅、车库建设和其他目的的土地；⑥工业、交通、通信、无线电广播、电视、信息、宇航保障和动力用地，以及物质生产和非生产领域其他部门用地；⑦用于经济活动的水资源用地以及用于休息目的的林地和水资源用地；⑧提供给农业商业企业和组织、农户和农场、从事农业生产和副业生产其他法人的土地。②

（2）纳税人。土地税的纳税人是土地的所有者和使用者。包括俄罗斯公民、外国公民和无国籍人士。在俄罗斯，在境内拥有、占有和使用土地或者租赁土地的自然人和法人，均是土地税的纳税人。

（3）计税依据为每个纳税年度的1月1日联邦土地登记簿上记录的土地价值。

（4）税率。俄罗斯土地税的税率由各地方政府确定。通常征收土地税首先考虑土地的使用性质，根据土地的不同使用性质，规定不同的税率。农业用地、住宅、家庭手工业用地和公共基础设施用地税率较低，一般低于0.3%，其他用途土地税率一般在1.5%以内。俄联邦对每类地区的每类土地规定了平均税率，具体见表3-6。

---

① 参见中俄法律网［EB/OL］. http：//www.chinaruslaw.com/CN/InvestRu/RevenueSys/2006 1219152144_678173.htm。

② 译自世界银行2000年报告第17章，Andrey Timofeev，"Land and Property Taxes in Russia"。

表 3 - 6　　　俄罗斯城市和其他居民土地税平均税率（按年度计算）

单位：卢布/每平方米

| 经济区 | 人口 | | | | | | | |
|---|---|---|---|---|---|---|---|---|
| | 2 万人以下 | 2 万 ~ 5 万人 | 5 万 ~ 10 万人 | 10 万 ~ 25 万人 | 25 万 ~ 50 万人 | 50 万 ~ 100 万人 | 100 万 ~ 300 万人 | 300 万人以上 |
| 北方 | 0.5 | 1.1 | 1.2 | 1.4 | 1.5 | — | — | — |
| 西北 | 0.9 | 1.4 | 1.6 | 1.7 | 1.9 | — | — | 3.5 |
| 伏尔加 | 1.0 | 1.5 | 1.7 | 1.8 | 2.0 | 2.3 | — | 4.5 |
| 中央黑土地带 | 0.8 | 1.3 | 1.5 | 1.6 | 1.8 | — | 2.4 | |
| 中央 | 0.9 | 1.4 | 1.6 | 1.7 | 1.9 | 2.2 | — | |
| 伏尔加河流域 | 0.9 | 1.4 | 1.6 | 1.7 | 1.9 | 2.2 | 2.5 | |
| 北高加索 | 0.8 | 1.3 | 1.5 | 1.6 | 1.8 | 2.1 | 2.4 | |
| 乌拉尔 | 0.7 | 1.2 | 1.4 | 1.5 | 1.7 | 2.0 | 2.3 | |
| 西西伯利亚 | 0.6 | 1.2 | 1.3 | 1.4 | 1.6 | 1.9 | 2.1 | |
| 东西伯利亚 | 0.5 | 1.1 | 1.2 | 1.4 | 1.5 | 1.8 | — | |
| 远东 | 0.6 | 1.2 | 1.3 | 1.5 | 1.6 | 1.9 | — | |

资料来源：蔡红英，范信葵．房地产税国际比较研究 ［M］．北京：中国财政经济出版社，2011。

（5）税收优惠。土地法和税法均对土地税的豁免权有具体的规定，对包括国家自然保护区、植物园和森林公园、国家公路用地，以及林业和农作物品种试验用地、公用体育设施、经济特区内产权登记最初 5 年的土地、高等院校、科研机构等土地进行了土地税的豁免。

如果在 1 年内纳税人产生了税收优惠权，则从产生优惠权的当月免缴土地税。新的土地所有者从次月开始缴纳土地税。

（6）征收管理。法人和自然人缴纳土地税的方法不同。最主要是计算需要缴纳土地税金额时，法人是直接计算，每年在 7 月 1 日之前将计算结果提交给所在地税务机关；自然人的土地税不是由个人计算，而是由国家税务机关计算，然后以邮递的形式将税收通知单寄给自然人，通知单中会列示计算结果，并且这项工作通常在每年的 8 月 1 日之前完成。法人直接计算的结果，将由税务机关进行监督检查。二者相同的地方在于，法人和自然人的土地税，都在拥有土地次月开始计算。此外缴纳税款的方式也基本一致，法人和自然人都可分两次缴纳，即每年 9 月 15 日和 11 月 15 日前缴纳土地税，每次各缴纳一半。

土地的评估价值的标准，由联邦地籍管理部门和不动产管理部门制定，具体的评估工作通常由具有联邦政府认证资格的评估公司进行。

在争议处理方面，俄罗斯的纳税人不能对评估结果提出异议，因为俄罗斯没有相关法律规定如何进行争议处理。

## 第五节　澳大利亚房地产税

### 一、澳大利亚房地产税概述

澳大利亚是一个高度发达的资本主义国家，曾是英国的殖民地，因此早期的土地税受英国影响，由中央政府统一征收，之后，19 世纪后期改由州一级政府征收，各州的税率并不统一。南澳大利亚于 1884 年对未改良的土地征收土地税，是澳大利亚最早征收土地税的州。1884 年以前，尽管也存在州政府征收土地税的情况，但州政府主要通过出售皇室土地取得财政收入。1910 年，土地税被联邦政府作为一种财富税，并被用来改善大批土地利用不足的状况。1952 年，联邦一级的土地税被取消，但在州和地方政府的土地税依然被保留。

关于房地产征收，在澳大利亚现行的主要税种为州政府征收的土地税和市政府征收的市政税①，土地税和市政税的课税对象均是土地的应税价值。澳大利亚的税收制度中，设立了三级税制，分别是联邦级别、州级别和地方级别。联邦、州、地方各级政府均对税款的征收负责，它们分别设立各级税务机构，征收管理各自的相关税种。在澳大利亚的法律中，没有共享税的设置，因此主要是由联邦税收和州税收构成国家税制，这意味着地方政府没有税权只有市政税和相关收费的权利。

从表 3-7 我们可以看出，土地税是澳大利亚州政府征收的主体税种之一，而地方政府的主要税收收入来源是市政税。

---

① 市政税（municipal rates）。由地方政府以财产评估价值征收的一种税，主要用于地方政府的一般服务支出。

表 3 - 7　　　　　　　　　　　澳大利亚各级政府主体税种

| 政府级别 | 地方政府 | 州政府 | 联邦政府 |
|---|---|---|---|
| 主体税种 | 市政税及相关收费, 如垃圾费和水电气等服务型收费 | 土地税、印花税、消费税、工薪税、机动车辆税、资源特许权使用税、银行账户税 | 个人所得税、公司所得税、商品与劳务税、退休金税、国民保健税、福利税、资源税、关税 |

澳大利亚统计局数据显示，2003～2021 年间各州土地税和各地区市政税收入逐年增加，土地税收入从 2003～2004 财年的 30.59 亿澳元增长到 2020～2021 财年的 111.71 亿澳元，市政税从 2003～2004 财年的 77.26 亿澳元增长到 2020～2021 财年的 205.23 亿澳元（见表 3 - 8），不动产相关税收（即土地税和市政税之和，下同）占州政府财政收入的比重为 10%～13%，占地方政府财政收入的比重为 57%～69%。[1] 统计局数据也清楚地表明：2003～2021 年间，除北方领土地区外，六个州和首都地区每年由州政府所征收的土地税及地方政府征收的市政税总额不断增加（首都地区土地税和市政税都由州政府征收）。从全澳大利亚的情况来看，州和地方政府征收的不动产相关税占州及地方政府税收收入比例由 2003～2004 财年的 23.85% 提高到 2020～2021 财年的 30.41%（见图 3 - 8）。[2]

2002 年土地税评估法案中明确规定了应税土地的范围，对土地税的支付时间、土地所有者的界定等问题做了非常详细的阐述。各州也在税收管理法案的基础上制定了自己的土地税法案。

澳大利亚设立市政税是有特殊用途的。市政税是地方政府用来筹集公共设施的建设和维护费用，如道路用地、休憩用地、公园等。因此，每一个议会在制定综合的税费率（包括各种服务性收费和征收费等）时，均依据于辖区所需要的服务性资金。各个议会可以自行选择怎样去计算和怎样在各类应税财产中（通常包括住宅、商业、农地、矿地四类）分配这些税费。2003～2004 财政年度，西澳大利亚对土地应税价值每超过 30 万澳元按 0.15% 征收市政税，2009～2010 财政年度降为 0.14%。

---

[1]　根据澳大利亚统计局数据计算得出。

[2]　数据来自澳大利亚统计局，https://www.abs.gov.au/statistics。

**表 3 - 8　2003 ~ 2021 财年澳大利亚各州土地税和市政税征收额**

单位：百万澳元

| 财年 | 新南威尔士 | | 维多利亚 | | 昆士兰 | | 南澳大利亚 | | 西澳大利亚 | | 塔斯马尼亚 | | 首都地区 | | 北方领土地区 | |
|---|---|---|---|---|---|---|---|---|---|---|---|---|---|---|---|---|
| | 土地税 | 市政税 | 土地税 | 市政税 | 土地税 | 市政税 | 土地税 | 市政税 | 土地税 | 市政税 | 土地税 | 市政税 | 土地税 | 市政税 | 土地税 | 市政税 |
| 2003~2004 | 1355 | 2424 | 837 | 2001 | 313 | 1461 | 198 | 683 | 280 | 801 | 27 | 184 | 49 | 119 | 0 | 53 |
| 2004~2005 | 1646 | 2521 | 848 | 2170 | 419 | 1559 | 256 | 738 | 315 | 869 | 44 | 199 | 56 | 124 | 0 | 57 |
| 2005~2006 | 1717 | 2638 | 780 | 2294 | 404 | 1736 | 291 | 785 | 313 | 928 | 49 | 207 | 59 | 142 | 0 | 59 |
| 2006~2007 | 2036 | 2776 | 989 | 2500 | 485 | 1925 | 332 | 834 | 386 | 1001 | 62 | 218 | 67 | 159 | 0 | 63 |
| 2007~2008 | 1937 | 2935 | 865 | 2724 | 610 | 2107 | 375 | 884 | 415 | 1088 | 71 | 239 | 73 | 159 | 0 | 68 |
| 2008~2009 | 2252 | 3030 | 1238 | 2927 | 838 | 2301 | 510 | 955 | 562 | 1220 | 80 | 263 | 86 | 179 | 0 | 75 |
| 2009~2010 | 2296 | 3171 | 1178 | 3148 | 1033 | 2456 | 553 | 1018 | 519 | 1329 | 91 | 276 | 98 | 188 | 0 | 83 |
| 2010~2011 | 2289 | 3303 | 1398 | 3416 | 1042 | 2666 | 576 | 1086 | 516 | 1454 | 75 | 298 | 110 | 198 | 0 | 85 |
| 2011~2012 | 2350 | 3445 | 1401 | 3656 | 1013 | 2830 | 588 | 1161 | 548 | 1581 | 88 | 317 | 115 | 209 | 0 | 91 |
| 2012~2013 | 2333 | 3624 | 1589 | 3890 | 990 | 3023 | 562 | 1238 | 559 | 1695 | 89 | 335 | 71 | 290 | 0 | 97 |
| 2013~2014 | 2335 | 3790 | 1659 | 4162 | 986 | 3189 | 565 | 1303 | 654 | 1835 | 86 | 351 | 79 | 340 | 0 | 105 |
| 2014~2015 | 2467 | 3963 | 1753 | 4468 | 977 | 3363 | 559 | 1372 | 738 | 1996 | 84 | 363 | 96 | 376 | 0 | 113 |
| 2015~2016 | 2747 | 4146 | 1771 | 4746 | 1010 | 3514 | 570 | 1434 | 941 | 2143 | 97 | 375 | 101 | 423 | 0 | 120 |
| 2016~2017 | 3171 | 4348 | 2501 | 4967 | 1082 | 3675 | 573 | 1490 | 867 | 2251 | 100 | 388 | 106 | 452 | 0 | 127 |
| 2017~2018 | 3720 | 4502 | 2586 | 5165 | 1180 | 3831 | 595 | 1543 | 833 | 2345 | 105 | 401 | 134 | 491 | 0 | 133 |
| 2018~2019 | 4209 | 4781 | 3509 | 5368 | 1334 | 4004 | 617 | 1602 | 799 | 2423 | 108 | 419 | 137 | 558 | 0 | 138 |
| 2019~2020 | 4453 | 4992 | 3447 | 5560 | 1406 | 4108 | 640 | 1661 | 784 | 2504 | 125 | 434 | 143 | 597 | 0 | 144 |
| 2020~2021 | 4874 | 5162 | 3234 | 5760 | 1524 | 4188 | 510 | 1696 | 749 | 2517 | 130 | 441 | 149 | 612 | 0 | 146 |

资料来源：澳大利亚统计局，https://www.abs.gov.au/statistics。

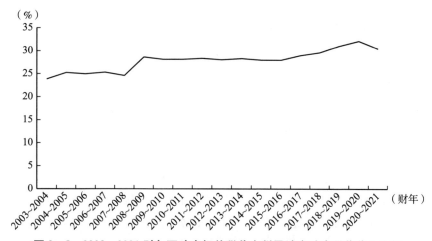

图 3-8 2003~2021 财年不动产相关税收占州及地方政府税收收入比例

资料来源：澳大利亚统计局，https://www.abs.gov.au/statistics。

在澳大利亚，州政府征收土地税和地方政府征收市政税时，计税依据均为土地的市场价值。在澳大利亚，市场价值是指未改良的土地市场价值，这意味着不包括地上和地下的基础设施等附着物的价值。对于未改良的土地市场价值进行评估是土地价值评估机构的责任。评估机构要定期对土地进行评估，确定其市场价值，在澳大利亚每个州都设立了这种评估机构。州政府都会规定土地价值评估机构在进行评估时必须遵循公平交易的原则（见表 3-9）。

表 3-9 　　　2009~2010 年度澳大利亚土地税应税价值及相应税额 　　单位：澳元

| 土地价值 | 南澳大利亚 | 新南威尔士 | 维多利亚 | 昆士兰 | 西澳大利亚 | 塔斯马尼亚 |
|---|---|---|---|---|---|---|
| 150000 | 120 | 0 | 0 | 0 | 0 | 738 |
| 300000 | 570 | 0 | 375 | 0 | 0 | 1563 |
| 500000 | 1770 | 2356 | 775 | 0 | 200 | 4838 |
| 1000000 | 11420 | 10356 | 2975 | 4500 | 700 | 16088 |
| 1500000 | 29920 | 18356 | 6975 | 12750 | 3200 | 28588 |
| 2000000 | 48420 | 26356 | 11975 | 21000 | 5700 | 41088 |
| 2500000 | 66920 | 34356 | 184750 | 29250 | 10600 | 53588 |
| 3000000 | 85420 | 42356 | 24975 | 37500 | 17100 | 66088 |

资料来源：蔡红英，范信葵. 房地产税国际比较研究 [M]. 北京：中国财政经济出版社，2011。

## 二、澳大利亚房地产税制

澳大利亚的立法体系和税收管理体系，继承了英国的传统思想，实行三级政府两级立法（联邦、州）制度。因此，澳大利亚各州都有自己的土地税法案，各州土地税税制要素也略有区别。地方政府征收的市政税大都以费的形式征收，在州的法律体系框架内各议会区征收费率不完全一致。这里主要以新南威尔士州、西澳大利亚州和昆士兰等州为例介绍土地税税制。

### （一）课税对象

土地是澳大利亚房地产税课税对象，除了土地税以外，澳大利亚征收市政税，因此一部分房地产也属于课税对象。

新南威尔士位于澳大利亚东南部，土地税的征收范围非常广，几乎涵盖了州内的所有地区。土地税的征税对象包括商业和工业用地、居住用地、农村闲置土地在内的闲置的土地、度假村，以及国家和地方政府租出的土地。是以上一年 12 月 31 日所拥有的土地为课税对象。

在昆士兰，每年的 6 月 30 日为土地税核算、缴税的节点。课税对象包括投资性房产、商业房产、度假屋、空地（包括闲置的农村土地）、其他非免征土地。无论是单独拥有，还是与他人共同拥有的以上类型的土地，只要价值超过 600000 澳元的土地，就需要征收土地税。

在西澳大利亚，课税对象主要包括空置的土地，非主要住宅、第二套住宅（如度假村、休闲农庄），出租的房屋，商业财产（包括商店、办公室、工厂等），以信托方式取得或以公司命名的土地，从皇室租赁或取得执照的土地，地方政府或公共机构取得的用于经营的、商业性的、职业的或者贸易目的的皇室土地。

### （二）纳税人

在澳大利亚，纳税人与其他国家不同，除了土地的单一所有者、联合所有者以外，公司、委托的代理人和受益人也是土地税的纳税人。如西澳大利亚规定拥有应税土地符合下列条件的人为纳税人：拥有土地永久所有权、皇室土地的承租人、买卖双方土地出售协议中的土地占有者或拥有者。

### （三）计税依据

未改良土地的市场价值是州政府征收土地税的计税依据；市政税的税基可以是未改良土地价值，也可以是土地和建筑物的改良价值，土地和建筑物的租金（年）价值，或者土地或场所价值。

在确定土地的市场价值时，通常需要满足公平交易的条件，即在评估基准日土地的买方与卖方能够形成的合理的市场价格。通常，土地的市场价值是取决于土地的最佳用途的，因此在多数情况下，土地的市场价值会等于土地现行的最大使用价值。在新南威尔士州，土地的应税价值是需要将三年的价值加权平均计算得出的，三年指的是土地在当前这一税收年度中的价值以及其前两年的价值。如果计算 2018 年一块土地的应税价值，需要知道 2018 年、2017 年、2016 年三年的价值，例如 2018 年这块土地的市场价值是 50 万澳元，而在 2017 年和 2016 年土地的市场价值分别是 45 万澳元和 40 万澳元，那么这块土地这一税收年度中的应税价值就为 45 万澳元 [（50 万 + 45 万 + 40 万）/3]。首都地区从 2021～2022 财年开始，使用近五年土地评估机制为计税依据。

**（四）税率**

土地税通常实行累进税率制，税率在各州和议会区各不相同（见表 3 - 10）。新南威尔士土地税应税价值起征点由 1998 年的 160000 澳元提高到 2010 年的 376000 澳元，2020 年土地价值 734000 澳元以下是可以免征土地税的。对于自住业主，土地税年费率为 500 澳元的固定费用，外加 0.3% 土地未改良价值的浮动费用；对于投资性住房而言，每年土地税为 1500 澳元的固定费用，外加 1% 未改良土地价值的浮动费用；农田土地税为未改良土地价值的 0.3%，商业物业土地税则为未改良土地价值的 2.6%。[①] 21 世纪以来，澳大利亚土地价值飙升，因而提高土地税扣除额，这样主要是为了对低收入群体实施的政策保护，促进了税制的纵向公平。相比较而言，越是发达地区，土地税税率就越高。如在首都地区，除征收土地税外，还对不同类型的房地产额外征收一定的固定费（fixed charge，FC），2022 年首都地区的固定费为 1392 澳元。

表 3 - 10　　　2019～2020 财年新南威尔士、维多利亚、昆士兰、首都地区和西澳大利亚土地税税率

单位：澳元

| 州和地区 | 起征点 | 土地价值 | 土地税税率及应纳税额 |
|---|---|---|---|
| 新南威尔士 | 734000 | <734000 | 0 |
| | | 734001～4488000 | 100 + 1.6%（土地价值 - 734000） |
| | | >4488000 | 60164 + 2%（土地价值 - 4488000） |

---

① 澳财网：澳洲央行行长点赞的新州印花税改革，维州不打算跟进吗？[EB/OL]. https：// xueqiu. com/9636252504/163818563.

续表

| 州和地区 | 起征点 | 土地价值 | 土地税税率及应纳税额 |
|---|---|---|---|
| 维多利亚 | 250000 | <250000 | 0 |
| | | 250001~60000 | 275 + 0.2%（土地价值 − 250000） |
| | | 600001~1000000 | 975 + 0.5%（土地价值 − 600000） |
| | | 1000001~1800000 | 2975 + 0.8%（土地价值 − 1000000） |
| | | 1800001~3000000 | 9375 + 1.3%（土地价值 − 1800000） |
| | | >3000000 | 24975 + 2.25%（土地价值 − 3000000） |
| 昆士兰 | 600000 | <600000 | 0 |
| | | 600001~1000000 | 500 + 1%（土地价值 − 600000） |
| | | 1000001~3000000 | 4500 + 1.65%（土地价值 − 1000000） |
| | | 3000001~5000000 | 37500 + 1.25%（土地价值 − 3000000） |
| | | 5000001~10000000 | 625000 + 1.75%（土地价值 − 5000000） |
| | | >10000000 | 150000 + 2.25%（土地价值 − 10000000） |
| 首都地区* | — | <150000 | 0.54% × 土地价值 |
| | | 150001~275000 | 810 + 0.64%（土地价值 − 150000） |
| | | 275001~2000000 | 1610 + 1.12%（土地价值 − 275000） |
| | | >2000000 | 20930 + 1.14%（土地价值 − 2000000） |
| 西澳大利亚 | 300000 | <300000 | 0 |
| | | 300001~420000 | 300 |
| | | 420001~1000000 | 300 + 0.25%（土地价值 − 420000） |
| | | 1000001~1800000 | 1750 + 0.90%（土地价值 − 1000000） |
| | | 1800001~5000000 | 8950 + 1.80%（土地价值 − 1800000） |
| | | 5000001~11000000 | 66550 + 2%（土地价值 − 5000000） |
| | | >11000000 | 186550 + 2.67%（土地价值 − 11000000） |

说明：＊为 2021~2022 财年数据。
资料来源：NSW Revenue Office，https：//www.revenue.nsw.gov.au/。

### （五）税收优惠

　　每个州和地区都规定了免除土地税和地方税的房地产类型，大多是根据土地的所有者与土地的用途和使用方向来制定的，部分州免税范围比较宽。根据法律规定，按所有者性质而免税的房地产，在实际生活中可被用于商业或附属目的。但如果这种应用非常频繁且数量众多，以至于改变了享受免税的本质目的，则该房地产将被重新课税。如果土地能划分为免税和非免税使用两部分，就可以只对相应部分实行免税，主要的生产用地通常是免税的。所有州都对有困难的纳税人减免地方税和土地税。土地拥有者在年迈、收入低、残疾或因服兵役而从联邦政府领取全额养老金的情况下，有权获得地方税负的减免。大多数州都免税的土地包括：公众使用的土地，女王授权的土地和公共保护区，公墓、公立医院和图书馆，公共慈善机构和皇家动物园，用于连接教堂与相关建筑物包括主教居所之间的教堂土地，大学、中专用于教育的土地，以及学校和外国使馆占用的土地等。

在南澳大利亚，对未享受其他免税的养老金领取者减免土地税。在新南威尔士，《2010 年土地税纳税手册》对其税收优惠政策做了非常详细的描述。大致分为以下几类税收优惠：①居住地的优惠。主要是指每个家庭可以并只能申请一次居住地豁免，即用来长期居住的住宅可以申请豁免。其中包括购买空置土地用于建造住宅期间、翻修房屋期间、搬家期间可以享受延期缴纳的优惠措施。②具有混合属性的住宅的优惠。主要包括住宅用地部分用于商业目的的可以享受的减免办法等。③初级生产用地的豁免。初级用地主要是指农业用地、从事基础行业用地及建造小学用地。④其他豁免。包括低成本旅馆占用的土地、老年护理机构和养老院、教育用地、慈善用地、非营利组织、公园、儿童保健中心等。

在西澳大利亚，土地税是对澳大利亚西部土地按年征收的一种税，某些类别的土地不用评估而直接免税，这些条款在西澳大利亚 2002 年《土地税评估法案》中的第三部分做了详细的规定，豁免范围在此也有详细规定。有关申请表格可以从豁免准则上找到，此外还有一些税务专员的相关处理方法和与土地有关的其他税收的情况说明。西澳大利亚土地税税收优惠包括：居住用地、私人住宅翻修使用的土地（限 2 年）、临时住宿情况使用的土地、个人住宅用地、被残疾人使用的或是业主的残疾亲属所使用的土地、由国家、地方政府或是地方政府机构拥有或投资的土地、宗教团体拥有或投资的土地、大学或教育机构用地、公益用地、宗教和医院用地、慈善机构用地、养老院和其他养老护理设施用地、农村的初级生产经营的全部或部分用地（需要申请资格）、矿产企业住宅用地、土地保育盟约、抵押用的土地、战后寡妇或鳏夫及战后老兵的寡母生活用地。

### （六）征收管理

澳大利亚有着完善的产权登记制度，产权登记制度的目的是用来保护财产所有者对财产的特定权利。在税率的确定过程，首先州级政府来制定财产的评估规则，之后地方政府再根据评估规则来制定税率，进行税款的征收管理。财产的价值评估体系由州最高评估办（The Office of the Value General）制定，依据价值评估体系来确定土地价值，同时一些财产转移价值也是来自这个评估体系，比如政府购买或者租赁时。此外征收印花税、土地转让税或水费（water charge）时也会用到最高评估办制定的价值评估体系。

　　各州的土地税官员每年向纳税人发送土地税通知。通知中包括土地应税价值、税率和应纳税额以及相关管理信息。税收通知每年只发一份，通知中可能单列出许多不同的税率。纳税人必须在收到通知单后的一定时限内缴纳税金。各州的规定时限从南澳大利亚的 21 天到西澳大利亚的 49 天不等。虽然各州对土地税逐年征收，但一些州允许分期缴纳。例如，新南威尔士允许纳税人在接到通知后的第 1、3、5、7 个月分 4 期等量缴纳。如果在某一期拖欠缴纳则下一期就要把剩余的全部付清。

　　土地税委员会和地方议会具有强制征收权。未缴税款的不动产会被留置几年后，强制公开或私下出售。各州的留置时间不同，但通常是 3 ~ 5 年。过期未付的税款必须在规定时间内恢复缴纳；在新南威尔士是 20 年，在北方领土地区是 6 年，但对土地税的缴纳没有时间限制。如果公开拍卖，或公开拍卖不成功而进行私下拍卖，拍卖所得不是所欠税款，那么不足数将被勾销。

　　在西澳大利亚，土地税和市政税的征收除要遵守国家《税收管理法案》（Taxation Administration ACT 2003）外，还要遵循《土地税评估法案》（Land Tax Assessment ACT 2002）和《土地税法案》（Land Tax ACT 2002）。土地税评估法案分为序言，土地税的责任和评估，免除、扣减和退税及其他等 5 个部分，分别对课税范围、土地税的评估、土地税的减免等做了详细的规定。如西澳州规定土地税缴纳的时间为：①评税通知书到达后的 49 日之内缴纳；②土地重新评估应缴税款时间与《税收管理法案》（2003）所指明的日期一致。为了降低征税成本，提高征管效率，澳大利亚也在联邦、州、地方三个层面实施建立土地信息系统（LIS）战略。由联邦政府负责建立一个完整的地籍清单。对每宗土地都确定独特的标识；建立地籍数据库、土地登记和地籍测量并更新改良后的土地登记；制定统一政策、统一的数据标准和术语；了解现有的系统并量化用户需求；编制土地信息目录等。由州政府和地方政府负责从源头对数据进行更新。澳大利亚目前有 30 多个州和地方政府组织，致力于土地信息系统的构建，管理人员达 100000 人。参与系统构建的还有澳大利亚公共事业部门。

## 第六节　新西兰房地产税

### 一、新西兰房地产税概述

新西兰和澳大利亚同属于大洋洲国家，是少数几个采用不包括改良物的土地价值（即不包括土地上的建筑）作为房地产税课税依据的国家之一。新西兰政府分为两个层级，即中央政府（实行威斯敏斯特式的议会制度）和地方政府。地方政府在很大程度上独立于中央行政政府，不过，它行使只是由议会授权的作为地方政权的从属权利。新西兰的地方政府可划分为三类，即地区政府（regional authority）、区域政府（territory authority）和特区政府（special purpose authority）。《1974 年地方政府法案》是调整地区政府和区域政府的成文法。地方政府的边界通常由地方政府委员会（Local Government Commission）划定。

地方政府课征的税种是对土地持有物征收的房地产税。除了区域政府可以控制来自交易活动的收入外，地方政府的主要收入来源是房地产税。地方当局在决定什么财产应该缴纳房地产税，如何课税以及课税份额上拥有很大的自主权。这种课征房地产税的自主权主要由中央政府制定的成文法规定。在这些成文法中，最为重要的两部法律是《1988 年房地产税课征权利法案》和《1951 年土地评估法案》及修正案。其他相关的法律包括《1974 年地方政府法案》。新西兰土著的土地所有权制度是新西兰毛利人（Maori）的所有权制度。毛利人的所有权制度以部落所有权为基础，其所有权边界通常就是自然的地理边界。19 世纪欧洲对新西兰的殖民统治由英国殖民者控制。1844 年，新殖民政府实施了大批法律，其中包括《市政法人法令》。该法令允许地方当局通过对财产课税筹集收入。从1853 ~ 1876 年，新西兰建立了省级政府体系。在这一体系下，每个省都实行自治并自筹资金来源。相应的，房地产课征的主要制度也变成了年度租金价值制度，这一制度完全是照搬英国的财产课税制度。然而，由于在新西兰这块新殖民地上"地主 - 佃户"关系并不是土地持有的一般模式，因此，这种房地产税课税制度在这里运行并不成功。然而由于土地的买卖非常彻底，根据财产的资本价值进行课税的做法变得日益普遍。

最后，那些来自欧洲的早期殖民者，喜欢上了根据未改良土地价值（un-improved land value）进行课税的制度，因为这种课税制度不会"惩罚"他们对土地进行的改良活动。相比之下，如果实行年度价值或资本价值课税制度，那么纳税人的改良活动将导致其房地产税负担的增加。同时，在年度价值或资本价值课税制度下，未开发的土地几乎不用缴纳房地产税，因此，这是鼓励人们对那些有潜在生产能力的土地不进行开发。而从灌木丛中开发土地毕竟是一件"划破后背"的工作，那种对农民艰苦劳动课税的做法是不受欢迎的。

提倡根据未改良土地价值进行课税还有另外一个重要的理由，那就是这种课税制度将提高持有闲置土地的成本从而打击土地投机活动。同时，该制度还具有鼓励土地改良，鼓励发展密集型而非粗放型农业体系，以及引导农业人口的聚居（closer settlement）的作用。为克服早期的年度租金价值和资本价值课税制度的明显缺点，惠灵顿（Wellington，新西兰首都）在 1849 年首先采用了未改良价值课税制度。这一早期的未改良价值是指不包括任何地上建筑物和改良物的土地价值。

1876 年，新西兰废除省级结构体系，采用了目前的中央和地方政府的结构。这一改革产生了第一部房地产税课征方面的全国性成文法——《1876 年房地产课征法案》。该法案在很大程度上建立在将年度租金作为房地产税课税基础的英国财产税基础之上，因此该法案提出应将年度价值作为房地产税课征的唯一基础。根据该法案，地方当局应该任命一名评估师，负责为本辖区制作房地产税评估名册。

《1882 年房地产课征法案》取消并替代了《1876 年房地产课征法案》。该法案授予地方当局采用资本价值（土地价值加改良物价值）或年度价值课税的选择权。不过，该法案同时还采用了确定财产价值的统一制度并剥夺了地方当局评估财产的权利，由此还产生了一个称为"财产税评估师"（Property Tax Assessors）的新职业。该法案产生的影响是，几乎所有的郡（农村地区）都采用资本价值课税制度，而几乎所有的自治城市（城市地区）则采用年度价值课税制度。发生这种变化的原因是：

（1）未开发土地和用于投机的土地（有的是成片的土地）虽然没有租金价值但有确定的市场价值（或资本价值）；

（2）农业改良物所增加的年度租金价值通常会比它所增加的资本价值要大；

（3）采用以资本价值为基础的全国性的财产税制也为采用统一的评估

和统一的税基提供了法律依据。

然而，人们对年度价值和资本价值制度的主要批评仍然存在，即它们"惩罚"了那些对财产进行改良的纳税人。人们认为，在新西兰这样一个年轻而又人口稀少的国度里，年度价值和资本价值制度的这一缺点将阻碍该国经济和社会的发展。1896 年，《未改良价值房地产课征法案》获得通过。不过，该法案的适用范围有限并且在采用新制度前还必须成功地通过纳税人的民意测量。

在 1896 年，《土地评估法案》也获得通过，同时，在这一年还组建了评估部（The Valuation Department，即以后的新西兰评估公司）。评估部属于中央评估机构，其目的是为中央和地方政府以及普通公众提供全面和公正的评估服务。1912 年以后，中央政府专门立法，将选择房地产课征制度的权力下放给地方政府。同年，中央政府还合并了《未改良价值房地产税课征法案》，并且在《1967 年房地产课征法案》颁布以前，房地产课征制度没有发生什么大变化。随后《1967 年房地产课征法案》又被《1988 年房地产课征权法案》所替代，因此《1988 年房地产课征权法案》本质上是一个只进行了少量重要变化的合并法案。

1896 ~ 1967 年间，房地产课征的一个显著特征就是未改良（土地）价值课征制度的广泛流行，并几乎占据了统治地位（见表 3 - 11）。随着《1970 年土地评估法案（修正案）》（第 2 号）的实施，土地价值课税制度取代了未改良价值课税制度。对《土地评估法案》进行修正的原因是在此之前，未改良土地价值的评估产生了许多问题。

表 3 - 11　　　　　　　　地方政府采用的房地产课征制度比较　　　　　单位：%

| 年份 | 资本价值 | 土地价值 | 年度价值 | 同时使用 | 总计 |
|------|---------|---------|---------|---------|------|
| 1942 | 37 | 55 | 8 | — | 100 |
| 1955 | 27 | 66 | 7 | — | 100 |
| 1972 | 16 | 80 | 4 | — | 100 |
| 1985 | 10 | 80 | 5 | 5 | 100 |
| 1995 | 30 | 64 | 2 | 4 | 100 |

资料来源：蔡红英，范信葵. 房地产税国际比较研究 [M]. 北京：中国财政经济出版社，2011。

一直到 1976 年，地方政府还可以不通过纳税人而直接将资本价值制度改为年度价值制度。不过，房地产课征制度变更所导致的任何土地价值的变化均需要得到纳税人民意测量中的多数同意。法律还规定，15%的纳税人可以发起变更房地产课征制度的民意测量。现在，地方当局可以不用进行纳税人民意测量就变更房地产课征制度。由于房地产税的负担是一个非常敏感的政治问题，因此，在没有得到广泛的赞同之前，地方当局还是不敢轻易地变更房地产课征制度。在过去的 50 年里，土地价值课征制度明显占据主流地位。不过，1985 年后开始出现恢复到资本价值制度的小小反弹，这一现象在一些大城市尤为显著。

目前，各地方政府在设立、评估以及税率设定都遵循的是《2002 地方政府（房地产税）法案》[Local Government（Rating）Act 2002]。

## 二、新西兰房地产税制

### （一）课税对象

课税对象为房地产，具体分民用、商用、初级生产用及采矿用。法案还详细规定了应看作是属于土地价值组成部分的改良物。这些改良物包括：

（1）排水、洞穴、填土、垦荒或与此相关的改良物；

（2）筑坡、平地以及搬运岩石或泥土；

（3）搬走或清除植物；

（4）改变土壤的肥力。

### （二）纳税人

根据《1988 年房地产课征权法案》第 8 部分的规定，房地产税的缴纳主要由财产的所有者和占用者（一般为登记到房地产税数据库和地区估价册内的承租人）负责。

### （三）计税依据

房地产税的计税依据包括房地产的年度价值、资本价值和土地价值。

1. 年度价值

房地产税根据应税财产的年度租金价值进行计征。年度价值被定义为："财产年复一年租赁出去所获得的租金，但需从中扣除：①如果该财产属于房屋、建筑物或其他容易腐烂的财产，从中扣除该租金的 10%；②如果该财产是土地或其他不动产，从中扣除该租金的 5%。但是，不管在何种情况下，年度租金价值都不得低于该财产资本价值的 5%。

年度价值的评估通常由设立了评估管理处的区域政府进行。不过，年度价值的评估也可以由新西兰评估公司或区域政府任命的执业评估师从事。当明显存在确切的租赁市场（例如，商业用地、零售用地和工业用地的租赁市场）时，可以直接参照租赁市场评估财产的年度价值。如果没有现存的市场，那么可以直接用财产"资本价值的5%"作为该财产的年度价值。

2. 资本价值

房地产税根据应税财产的资本价值进行计征。土地的资本价值被定义为："业主的地产或权利，在没有设立抵押或其他义务的情况下，根据真正的卖者所要求的合理条件在评估日出售可获得的价值总额。"

3. 土地价值

房地产税根据应税财产的土地价值进行计征。任何土地的土地价值被定义为："业主的地产或权利，在没有设立抵押或其他义务并且该土地没有进行（法律所定义的）改良的情况下，根据真正的卖者所要求的合理条件在评估日出售可获得的价值总额"。改良物的价值是指："在评估日该改良物所增加的土地价值"。任何土地的"改良物"是指："到评估日为止尚能增加土地价值的所有的已修建工程或已使用的物质，或者该土地的任何业主或占用者为增加该土地的效用（interests）所花费的资本或劳动所带来的截至评估日尚未耗尽（unexhausted）的效用"①。未改良价值的概念要求评估师根据排除改良物在外的土地可能的现行状态对该土地进行评估。在土地贬值的情形，该土地的现行条件可能与其初始条件不一样。经过一段时间后，一般就会出现对于全国许多地方的自然条件非常不同的解释。根据现行的法律，土地价值包括为使得该土地适合开发所进行的所有改良或花费的资本或劳动。例如，对于农业用地，铺设地下排水设施或清除灌木丛所花费的成本，或者将该土地改造成牧场所花费的成本都应计入该土地的土地价值。又如在城市中，某人用40000新西兰元购买一块地皮，又用10000新西兰元进行地基填土、排水和土地保持以提供建房基地，这将立即增加该土地的土地价值。

（四）税率

采用定额税率，由地方政府确定。地方政府可以为其辖区内的所有应税土地设定一般费率，每个应税土地的固定税额，或应税土地中每个单独使用或居住部分的固定税额（见表3-12、表3-13）。

---

① Local Government（Rating）Act 2002［EB/OL］. https：//www. legislation. govt. nz/act/public/2002/0006/latest/whole. html？search＝sw_096be8ed81c57e57_rates_25_se&p＝2#DLM132000.

表 3 - 12                    奥克兰房地产税税额示例（A 房地产*）

| A 房地产 | 2017~2018 财年（新西兰元） | 2020~2021 财年（新西兰元） | 2021~2022 财年（新西兰元） |
|---|---|---|---|
| 土地价值（land value） | 105000 | 125000 | 185000 |
| 改良价值（建筑）（value of improvements） | 200000 | 375000 | 265000 |
| 资本价值（capital value）** | 305000 | 500000 | 450000 |
| 统一年度一般费用（uniform annual general charge） | 404.00 | 439.00 | 461.00 |
| 一般房地产税（general rate） | 792.25 | 977.28 | 1033.96 |
| 目标房地产税（targeted rate） | 212.87 | 163.81 | 170.35 |
| 房地产应纳税额（total rates） | 1409.12 | 1580.09 | 1665.31 |

说明：*A 房地产特征：位于怀特玛塔，城市用地公寓，总建筑面积 53 平方米，建筑工地面积 56 平方米。**计税基础。

资料来源：根据奥克兰议会网站（https：//www.aucklandcouncil.govt.nz/Pages/default.aspx）资料整理得出。

表 3 - 13                    奥克兰房地产税税额示例（B 房地产*）

| B 房地产 | 2021~2022 财年（新西兰元） |
|---|---|
| 土地价值（land value） | 1370000 |
| 改良价值（建筑）（value of improvements） | 70000 |
| 资本价值（capital value）** | 1440000 |
| 统一年度一般费用（uniform annual general charge） | 461.00 |
| 一般房地产税（general rate） | 2326.40 |
| 目标房地产税（targeted rate） | 263.15 |
| 房地产应纳税额（total rates） | 3050.55 |

说明：*B 房地产特征：位于塔卡普纳的独栋别墅，土地面积 330 平方米，总建筑面积 180 平方米，建筑工地面积 100 平方米。**计税基础。

资料来源：根据奥克兰议会网站（https：//www.aucklandcouncil.govt.nz/Pages/default.aspx）资料整理得出。

地方政府在制定房地产税率时可以制定一个财政年度或者部分财政年度的税率，应依据地方政府有关该财政年度的长期计划及资金影响报告书的有关条文而定。

2020 年，新西兰全国平均房地产税率为 2445 新西兰元，比 2019 年增长了 84 新西兰元，其中，税率最高的是卡特顿，为 3472 新西兰元，最低的中奥塔哥，税率为 1444 新西兰元（见表 3 – 14）。

表 3 – 14        2020 年新西兰房地产税平均税率最高和最低地区

| 排名 | 平均税率<br>最高地区 | 平均税率<br>（新西兰元） | 平均税率<br>最低地区 | 平均税率<br>（新西兰元） |
| --- | --- | --- | --- | --- |
| 1 | 卡特顿区 | 3472 | 奥塔哥区 | 1444 |
| 2 | 奥克兰 | 3469 | 格雷区 | 1739 |
| 3 | 塔斯曼区 | 3186 | 麦肯齐区 | 1884 |
| 4 | 西普伦蒂区 | 3168 | 南岸区 | 1914 |
| 5 | 南怀拉帕区 | 3151 | 奥托罗杭阿区 | 1919 |

资料来源：The New Zealand Taxpayers " Union's 2020 Ratepayers" Report ［EB/OL］. https：// www. taxpayers. org. nz/rpr_rates_2020。

奥克兰 2020 ~ 2021 年政府工作报告中显示，当年的房地产税收入（包括一般税率和目标税率）为 19.76 亿新西兰元，占地方财政收入的 37%（见图 3 – 9）。

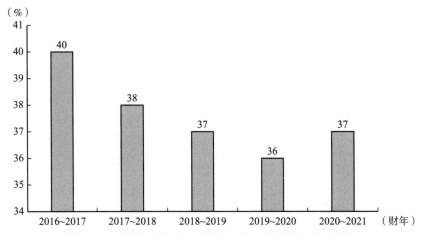

（%）

图 3 – 9  奥克兰各财年房地产税收入占地方财政收入比重

资料来源：根据奥克兰市议会网站（https：//www. aucklandcouncil. govt. nz/Pages/default. aspx）资料整理得出。

## （五）税收优惠

虽然一般来说，所有的土地都应该缴纳房地产税，但是也有一些明显的例外。《1988 年房地产课征权法案》第一表（the first schedule）对可以免税的土地作出了规定。

### 1. 免税土地

满足下述条件之一的王室领地（crown lands）：总督官邸用地、王室所有的公路、国家公园、王室保留地（例如风景保护区）；用于教育和健康目的的公共住所；飞机场占用的王室领地；铁路轨道、铁路乘客或货物装卸地所占用的土地；与教育用途相关的土地。

满足下述标准之一的非王室领地：私立学校、大学、幼儿园；医院；某些慈善信托财产；宗教祭祀用地；墓地、火葬场；新西兰历史遗迹信托公司（N. Z. Historic Places Trust）拥有的土地；毛利人举行聚会用的土地；某些属于地区委员会的土地（如用于江河控制的土地）；港口委员会的土地和码头区；飞机场等。

上面所列示的免税项目并没有穷尽所有的免税项目，而且其中某些项目还需作进一步规定：租赁给王室并用于上述用途的私人土地免缴房地产税；用于教育的生产性土地（例如农业用地）可以征收房地产税；在许多情况下，免税面积不得超过 1.62 公顷；租赁期超过 12 个月的王室领地应该缴纳房地产税；国防用地只能根据土地价值课征制度进行课征等。

房地产税免税仅仅是指一般房地产税（general rates）的免除。免征一般房地产税的财产仍然有义务缴纳用于供水、垃圾收集、污水处理或任何其他的独立房地产税（separate rate）。现在，要确定哪些财产应该缴税而哪些财产可以免税已变得越来越困难。近年来，新西兰政府一直在推行政府部门或准政府机构进行公司化或私有化。"王室"领地的所有权和占用者的地位变得不再确定。在未来的两年里，由于地方政府将重新评议其主要的收入来源和房地产税课征，因此，上述情况也将会得到重新考察和评价。

### 2. 房地产税的延迟缴纳

当农业用地的价值受到潜在的居住、工业、商业或其他开发项目的影响时，《1988 年房地产课征权法案》第 5 部分规定了相应的农业用地房地产税减缓（rate relief）。该法案第 25 条 A 对"房地产税可延迟缴纳的价值"（rates postponement value，以下简称"可延迟缴纳价值"）的评估作出了规定。引入"可延迟缴纳价值"的目的是保持受潜在的城市开发影响的农业用地和未受潜在的城市开发影响的农业用地之间评估价值的相对公平。当农业用地受到潜在的城市开发影响从而价值上升时，评估师需要为其提供两套价值。其中一套是该土地用于较差用途时的价值，另一个是该土地用于较好用途时的价值。根据较好价值和较差价值计算的房地产税的差额将延迟缴纳。申请延迟缴纳的条件如下：

（1）可延迟缴纳的房地产税成为该财产的一项义务，并且，如果该财产已被出售或不再用于农业时，那么地方当局可以对这些可延迟缴纳的房地产税进行追征。

（2）如果财产周围的环境保持不变，那么该财产累积的可延迟缴纳的房地产税将在 5 年内冲销完毕。

（3）如果财产的用途仍未改变，那么可延迟缴纳的房地产税将转移给下一个业主。根据该法案的规定，向区域政府或新西兰评估公司证明自己符合延迟缴纳条件的举证责任在财产占用者一方。

3. 特殊应税价值

在现行的新西兰房地产课征制度中，还存在另一类税收减缓，叫作特殊应税价值（special rateable value，SRV）。当土地的现行用途不同于"分区制"允许的用途，并且根据该土地的现行用途评估的价值不同于根据"分区制"规定的用途评估的价值时，则应该评估该土地的特殊应税价值。如居住区或农业区内的商业用或工业用土地，又如坐落在高密度（多单元）居住区的一单元或两单元住房。引入特殊的应税价值的目的是对土地的不同利用程度进行平等的房地产税课征。财产的特殊应税价值将根据该财产的实际用途而非"分区制"规定的该财产的最好用途进行评估。除根据《土地评估法案》第 2 条进行评估的价值外，应该对特殊应税价值进行评估并将其登记在评估区评估名册之中。房地产税的计算将建立在土地的特殊应税价值之上。《土地评估法案》规定了适用特殊应税价值的五种类型：

（1）居住区或农业区内的工业或商业用地的特殊应税价值（《土地评估法案》第 25 条 B）。例如某一工厂所在的原为工业用地的土地被重新划定为居住用地。

（2）商业或工业区内的居住用地的特殊应税价值（《土地评估法案》第 25 条 C）。这种情形与上一种情形类似，但应排除现在属于农业用地的地区随后被重新划定为居住区的情形。在上述情形下，应根据《土地评估法案》第 25 条 A 所规定的房地产税延迟缴纳的规定进行税务处理。

（3）其价值受多单元建筑物需求影响的一单元或两单元住房的特殊应税价值（《土地评估法案》第 25 条 D）。购买所有的旧房用于重新建造多单元房屋的开发商决定着土地的价值。如果将需要重新开发的财产的销售价格用于对整条街的所有地基进行评估，那么，房屋现存的仍具有经济价值的改良物将会贬值，即其价值仅仅等于拆迁价值（demolition/removal value）。

（4）财产现行用途的特殊应税价值（《土地评估法案》第 25 条 E）。当建筑物比现行的控制计划（planning control）所允许的层数要多时便可能会发生这种情况。例如，控制计划规定某地基只能建造不超过 8 层的建筑物，而实际建造的建筑物却是 10 层。超标建筑物实际评估的土地或资本价值可能要大于未超标的建筑物的土地或资本价值。

（5）受特殊的保护条件影响的土地的特殊应税价值（《土地评估法案》第 25 条 F）。例如，建造在商业区内的 F 栋占地面积 500 平方米的 20 世纪早期的建筑物。该建筑物受到《全国历史文物信托保护令》的保护。如果根据该土地的最好用途进行评估，由于根据来自投资不足的地基的租金价值所计算的资本收入低于该土地价值，改良物价值将会为 0。但如果评估该土地的特殊应税价值，由于建筑物的存在使得该地基投资非常不足，因此土地价值也较低。这样通过资本化年度收入计算所得的资本价值（$CV$）将超过土地价值（$LV$），因此，根据公式 $CV - LV = VI$，改良物的价值（$VI$）也为正。

**（六）征收管理**

《土地评估法案》第 123 条规定，单独的财产必须根据评估区评估名册上的价值进行课征。缴纳房地产税是应税土地的一项义务，如果不按期缴纳，应纳房地产税最终可通过销售或出租应税财产得到追征。虽然财产占用者是房地产税的主要纳税义务人，但是当占用者没有按期缴纳房地产税时，为追回欠税，税务当局最终可以起诉该财产的业主或其他任何对该财产拥有权益的人（包括抵押权人）。房地产税既可以一次缴纳，也可以分期缴纳。对于较早缴纳的房地产税，可以提供折扣。同样，未按期缴纳的应纳税款需缴纳滞纳金。

区域政府有权开征下列类型的房地产税：

（1）一般房地产税（general rate）。该税的收入用于区域政府的一般目的。该税税率必须统一，但在不同的行政区可以不同。

（2）目标房地产税（targeted rate）。该税的收入用于区域的某些特定工程或公共事业，例如修建图书馆。目标房地产税可以只对该区域内享受特定工程利益的人征收。该税可以一次缴付也可以分几年进行缴付。

（3）服务房地产税（service rate）。接受特定服务（供水网络、污水处理、垃圾处理）的财产可以单独征收该税。

（4）统一年度收费（uniform annual charge）。就是对每件财产课征固定的金额，即纳税义务与财产的价值无关。一般房地产税和所有收费的总和不得超过允许课征房地产税的限额。《土地评估法案》中还规定，区域政府来自年度收费的收入不得超过房地产税收入总额的30%。

（5）合并房地产税（consolidated rate）。该税是将一般房地产税、独立房地产税和服务房地产税合并后的单一房地产税。

（6）一次总付的捐款（lump sum contribution）。即在整个辖区或辖区的一部分为特定的工程进行一次性募捐。

区域政府征收的一般房地产税不得超过资本价值或土地价值1.25%或者年度价值的18%。不过，征收的房地产税总额可以超过这个限额。

## 第七节　日本房地产税

### 一、日本房地产税概述

日本是实行土地私有制的国家，个人对于自己所拥有的土地和房产，需要在政府部门进行财产登记。虽然在日本的税种中没有字面上的房地产税，但是针对房地产保有环节的税收就是以财产登记制度为基础建立起来的，因此等同于房地产税实质概念的税收是固定资产税。

日本房地产税的发展与日本土地改革有着密切的联系，早在江户时期，政府租税的主要来源就来自地租，之后的明治维新时期，因为封建土地所有制阻碍了日本的工业化发展，政府决定改革，制定了《地租改革条例》，用"地押丈量"的方式对全国土地进行了丈量并将所有权进行归档，奠定了日本近代新土地税制的基础。之后在1931年颁布了《地租法》，二战结束后又受到美国学者"夏普劝告"的影响，1950年众议院地方委员会对地方税法进行了改革，创立了固定资产税（fixed asset tax）。日本的固定资产税由属于基层政府的市町村征收、管理和使用。日本共有三级行政体制（第一级是中央政府，第二级是都、道、府、县，第三级是市、町、村），市町村是最基层，也就说房地产税是基层政府财政收入的重要来源。在固定资产税创立的第一年，征得的税款就占到了整个市町村税收的 40%，高达 476 亿日元。目前日本的固定资产税已经征收了 70 年，是地方财政收入的主要来源。同时，每一个周期都要对固定资产进行一次价格评估，一个周期的时间通常是 3 年。在此评估价值的基础上，按照日本地方税法的相关规定，地方可以设定标准税率为 1.4%，最高税率可设定为 2.1%。

日本的房地产相关税收还包括城市规划税（city planning tax，1956 年开征补充地方财政，用于城市规划，日本城市规划税的税收标准与固定资产税相同，但是税率的高低不是由地方税法来规定，而是由各市町村政府自行确定，但最高税率不得超过 0.3%）、事业所税（business office tax）和不动产取得税。涵盖了获取、保有和转让不动产的全过程。

## 二、日本房地产税制

在日本，针对房地产持有期间，纳税人需要缴纳的保有环节的税收主要是固定资产税，而且固定资产税是市町村的主要税收来源（2008 年占市町村税收收入的 41%[①]），因此不动产持有期间，固定资产税是纳税人需要缴纳最主要税种[②]。固定资产税作为市町村普通税，与地方转让金、地方债以及其他税一起纳入财政，统一用于市町村的财政支出。日本地方政府财政支出的主要领域包括教育支出，用于老人、儿童及居民生活保障和灾害救助、社会福利的民生支出，用于都市规划、住宅建设维护、道桥维护等的土木支出和公债支出（见图 3 - 10 和表 3 - 15）。

### （一）课税对象

在日本，所谓固定资产是指土地、房屋和折旧资产的总称。包括土地（田地、山林、原野、盐滩、住宅用地等其他类型的土地）、房屋及建筑物（工厂、住宅、仓库、店铺等）、有形商业资产（机器设备、工具、建筑物等经营用的资产）[③]。

---

[①]　日本内务部网站，http：//www. soumu. go. jp。

[②]　都道府县征收的固定资产税是对评估价值超出市町村税收限额的大型商业资产征收的财产税，其税基是评估价值超过市町村税收限额的部分。

[③]　固定资产税的课税范围除了土地房屋等房地产以外，还包括船舶、飞机、车辆等，因此折旧资产这部分不属于本书的讨论范围。

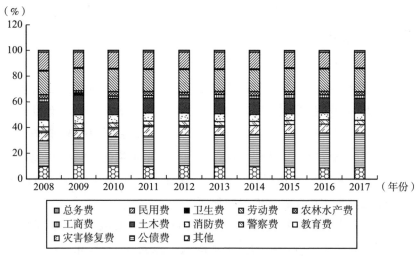

图 3 – 10　日本地方财政支出结构

资料来源：恒大研究院. 恒大研究院报告房产税系列之一：房地产税征收的国际经验 ［R］. 2020。

表 3 – 15　　　　　　　　　　日本固定资产税总览

| 征税主体 | 所有市政府（如东京市，由东京市政府向其 23 个行政区征收） |
|---|---|
| 征税客体 | 土地、房屋和经营性资产（房屋和建筑物所占用的 1783.7 万平方米土地；6037 万幢房屋） |
| 纳税人 | 拥有土地、房屋和经营性资产的人（3751 万平方米土地所有者；3790 万房屋所有人；386 万经营性资产所有人） |
| 税基 | 土地、房屋和经营性资产的评估价值且每 3 年评估一次 |
| 税率 | 1.4% |
| 税收收入 | 8796.2 亿日元（2008 年），占市级税收收入的 40%，占地方总收入的 21.7% |

资料来源：Harada K. Local Tax in Japan ［Z］. 2009。

## （二）纳税人

纳税义务人是每年 1 月 1 日市町村区域内拥有固定资产的所有者，这些所有者均在税收登记册里，需要在同年的 4 月初向固定资产所在的市缴纳固定资产税，包括居民和非居民。1 月 1 日的时间界限十分严格，如果固定资产所有者在当年年中，即使是 1 月 2 日将固定资产转让给其他人，1 月 1 日的所有者仍是纳税义务人，需要缴纳固定资产税，相反，1 月 1

日之后拥有的固定资产，则无须缴纳。

### （三）计税依据

固定资产税对土地和地上建筑物分别评估征收，计税依据根据不同的土地和房屋存在差异。总体上是依据登记在《固定资产征税台账》里的价格，台账里的价格是按照征税时的合理市场价格计算的。通常会以特定年度作为基准年度，然后每三年进行一次评估，再以新的评估价值作为新的基准年度的市场价值。土地部分约为上一年公示价格的70%，房屋部分参照重建成本以及折旧等情况。这种方法既能节约每年进行评估带来的成本，也能比较真实地反映房地产的现值。

此外，日本的固定资产税规定了起征点，对于未达到课税标准的固定资产是不用缴纳固定资产税的。土地的起征点是30万日元，房屋的起征点是20万日元。

### （四）税率

目前，日本地方税法规定的固定资产税的标准税率是1.4%①，所谓标准税率是地方税法中规定的地方政府应该遵守的税率，地方政府可自行调节，当市町村政府决定调整税率时，必须经过市町村议会的通过，且在上级府县政府备案，可以对1.7%以上的税率进行调整。2015年80%以上的市町村采用1.4%的基准税率。

### （五）税收优惠

1. 日本固定资产税设置了起征点

对于土地评估值不超过30万日元和房屋评估值不超过20万日元的房地产，免征固定资产税。

2. 减税

固定资产税的减税政策主要集中在一定面积的新建住宅、新建租赁住宅等。以东京为例，东京都主税局对于新建住宅有相应的减税优惠，200平方米内符合住房供给政策规定的住宅用地满足减税条件，具体指按照其同类用地评估价值的1/6作为计税基础，开始征税的前3年对该住宅的固定资产税额减半征收；对于面积超过200平方米的新建住宅，按照同类用地评估价值的1/3作为计税基础；税务机关在评估房屋和建筑物的价值时，会依据住房供给政策对房屋提供税收减

---

① 之前地方税法规定固定资产税税率不能超过2.1%，该政策在2004年税制改革中废止了。

免。具体规定为：

（1）1963 年 1 月 2 日至 2008 年 3 月 31 日间，新建的面积为 50～280 平方米的房屋，在头三个纳税年度应参照面积为 120 平方米以下的房屋应纳税额减半。

（2）1963 年 1 月 2 日至 2008 年 3 月 31 日间，新建的三层或三层以上、面积为 50～280 平方米的防火建筑物，或公寓式建筑中每间房面积为 50～280 平方米（用于出租的公寓，则为 40～280 平方米），前 5 个纳税年度减半征税。①

（3）2005 年 1 月 2 日至 2016 年 3 月 31 日，新建住宅面积在 50～280 平方米的房屋，从新征税年度以后 3 年减半征收固定资产税。

3. 免税

固定资产是出于公益目的使用的，如开放性医院、公园、居委会工作场所、护士专门学校，特定用途保护的森林土地等是可以免征固定资产税的。政府的房地产、外国大使馆、领事馆免税。

**（六）征收管理**

在税收征管方面，日本的国家税务行政组织负责中央税收（即国税）的征管，地方公共团体税务行政组织负责地方税收的征管。总务省是中央政府机构，对地方税进行整体协调管理。地方政府分两级：都道府和市町村。固定资产税属于市町村税，通常由市町村税务部门负责。

日本固定资产税的缴纳时间和缴纳方式多样。缴纳时间通常可以每年分 4 期缴纳，各地可以自行决定具体的缴纳期限，以东京为例，四次的缴纳时间分别是在 4 月、9 月、12 月和 2 月；而其他地区可能设置在 4 月、7 月、12 月和次年 2 月进行 1 年 4 次的缴纳。② 对于没有按时缴纳固定资产税的纳税人，按照滞纳天数加征滞纳金。同时，纳税人缴纳税款时，有多种选择，包括到税务部门窗口缴纳、银行和邮局窗口缴纳等，随着支付方式的多样化，目前市民最主要选择的缴纳方式变为了手机支付、银行转账、便利店缴纳、信用卡支付和银行 ATM 机缴纳，2017 年的数据显示，有超过一半的市町村选择使用银行转账的方式缴纳税款。③

---

① Harada K. Local Tax in Japan［Z］. 2009.

② 李方旺. 韩日两国房地产税制一览［N］. 中国财经报，2008－07－24.

③ 数据来源：日本总务省. 地方税征收对策［EB/OL］. http：//www. soumu. go. jp/main_content/000474365. pdf，2018－03－01. 2017 年市町村不同缴纳方式的次数：银行转账 1707 次、便利店缴纳 1088 次、银行 ATM 机缴纳 50 次、信用卡支付 136 次、手机支付 36 次。

## 第八节　韩国房地产税

### 一、韩国房地产税概述

韩国有三级政府，最高一级是中央政府；其次是特别市、广域市和道；最基层政府是一般市、区和郡。在韩国税制中，实行中央和地方两级课税制度，税收立法权、征收权、管理权均集中于中央，因此地方政府并无税收立法权，而是只有很小的管理权。韩国税制中包括中央税和地方税两种，但没有设置共享税。具体来说，个人所得税、公司所得税、遗产和赠与税等属于中央税；地方税中，省级税包括购置税、登记税、牌照税，市镇税在首尔、釜山、大邱、仁川四大城市征收，包括登记税、牌照税、居民收入税、农田土地税、屠宰税等；而在其他 46 个市县和 139 个镇，则只征农田土地税、屠宰税、赛马税、城市规划税、公共设施税与工场税。

韩国房地产税收体系完善，相关的税种共有三类：一是与房地产取得相关的税收，主要包括取得税、注册税、继承税、赠与税；二是转让环节的房地产税，主要有转让所得税、印花税等；三是在保有环节的税种，主要有财产税和综合不动产税。课税范围广泛，在韩国几乎所有的土地、建筑物及其相关的交易行为都要课税。继承税、赠与税和综合不动产税属中央税，其余税种都属地方税。

在此主要讨论韩国保有环节房地产税，包含财产税（property tax）和综合不动产税（comprehensive real estate holding tax）两种。

韩国的保有环节房地产税收的变迁可分三大阶段：设立综合土地税之前（1909～1990 年）、设立综合土地税之后（1990～2005 年）、设立综合不动产税之后（2005 年至今）。

### （一）设立综合土地税之前（1909～1990 年）

韩国财产税可追溯到 1909 年（隆熙三年）对住宅课征的家屋税。家屋税开始以中央税的形式课征，后来在日本殖民统治时期的 1912 年由"部"① 以中央税附加的形式征收家屋附加税。1919 年以道税之特别税的

---

① "部"为"道"属下行政机关，"道"是韩国的一级行政区，等同于许多国家的省（province）。

形式制定家屋税，之后在1949年随着政府的成立建立了新的地方税体系，将之分类转换为独立税，隶属于特别市税和道税。1961年为了确保地方财政收入，制定了关于中央税与地方税的调整等法律，进行《地方税法》的全面性改革。之后，将家屋税废止并制定了财产税，将其定为首尔特别市税以及市、郡税的独立税，课税对象为土地、建筑物、船、矿区等。1976年将农地、林野和飞机纳入课税范围。

20世纪80年代开始，韩国经济迅速发展，地区间和不同阶层间的收入差距增大，出现了不动产投机现象。为了解决相关问题，1986年制定了土地过多保有税，主要针对个人所有的空闲地（idle land）① 和法人所有的非业务用地征税，之后1989年将此税废止，新设综合土地税，从1990年1月1日实施。

**（二）设立综合土地税之后（1990～2005年）**

从综合土地税开始，韩国的房地产保有环节税收变为土地和建筑物分别征收，对土地课征综合土地税，对土地以外的建筑物课征财产税。综合土地税的制定是为了遏制土地的过多保有、稳定地价、加强能量课税的目的。综合土地税按人核算，将每个人在国内所有的土地合并计算，按照累进税率课税。课税标准分为综合合算、特别合算、分离课税三类，综合合算适用于0.02%～50%的累进税率。然而，由于综合土地税为地方政府带来收入的同时抑制了不动产的投机行为，因此地方政府对其持消极态度，结果是未能有效地发挥作用。

**（三）设立综合不动产税之后（2005年至今）**

2000年之后，韩国房地产投资飞速增长，投机行为增多，房地产价格持续快速上涨，2002年房价涨幅在18.4%，首尔房价涨幅在22.48%，到2003年，4年间涨幅超过了50%，韩国房价增速首次超过国民收入增速，之后2006年房价又上涨19.2%。为了有效遏止房地产投机行为，2005年政府推出综合房地产税以控制多套房现象，对现行房地产保有税制进行改革和完善。2005年前，韩国对土地和住宅实行独立课税制度，分别征收综合土地税和财产税，两者都属于地方税种。而2005年，韩国将之前的财产税和综合土地税合并为财产税，新设立对高额不动产课征的综合不动产税，综合不动产税属于中央税。当年韩国财政收入中，地方税收入的49.8%来源于财产税类。2005年开始，财产税是对土地和建筑物普遍征

---

① 空闲地是指为了投机目的持有的，用于等待土地价格上涨而闲置的土地。

收，即只要拥有不动产就要交纳财产税，而综合不动产税是对保有住宅和所占用的土地超过一定金额的纳税人课征的，即对于保有较多不动产的纳税人除了交纳财产税以外，还要再交一道综合不动产税，承担重税。除了课税管辖权以外，财产税和综合不动产税较明显的差异在于对住宅的课税方式：财产税对各别住宅适用从低率开始的累进税率，但是综合不动产税将个人在全国拥有的住宅合并计算后对其适用累进税率。对土地的课税上，二者均采用合并计算的方式，财产税的合并计算范围是管辖区域内，综合不动产税的合并计算范围是全国。此外，对于其他建筑物及土地，不符合综合不动产税的征税范围，而财产税要以各别财产的价额为课税标准使用等级比例税率。

从税制改革的背景来看，韩国主要受到亚洲金融危机的影响。1997年亚洲金融危机给韩国经济带来沉重打击首先是房地产价格下跌，导致绝大多数房地产企业面临资金周转困难以及需求不足的状况后濒临倒闭，进一步使得房地产价格下降，因此韩国政府出台了很多政策以激发房地产市场活力，包括取消商品房价限价政策、央行低贷款利率政策以及对于房地产税收进行减免。实际上韩国政府为了控制房地产市场过热的局面，从1990年开始韩国政府就制定了一系列抑制房价的政策。之前的房地产相关税收主要是针对房地产交易环节重税。

进入21世纪以来，韩国的房地产价格增长速度非常快，甚至超过了年增10%，2000年首尔江南地区房价在每平方米3000美元左右，2005年涨到了1万美元左右。土地、住宅和其他房地产价格的不断飙升，迫使韩国政府于2005年8月31日出台了《不动产综合对策》，推出了综合不动产税。韩国针对房地产征收的税种之所以叫作"综合"，主要原因是它不仅仅包括在保有环节对居住性房屋征收的不动产税，而且包括在保有环节对经营性房屋征收。韩国综合不动产税征收是为了调节高端，所以征收的标准是以房产价值来衡量的，以家庭为单位，家庭的所有房产加起来总价值如果超过6亿韩元（约合人民币362万元），需缴纳的综合不动产税相当于普通住宅的8倍。目前，在韩国，财产税是地方税体系的主体税种。韩国居民中98.4%只需缴纳财产税，但是还有大约1.6%的居民税负较重，因为在缴纳财产税的同时还需缴纳综合不动产税。①

综上，韩国1990年和2005年为了打击房地产的囤积行为，政府颁布

---

① 李俪，玉兰. 韩国房地产税经验［J］. 瞭望，2008（43）：22.

了综合土地税和综合不动产税等政策。之后又出台了包括 100 万户廉租房建设计划、提高购买期房的门槛、对拥有 3 套及以上家庭高税率等政策。可见韩国房地产税功能定位于调节房地产市场，在房地产不同发展阶段对房地产相关税收进行了相应改革，但实际取得的政策效果不尽如人意，韩国其房价增速在 2006 年后依然达到 5% 以上。[①]

### 二、韩国房地产税制

韩国房地产保有环节相关税收主要有财产税和综合不动产税。

#### （一）课税对象

财产税是对以市、郡及区管辖内的房产为课税对象的一种地方税，征税主体为地方政府，课税对象包含土地、建筑物、住房、船舶和飞机。对于住房而言，土地和地上建筑物合并计税，适用同一税率表；对于除住房之外的不动产，则将土地和建筑物分开计税，并适用不同的税率表。

综合不动产是一种中央税收，课税对象包含住房和土地，按房屋（包括附属土地）、综合合算土地、单独合算土地划分为三类，根据本书的研究对象，以下主要介绍综合不动产税中针对房屋（包括附属土地）的相关税制。因为别墅已经缴纳了高额的财产税（4%），因此别墅不属于综合不动产税的课税对象。

#### （二）纳税人

财产税的纳税义务人为拥有课税对象的个人，即所有者。纳税人是个人而不是家庭。若夫妇共同拥有房地产，则需要就房地产价值确定各自的分配比例。

综合不动产税的纳税人为所有者，是拥有的土地或住宅价值过高的所有者，主要针对住宅价格超过 6 亿韩元的住宅所有者，土地价格超过 3 亿韩元的土地所有者，以及价格超过 20 亿韩元的商业土地所有者。与财产税相同，纳税人依然是个人而不是家庭，夫妇双方同样需要就房地产价值确定分配比例。

#### （三）税率

依据韩国财产税法，住房分为别墅和普通住房两类。别墅的税率是4%；普通住房适用 4 级超额累进税率（见表 3 - 16）。普通住房的财产税，是将纳税人在最基层政府中（不是全国）所有的普通住房价值加总之

---

① 李长生. 房地产税功能定位的国际比较研究 [J]. 经济体制改革，2017（6）：166 - 170.

后合并征税。税收收入归属于相应的基层政府所有，并应用于基层政府提供公共服务。同时法律规定，如果基层政府在某一特定年度遇到公共服务需求增加的情况，基层政府可以将税率上调50%。[①]

表3-16　　　　　　　韩国普通住房财产税的超额累进税率

| 计税依据 | 税率（%） | 累进扣除（万韩元） |
|---|---|---|
| 小于等于6000万韩元 | 0.1 | — |
| 6000万~1.5亿韩元 | 0.15 | 3 |
| 1.5亿~3亿韩元 | 0.25 | 18 |
| 3亿韩元以上 | 0.4 | 63 |

资料来源：根据韩国国税局资料（https://www.nts.go.kr/nts/cm/cntnts/cntntsView.do? mi = 2353&cntntsId = 7735）整理得出。

　　住房适用的综合不动产税属于对于高价值的房地产进行的重复征税，因此实行超额累进税率，随房地产价值的增加，税率也越高。随着经济环境变化，韩国政府对税率进行调整，2005年实施时，税率在1%~3%，2019年韩国政府将综合不动产税最高税率提高至3.2%，其适用对象为持3套以上住房者和在首尔等房产管制地区内拥有2套以上住房者，而2021年多套房持有者将最高被征以6%的综合不动产税。[②] 表3-17为2021年韩国综合不动产税税率表。

表3-17　　　　　　　　2021年韩国综合不动产税税率

| 计税依据 | 一般房屋 | | 3房屋等* | |
|---|---|---|---|---|
| | 税率（%） | 累进扣除（韩元） | 税率（%） | 累进扣除（韩元） |
| 3亿韩元以下 | 0.6 | — | 1.2 | — |
| 3亿~6亿韩元 | 0.8 | 60万 | 1.6 | 120万 |
| 6亿~12亿韩元 | 1.2 | 300万 | 2.2 | 480万 |
| 12亿~50亿韩元 | 1.6 | 780万 | 3.6 | 2160万 |

---

① 任强. 美、英、韩三国房地产税政策的比较及启示 [J]. 财经智库，2016（1）：58-67, 141.

② 打击房地产市场投机，韩国上调多套房持有者税负 [EB/OL]. baijiahao. baidu. com/s? id = 1671927040169890540&wfr = spider&for = pc，2020-07-11.

| 计税依据 | 一般房屋 | | 3 房屋等* | |
|---|---|---|---|---|
| | 税率（%） | 累进扣除（韩元） | 税率（%） | 累进扣除（韩元） |
| 50 亿~94 亿韩元 | 2.2 | 3780 万 | 5.0 | 9160 万 |
| 94 亿韩元以上 | 3.0 | 11300 万 | 6.0 | 1 亿 8560 万 |

说明：*持3套以上住房者和在首尔等房产管制地区内拥有2套以上住房者。

资料来源：根据韩国国税局资料（https：//www. nts. go. kr/nts/cm/cntnts/cntntsView. do？mi = 2353&cntntsId = 7735）整理得出。

### （四）计税依据

依据韩国财产税法律规定，财产税的计税依据并不是完全按照公平市场价值（fair market value）计算，而是以公平市场价值乘以评估率后的金额为依据进行征收。法律规定住房的评估率在 40% ~ 80% 的范围内。自 2009 年之后，评估率为 60%。

在征收综合不动产税时计税依据为国税厅的公示价格，韩国政府同样给予一定的评估率。税法规定的评估率是 60% ~ 100%，2021 年这一比例是 95%。具体计算时，首先用评估价值减去免征额后的余值乘以评估率。然后，再用得到的价值适用于超额累进税率。

综合不动产税额 =（课税标准×税率 - 累进扣除）- 要扣除的财产税额

### （五）税收优惠

财产税，对于政府、宗教和学校房地产的非营业用地，实行免税的政策。

综合不动产税的课税目的决定了税收政策侧重于打击房地产投机。因而，在设计中给予一定的免征额。一般情况下，综合不动产税政策给予纳税人 6 亿韩元的免征额。但是，对于家庭只有唯一一套住房的情况下，给予 11 亿韩元的免征额。[①]

属于免税范围的房地产还包括：提供给职员的住宅；员工共同使用的住宅；未售出的住宅；作为家庭托儿所运营的住宅；政府出资的研究机构的研究人员住房；登记的文物；老人福利院；宗教组织拥有的不动产；乡镇或村庄公有产权的不动产；学校和教育组织拥有的不动产等。其中，属于宗教、教育和其他免税机构但却用于非免税目的的不动产则应该缴税。

---

① 根据韩国税务局资料（https：//www. nts. go. kr/nts/cm/cntnts/cntntsView. do？mi = 2351&cntntsId = 7733）整理得出。

作为吸引入区的激励手段，有些建在新工业区的不动产可以获得临时性免税。

此外，综合不动产税政策考虑了房地产持有时间长短和纳税人年龄给予一定的减免税（见表 3 – 18）。

表 3 – 18　　　　　　　　韩国普通住房综合不动产税减免政策

| 老年人减免 | | 持有时间减免 | |
| --- | --- | --- | --- |
| 年龄 | 减免比率（%） | 持有时间 | 减免比率（%） |
| 60 ~ 64 岁 | 20 | 5 ~ 9 年 | 20 |
| 65 ~ 69 岁 | 30 | 10 ~ 14 年 | 40 |
| 70 岁及以上 | 40 | 15 年及以上 | 50 |

资料来源：根据韩国国税局资料（https：//www. nts. go. kr/nts/cm/cntnts/cntntsView. do？mi = 2353&cntntsId = 7735）整理得出。

### （六）征收管理

在税制设计中，韩国税收征管部门将个人在韩国境内拥有的所有普通住房按照其价值加总适用累进税率。这样就大大提高了综合不动产税在实现税收公平问题上的精准程度。当然，这也要求房地产登记信息和评估信息在全国范围内的联网及信息共享。

韩国由市和郡对财产税进行征收和管理，省实际上并没有实质性地介入财产税的管理。税务官员从所有权登记处的司法部门收集信息。在这个部门中，记录着不动产的地块号码，以及包括在地籍簿中的不动产的所有权、用途和应税价值等信息；该部门还可进行实地调查。公共或私人的评估师为官方土地评价系统（OVSP）收集销售其他市场数据。未付税款会成为不动产留置权的依据。但是因为这些留置权与不动产的价值相比很小，因此并不要求强制出售。

纳税基准日为每年 6 月 1 日，纳税时间为每年 12 月 1 ~ 15 日，由国税厅计算税额并签发纳税申报表（也可以申报缴纳），税额的缴纳可以一次性缴纳，也可以分期缴纳（应缴纳的税款总额超过 250 万韩元，可分 6 个月缴纳）。

## 第九节　征收居民房地产税的国际经验借鉴

根据国际经验，房地产税在西方发达国家和部分亚洲国家有着悠久的历史，而且一直扮演着地方税收中主体税种的角色。

### 一、地方财政收入的主要来源

经济合作与发展组织（OECD）2011 年的统计数据显示，34 个成员国家中，房地产收入占地方税收收入总额超过 30% 的有 19 个国家，其中 13 个国家的房地产税收入在地方税收收入的占比超过 50%，特别是澳大利亚、英国、爱尔兰，将房产税作为地方唯一税种，是地方税收收入的全部来源。亚洲国家中，经济较发达的日本，房地产税收入占地方税收收入的31% 左右，韩国的数据约为 45%（见表 3 - 19）。根据以上数据可以看出，房地产税在许多国家地方税收中所占据的重要地位。

表 3 - 19　　　　　1990 ~ 2011 年部分 OECD 国家房地产税
占地方税收收入总额比重　　　　　　　　　　单位：%

| 国家 | 1990 年 | 2000 年 | 2009 年 | 2010 年 | 2011 年 |
| --- | --- | --- | --- | --- | --- |
| 英国 | 36.26 | 100.00 | 100.00 | 100.00 | 100.00 |
| 日本 | 23.00 | 30.89 | 29.93 | 30.90 | 30.94 |
| 加拿大 | 86.12 | 91.28 | 97.81 | 97.88 | 97.93 |
| 美国 | 74.24 | 70.63 | 73.70 | 73.42 | 72.84 |
| 澳大利亚 | 99.48 | 100.00 | 100.00 | 100.00 | — |
| 韩国 | 55.38 | 53.30 | 46.90 | 45.22 | 44.92 |
| 法国 | 46.80 | 50.57 | 49.96 | 64.49 | 52.55 |
| 新西兰 | 92.72 | 90.34 | 89.15 | 91.32 | 92.48 |

资料来源：OECD 统计网站，https：//www.oecd-ilibrary.org/taxation/data/oecd-tax-statistics_tax-data-en。

### 二、税率水平实行"宽税基、低税率"

综上，虽然各个国家在税基选择、税制设计等方面各有不同，但大多数国家房地产保有环节税收的实际税率并不高。名义税率整体在 0.3% ~ 6%

之间（见表 3-20）。

表 3-20                         部分国家房地产税名义税率

| 国家 | 税率 | 国家 | 税率 |
|------|------|------|------|
| 日本 | 固定资产税 1.4% | 意大利 | 不动产税 0.5% |
| 新加坡 | 房屋财产税超额累进 0~6% | 德国 | 土地税 0.26%~1%，二套房税 5%~20% |
| 荷兰 | 房产税 0.1%~0.3% | 加拿大 | 房地产税 0.84%~2.56% |
| 智利 | 农村房地产税 1.2%，城市房地产税 1.4% | 芬兰 | 房产税 0.8%~1.55% |
| 韩国 | 综合不动产税 1%~4%，普通住宅物业税 0.15%~0.5% | 葡萄牙 | 房地产税：农村 0.8%、城市 0.2%~0.5% |
| 澳大利亚 | 土地税 0.2%~2.2% | 西班牙 | 房地产税：农村 0.3%、城市 0.4% |
| 美国 | 房产税 0.27%~2.4%（实际税率） | | |

资料来源：恒大研究院. 恒大研究院报告房产税系列之一：房地产税征收的国际经验 ［R］. 2020。

从实际税率来看，各国房地产税的实际税率并不高，主要原因就是房地产税属于财产税，是直接税，税收痛苦感较强，在制定税收政策时，需要综合考虑纳税人的税收负担能力，以及地方政府财政收支匹配情况。2015 年 19 个 OECD 国家数据显示，房地产保有环节税收的实际税率在 0.1%~1.4 之间，平均税率约为 0.54%，见图 3-11。

### 三、税收优惠政策

分析各国税制，为了实现税收的公平原则，均设置了税收优惠政策。总结主要税收优惠政策包括设置起征点、减免税、延迟纳税、税额抵扣等，同时还分为针对纳税人的优惠和针对课税对象的优惠两种类型。通常一个国家会同时采取多种优惠政策。如美国对于居民自住住房房地产税可在缴纳个人所得税时从应税收入中扣除（税额抵扣优惠），同时对于老年人、残疾人和低收入群体，如果拥有的房地产价值出现大幅升值时，可先按原价值缴纳税款，差额可以延期缴纳（延迟纳税优惠）。

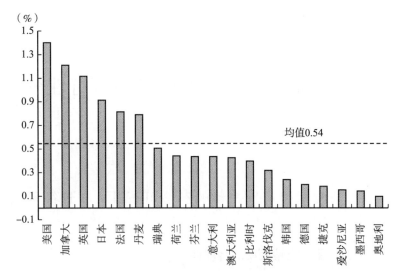

图 3 – 11　2015 年 19 个 OECD 国家房地产税实际税率比较

说明：德国、爱沙尼亚和奥地利为 2014 年数据。

资料来源：恒大研究院．恒大研究院报告房产税系列之一：房地产税征收的国际经验［R］．2020。

# 第四章　征收居民房地产税的可行性分析

## 第一节　征收居民房地产税的经济可行性：土地征税问题

### 一、国有、集体土地征税的合理性

土地是人类赖以生存的基础，是与人类生存与发展最重要和最基本的一种综合性自然资源，而同时土地又是一种稀缺资源，具有不可再生的特点。随着现代工业文明和商品经济的发展，土地为人类提供的财富迅猛增长，土地对人类的重要性与日俱增。然而在对土地索取的同时，人们往往忽略了对其给予回报，同时社会中存在一些不合理因素，导致了有关土地的一系列自然危机和社会危机的发生。《世界自然保护大纲》中的统计数据显示，世界上现有耕地面积为 1400 万平方公里，其中适用于农业耕种土地的仅有 11%，在发达国家，被城市建设占用的土地面积每年至少有 3000 平方公里。在北美和欧洲，人们的经济活动已经侵占了 2800 万平方公里的土地，如果以这样的速度计算，再过 20 年全世界将有 1/3 的耕地消失。与此同时，大规模的土地出现沙漠化现象，据统计，全世界受到沙漠化威胁的土地超过 2000 万平方公里，非洲 2/5 的土地和亚洲 1/3 的土地面临沙漠化的威胁。再加上日益严重的土地污染，使得最近几十年间丧失生殖能力的土地高达 900 万平方公里，而人们认识到人类与土地关系恶化的状况以及其严重后果是 21 世纪中叶才有的。我国土地状况也不容乐观。我国土地总面积约 960 万平方公里，位居世界第三位，但我国人均土地面积只有 12 亩，不到世界人均值的 1/3。近几年，随着经济的迅猛发展，1992 年我国耕地数量为 1.244 亿公顷，截止到 2009 年，耕地面积为 1.1 亿公顷，净减少 0.144 亿公顷，平均每年净减少 84.71 万公顷，累计减少率为 5.9%。① 由此可见土地资源问题不仅关系到农业基础地位能否巩固和经济能否协调健康发展，更关系到中华民族的生存和发展。

在世界许多国家，专门为保护土地资源，调整土地法律关系而制定了一系列的法律、法规，其中对土地课征各种各样税收就是一个重要的方面。各国通过对土地进行课税，使单位与个人为占有、使用土地付出一定的代价，而且负税水平随占用土地的质与量的变化而变化，这在很大程度上限制了土地的不合理占用和浪费。当今世界许多国家，保护土地资源事实上已成为对土地进行课税的主要目的。

我国实行的是土地公有制，对于土地公有制度下征收地产税的合理性，简要叙述如下：

首先，在我国的《民法通则》中，对财产的所有权规定了四项基本权能，即占有、使用、收益及处分。《民法通则》中规定在行使权能时，这四项权能既可以相互结合，也可以相互独立。所有者既可以自行行使其拥有的土地所有权的各项权能，也可以将其中的一部分权能转让与他人。在实践中，权能的分离已是一种普遍现象。同时，在相关法律法规中也有关于出让或划拨土地使用权的规定：国家可以依法处分其所享有的所有权能中的土地使用权，并且将分离出来的国有土地使用权依法出让给开发商，实行所有权和使用权的分离，取得使用权的开发商可以进行房地产开发经营活动。法律法规中还规定，我国的土地使用权也可以用来转让、出租及抵押。因此，我们可以看到，拥有土地使用权的主体已然获得相关土地的大部分权益，其产生的经济利益也包括其中，事实上也就部分地占有了土地收益权，所以可以将其视为租约规定时间内承租人的私有财产。同时，我国 2020 年颁布的《民法典》（2021 年 1 月 1 日开始实施）第三百五十九条明确规定：住宅建设用地使用权期限届满时，可以自动续期。综上所述，由于土地使用权可以归私人主体占有，并且中国的土地使用权发挥着类似其他国家土地所有权的功能，这样对非私有土地征收地产税的潜在矛盾就得以解决了。

其次，土地使用权作为用益物权，完全可以作为征税的标的物对其征税。《中华人民共和国物权法》从 2007 年 10 月 1 日起正式实施，《物权法》中明确规定："用益物权人是对他人所有的不动产或动产，依法享有占有、使用和收益的权利"。"国家所有或国家所有由集体使用的自然资

---

① 世界银行. 中国（1961—2009）历年统计耕地面积变化图［Z］. 2012.

源，单位、个人依法可以占有、使用和收益"。所以，从法律意义分析现行的土地使用权是居民在一定的时间内对于土地的占用和使用，属于物权中用益物权的一种，而且居民还可以通过交易获取收益。再加上这种权利所具有的排他性，因此从法律的角度来讲将其作为税收的标的物是完全符合法理的。

再次，有些学者认为把土地的增值额作为地产税的课税对象是不合理的，因为我国的土地是国家所有，国家是不能对自己征税的。其实这种观点被称为"非税论"，源于苏联，其将判定税收能否存在的标准定为所有制的差别，认为国家不能向自己征税。在很长一段时间里我国受到该理论的影响，在 1978 年以前 20 年间一直按照"非税论"指导思想，只要求国有企业将其利润通过上缴的方式交予中央，而不能对其征税。之后人们对现代产权理论逐步有了清晰的认识，伴随着改革开放的进程在财税理论领域有了新的突破。在几次税制改革的过程中，经过两步利改税之后在 1984 年纠正了"非税论"的错误理论和做法，实现了对国有企业征收所得税的突破。因而，在征收居民房地产税的时候不应再犯与以前相似的理论错误，对土地的所有权问题不应该成为房地产税的障碍。

最后，在世界各国征收房地产税（有的国家称之为不动产税、财产税）的实践中，由于各国在有关房地产产权的界定存在差异，在房地产征税对象的确定上也就有所不同。有些国家实行的是土地私有制，相应的房地产即指房屋所有权与土地所有权；相对应有些国家土地属于国家公有，房屋所有权和土地使用权就被确定为房地产。鉴于我国实行的土地制度是土地公有制，也就是土地为国家所有或集体所有，因此，我国的房地产的课税对象也就相应地体现为土地的使用权和房屋所有权。

综上，土地所有权的国有或集体所有，不能成为对地产征税的障碍。

## 二、土地租、税、费的关系

土地的地租、税收和收费是居民房地产保有环节税收研究中不可忽略的部分，他们在征收依据和用途上既相互区别又相互联系。

地租的主要表现形式是土地出让金，土地所有者在让渡其土地使用权时获取的一种经济报酬就是地租，是土地所有权在经济上的实现形式，站在这个角度上看地租得以形成的前提条件是土地所有者对土地所有权的垄断。马克思曾指出："不论地租有什么独特的形式，它的一切类型有一个共同特点：地租的占有是土地所有权借以实现的形式。"① "现代意义上的地租……是超过平均利润即超过每个资本在社会总资本所生产的剩余价值中所占的比例部分而形成的余额。"② 直接道出地租是通过超额利润转化而来的，是对社会剩余产品价值的分配。

1990 年 5 月 19 日国务院颁布了《中华人民共和国城镇国有土地使用权出让和转让暂行条例》（以下简称《条例》），自发布之日起实施。在《条例》中规定 "土地出让金" 是指 "县级以上人民政府代表国家，以所有者的身份，将一定年限内的土地使用权让与土地使用者，土地使用者按规定的标准向国家缴纳的金额"。因此，我们通常所讲的土地使用权出让金的实质是一定年限的地租的折现总和，是地租的资本化形式。土地所有者因为让渡其拥有的一定年度的土地使用权而得到的一种报酬就是土地出让金，土地出让金在经济意义上来说是土地所有权的实现形式。目前各地方政府对于土地出让金收入的财政依赖程度较高而且收入规模庞大。如图 4-1，2012 年全国土地出让金收入为 2.69 万亿元，同比下降 15%，占地方财政总收入的 31%，与 2010 年的 76.6%，2011 年的 38% 相比有所下降，但依然处于历史高位。

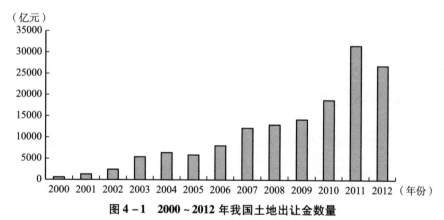

（亿元）

图 4-1　2000~2012 年我国土地出让金数量

资料来源：中华人民共和国国土资源部．中国国土资源统计年鉴 [M]．北京：地质出版社，2012。

从理论上讲，地产税这种社会费用的补偿形式不同于其他税种，土地计税的标准是土地价格，而不是以收入为依据，因此地产税属于财产税，

---

① 马克思恩格斯全集：第 25 卷 [M]．北京：人民出版社，1975：714.
② 马克思恩格斯全集：第 25 卷 [M]．北京：人民出版社，1975：88.

是国家筹集财政收入的一种手段。国家以其公共管理者的身份凭借其政治权力向土地使用者课征的税收，目的是执行其职能；同时必须按照法律法规的规定，是强制的、固定的、无偿的获取。纳税人与征收者之间并不存在任何经济关系，而是通过国家的政治权利而表现出的一种权利与义务的关系。关于地产税的本质我们可以描述为：国家为了满足对于社会公共需要的供给而筹集社会管理资金的一部分，同时还具有优化土地配置、调节经济生产等作用，是按照法律规定征收的，是一种特定的支配土地价值的分配关系。因此，在征收房地产税方面，不用受到土地所有权的限制，不管是企事业单位还是居民，只要享受了政府所提供的公共服务，就都应该缴纳房地产税。由此可见，地产税与土地地租是完全不同的。土地地租的形成基础是拥有土地的所有权、使土地所有权与使用权相分离，二者缺一不可，并且地租是土地所有者凭借其土地所有权获得收益，是土地所有权在经济上的实现形式，而正是土地所有权与使用权的分离使土地所有者与使用者之间存在一种完全经济上的租赁关系，无关政治权力。

此外，地产税与土地出让金从经济范畴来讲有着本质区别的。

首先，土地出让金和地产税参与国民收入分配的形式有所不同。土地出让金是国家凭借其土地所有者的身份，将其拥有的所有权中的使用权分离出来转让予土地使用者，由此形成的一种权利转让关系，是一种社会总剩余价值的转化形式，在国民收入分配中属于第一层次的分配，是初次分配。而地产税是一种税收，是国家为了满足财政支出而取得财政收入的一部分，在国民收入分配中属于第二层次的，是再次分配。

其次，土地出让金不仅反映一种经济关系，同时还体现了一种社会生产关系。它是国家以土地所有者身份收取的地租，社会主义土地公有制决定了其性质，是社会主义土地所有权得以实现的经济形式，而对地产征税是国家凭借其政治权利进行的收入分配，是国家强制无偿征收的。它体现着国家的政治权利。

最后，站在经济学角度分析，引起房地产价值增长的因素中，除了土地和房屋的供给弹性小于需求弹性引起的供需不平衡之外，还包括由于政府提供了例如教育、卫生、安全等公共服务，以及修建地铁、公交、广场、医院、公园等基础设施，资本化到房地产的价值中而引起的房地产价值的增长，而这些可能是更主要的影响因素。在我们的实际生活中可以经常看到学校、地铁、医院、广场附近的房地产价格要明显高于当地平均房价的现象，这都是因为上述政府提供公共服务和基础设施通过资本化到房地产价值，使得房地产价值增高的具体表现。所以，如果回归到房地产税的本质上面，应该是居民对其消费和享受的公共服务的一种支付，而大城市的经济繁华地段房地产价格会高于建筑在郊区的同样面积及结构的房地产价格，正是由于居民享受到的城市发展及社会公共服务较多，所以前者缴纳的房地产税应高于后者，体现出谁受益谁缴税，受益少者少缴税，受益多者多缴税。相对应的土地出让金，则完全属于另一个经济范畴。其定价完全是由市场通过拍卖的方式竞价决定的，具体表现的是一种基本的市场机制。因此，两者既不能替代，也不应该相互替代，更不存在重复征税的问题。

鉴于租税之间在经济性质、职能及作用等方面的区别，反映着不同的经济关系和分配关系以及社会生产关系，我们在建立新型的房地产收益分配体制时，"租"和"税"两者是可以合理匹配、并行不悖的关系，应采取分别设立和分别征收的办法，不存在所谓不可克服的"法理障碍"和"不能容忍的重复征收"问题。

### 三、选择房产地产合并征税的理由

#### （一）房地产税征税对象的国际比较

世界上大多数经济发达国家如美国、加拿大、法国等的做法是采取房产和土地一起按评估值征收房地产税。在对发展中国家研究时发现差别较大。其中，有的国家只对土地征税，对建筑物不征税，如澳大利亚、爱沙尼亚等。还有些国家如坦桑尼亚只对房产征税，对土地不征税。具体而言，房地产税的征税对象有以下几种模式。

1. 单独对土地课征土地税或单独对房屋课征房屋税

有些国家只对土地征税，如乌克兰、南非等国家。这些国家的土地税有地亩税（面积税）和地价税两种形式，城市的土地和农村的土地、森林、山地等都属于课征范围。其中在采用地价税的国家，如日本的地价税、韩国的综合土地税等，在计税基础的选择上多以土地评估价值为计税基础。而巴西的农村土地税属于地亩税。

英国和法国征收房屋税，其课税对象是房屋及能增加房屋使用价值的附属物，在这类征税中大多数经济发达国家的课税范围较宽，城市的房屋和农村的房屋都包括在内。通常，纳税人是房屋的所有者，包括营业用房屋和非营业用房屋的所有者。

## 2. 对土地和房屋合并征收房地产税

以土地和房屋合并征收房地产税的代表国家有加拿大、墨西哥、印度、菲律宾。这些国家是对土地、房屋及附属物统一征税，在墨西哥、波兰叫作房地产税，泰国叫作住房建筑税。在波兰，房地产税属于地方税收，其最高税率是由地方议会规定的。在既对土地也对房屋建筑征税的国家，对土地的征税往往要高于对房屋建筑的征税。

## 3. 对土地、房屋、有关建筑物、机器设备以及其他固定资产综合征收不动产税

有些国家征收不动产税，是一种以土地、房屋和其他不动产为课税对象的税收，它属于财产税的个别税种。征收这类不动产税的国家有巴西、日本、芬兰等。在日本将这类不动产税命名为固定资产税，纳税人是法律意义上房屋产权的所有者，通常由市町村地方政府征收，同时此类房地产税的纳税义务人还包括那些未向有关公共部门办理产权登记的实际房屋所有人。

不动产税征税对象在有些国家，如加拿大，不同的省份是不同的。在所有10个省和2个特别地区，不动产都被包括在征税对象的范围内，如土地、房屋和建筑物。有6个省和2个特别地区将附着于不动产上的机器和设备也列入征税范围。另外有3个省规定，机器设备和其他附着物只有当它们附着的房屋建筑物提供服务时才被列入征税范围。

表4-1对房产和地产是否合并征税的几种类型进行了归纳。

表4-1　　　　　　　　　　　房产与地产税收的类型

| 类型 | 国家（地区） |
|---|---|
| 房屋和土地统一征税 | 英国、美国、新加坡、法国、加拿大、葡萄牙、墨西哥、阿尔及利亚、尼泊尔、印度、印度尼西亚、菲律宾、智利等 |
| 地产税与房产税分别计算征收 | 中国香港 |
| 单独征收地产税 | 日本、奥地利、泰国、荷兰、匈牙利、意大利、韩国 |
| 单独课征房屋税 | 日本、荷兰、波兰 |

资料来源：根据国土资源部信息中心2008年《房地产税管理的国际经验》、国家税务总局地方税务司2008年4月《部分国家房地产税国际情况概览》整理而得。

国际税制比较发现，世界上大多数发达国家都对土地、房屋及其附属物统一按照评估价值征收房地产税。

**（二）房地产税征税对象的进一步讨论**

20 世纪 90 年代起，发达国家如美国、澳大利亚等部分城市地区，考虑了土地和房屋课税可能对土地投资生产、生活产生的经济影响，将以房地价总值合并课以相同财产税率的传统财产税制，修改为"分级式财产税制"和"土地价值税制"。所谓"分级式财产税制"又叫"差别式财产税制"，是以将土地价值和建筑物改良价值进行分离评估，对土地课征的财产税率进行提高的同时降低房屋课税的财产税率，因为土地与房屋的经济意义不同，因此使以前的财产税中的土地与房屋按照不同的税率征税。而"土地价值税制"是以土地价值为税基的财产税税制。有学者认为，"土地价值税制"实际上是分级式财产税制中将房屋的税率设为零的一个极端例子。

究竟土地和建筑物应该分离课征房产税与地产税，还是合并课征房地产税，一直以来，无论是在各国之间，还是在国内，都有许多学者专家撰写文章加以讨论。然后，无论是支持分离课税还是支持合并课税者，都不无道理。

1. 支持房产与地产分离课税的原因

第一，土地和房屋的收益及折旧很难平衡地把握。从本质来讲房屋与土地是不同的，房屋有新旧之分，样式也各不相同；土地有大小之分，还有地域区位的不同。将土地和房屋合并到一起确定一个房地产价格时，究竟是房屋贡献的价值多，还是土地贡献价值较多，很难把握两者的比例，所以，合并课税是不合理的。另外在建设完成以后，房屋具有一定的使用年限，会随着时间发生折旧，而土地却不同，不但不会出现折旧问题，还会随着时间的变化而发生增值。通常可以根据外观或使用年限来判断房屋建筑物的折旧和折余价值，而土地的增值多少却不能采用同样的方法来判定，因此，将土地和房屋两个经济性质不同的事物合并课税是不妥的。

第二，所有者不统一。在所有权问题上，房屋的所有者和土地的所有者很多时候不是同一人，那么将两者合并课税，具体的纳税人不易确定，到底是要向房屋所有者课税？还是向土地所有者课税？

第三，课税轻重应有差异。通常来说，房屋是个人劳动力投入的产出，为鼓励民间投资，应课税轻；但是土地却不同，土地属于自然稀缺资源，应课税重。从课税轻重的角度，两者轻重不一。

2. 支持房产与地产合并课税的原因

第一，从价值角度来看土地和建筑物的价值是分不开的。在对土地进行价值评估时就有"建筑物贡献说"。即土地价格的上升也可能是由于这块土地上的建筑物的价值引起的,这样在确定房地产价格时,会考虑土地价格、纯建筑物价格,最后还要加上因土地与建筑物而产生的结合价值。因此房屋和土地的价格其实是密不可分的,所以应该合并征税。

第二,方便评估课税价值。现行的房地产交易,大多是将房屋和土地合并为一体进行的,从而容易确定和评估房地产的总价,在征税时计税依据的确定也相对容易。

第三,方便税收征管。将土地和房屋合并课税,可以减少征税的程序,方便税收管理。这样不仅方便税收征管人员,还可以相应地减少征管的成本。

### (三) 中国的选择

我国现行的房地产相关税制是由房产税、城镇土地使用税、耕地占用税等税种组成,可以说是对房产和地产分开征收。追溯其原因可以归结到法律渊源和房地产管理体制上面。在中国的民法中,土地与其上房屋建筑物被视为两个事物,作为独立的不动产分别列示,在管理上也由土地管理部门和房产管理部门进行分别管理。这样中国采用的可以说是"分别主义"。而实际上"房依地建,地为房载,房地不可分离"是土地和房屋建筑物所具有根本的不可改变的物理属性,因此在现实中为了简化因房屋所有权者不能拥有土地而引起的房地产在所有权上的缺陷,中国的政策是严格的房地产权一致原则,即要求房屋所有者与土地使用者两个主体必须保持一致的原则。同时房产和地产是不能分割的结合体,在计算价值时也是不可分割的,他们之间存在着客观的、必然的联系,主要包括几个方面:①实物形态上看,房产与地产密不可分;②从价格构成上看,房产价格中不论是买卖价格还是租赁价格都包含地产价格,土地和房产的价值密不可分;③从权属关系看,房产所有权和地产使用权是联系在一起的。

不少学者反对房产与地产合并课税,认为西方国家对地产和房产合并征收房地产税,是在两者的产权形式保持一致的条件下设置的,而我国土地与建筑物无论在所有权性质、计税依据还是征税对象和政策目标等方面都存在差异,应分别征税。在此作者主张将房产和地产合并征收房地产税,并以整个房地产的评估价值作为计税依据。

分析原因,首先,如前所述中国现行房产和地产不同的所有权制度已经不能成为合并征税的制度障碍,同时我国的土地使用权实际上发挥着所有权的功能,而且按照市场经济的征税原则只要纳税人取得房地产的关键权利就可以对其征税。此外，因为土地的国有特性，相当于由土地使用者为国家预付的土地税，如果土地市场是有效的，那么，由土地使用者所缴纳的这部分土地税，最终会转嫁给国家，土地租金的下降可能将成为一种表现形式。

其次，我国在法律上规定了土地使用权和房产所有权必须是同一主体，转让时必须一起转让。在实际情况中也是"房依地存，地随房走"，房产不仅在物理属性上依附于地产，而且对财产价值的评估时也常常对房产地产综合评估。尽管房产所有者仅仅是拥有土地的使用权，然而房产所有者实际上也拥有着另外一种权利，那就是自由转让土地使用权的权利。一旦房产所有者转让房产，他的所得中必将包括了土地使用权的价值，因此房产所有者是享受了土地的增值的。同时对于要求土地使用权与房屋所有权主体保持一致可以说是房地所有权一体化的一种替代表达。为了贯彻这一原则，在处理时政策也要求房屋所有权和土地使用权一同处理。

最后，如果房产所有者一直持有房产，房产所有者也同样可以享受土地的增值。因为土地是房产增值的重要因素，房产随着年限的增加不断折旧，价值是不断下降的，但是土地却由于其稀缺性以及经济的发展周边环境的改善而不断增值。而在实践中，土地实现增值的原因，一般是由于所在社区提供的公共服务增加了，而真正享有这些增加了的公共服务正是房产所有者。而且将土地和房产分开会使房产的价值评估难以操作。

提高土地的利用效率，充分利用好每一寸土地是建立可持续发展社会的基本要求。根据税制改革"宽税基、低税率"的总体思路，建议我国改革后的房地产税征税对象包括土地和房产建筑。

## 第二节　征收居民房地产税的技术可行性：计税依据的选择

判定一个国家房地产税是否现代化的标准之一是看其是否选择了合理的计税依据，这是我国构建新的房地产税制的关键所在。

### 一、两种计税依据的比较

计税依据又称为课税依据或课税基数，是指计算应纳税额的基数，它表明政府按什么征税，或纳税人按什么纳税。计税依据是税制构成要素中的一项十分重要的内容，在国家的税收法制体系中均会对其进行确定。针对房地产税具体税种来讲，计税依据是指在对纳税人所拥有的房地产征税时，计算其应缴纳的具体税额的依据。

计税依据是征税对象的量化表现，可以划分为从量计征和从价计征两种类型。针对居民房地产税收，世界上大多数国家和地区如美国、加拿大等，采用的是从价计征；从量计征只在少数国家如俄罗斯等采用。

房地产税的从价计征，是指按照房地产的价值来计算应纳税额，通常使用货币单位来计算，具体又可分为按评估价值计税、按市场价值计税两种类型。按评估价值计税是指将评估部门评估出的市场价值乘以一定的计税价值比例作为征收房地产税的依据；按市场价值计税，可以采用100%的计税价值比例的评估值作为计税依据。从量计征则的依据是房地产本身所具有的一些物理特性作为计税依据，例如以房地产面积大小作为房地产税的计税依据。

**（一）从量计征**

针对房地产税，从量计征主要是以房地产面积大小作为房地产税的计税依据，具体有两种做法：一种方法是国家首先确定每平方米的应纳税额，然后在计算应纳税额时，按照纳税人占有或使用的房地产的面积乘以每平方米的应纳税额计算得出。具体而言，国家可以根据房地产所在的位置、结构优劣及其他因素，分别确定单位面积的税率，并允许每年进行调整。另一种方法是对某个区域的房地产估算平均价格，即单位面积的平均市场价值，再乘以房产的面积，得出房地产估算的市场价值，再乘以确定的税率。

基于面积的计税方法主要在一些评估技术不完善、经济发展水平较低的发展中国家和经济转轨国家使用。如俄罗斯、波兰等中东欧的经济转轨国家均采用这种计税依据。

与从价计征相比较，从量计征的优点主要体现在：①方法简单易行，居民的纳税额稳定，政府的相关税收收入稳定，同时征管成本比较低，对于征管的配套设施的要求相对简单。②因为计税依据选择的是房地产的物理特征，那么在计税过程中减少了人为评估所带来的主观因素的影响，相对客观。

实际上，随着经济的发展、地区之间房地产价值差距的增大，从量计征的缺点也越来越显现出来，主要体现在以下两方面：

第一，税收收入缺乏弹性。从量计征，使得税收收入无法反映经济发展所带来的房地产价值的影响，尤其在房地产价值日益上升的情况下，税基仍然不变，不利于增加地方政府的财政收入，此外，对于社区的公共投入的加大也不能得到相应的回报。因此，随着商品经济的发展近代各国已经很少采用，被从价计征取代。

第二，税制缺乏公平。因为拥有不理想土地的居民，必须与拥有位置优越、服务齐全、环境优雅的优质土地的居民按照同等的有效税率纳税。这样的后果就是税收无法体现出土地上所表现出来的级差收益，引起税负不均等问题，有失公平。

### （二）从价计征

从价计征可以分为房地产租赁价值计税和按评估价值计税两种方法。

1. 按租赁价值计税

租金价值是指土地及建筑物的拥有人因其物业所得的租赁收入，以租金价值作为计税依据，实际上是对财产所得（流量）的课税，而不是对财产本身（存量）课税，这与房地产税的保有税性质是相冲突的。

以租金收益作为计税依据，计税方法和税收征管较为简便，经济发展所带来的升值因素可以在一定程度内从税收收入中得到体现，也可以从租赁收入中反映出纳税人的应税能力。

2. 按评估价值计税

按评估价值计税的具体做法是，将评估部门评估出的市场价值乘以一定的计税价值比例作为征收房地产税的依据，这种方法既降低了房地产的应税价值，也有利于征税部门进行征税调节的操作。按评估价值计税是近十多年来众多房地产税国家普遍采纳的方法。这种方法计税的优越性通过四个方面体现出来：

第一，从价计征的计税依据是一定时点上房地产的评估价值，而评估价值能够较好地体现地产和房产作为经济资源的价值。

第二，对房地产评估价值的课税，可以提高税收收入与房地产价值的相关性。随着社会经济的不断发展和房地产价值的不断增长，必然会引起税基的扩大和房地产税收收入的增加，使得房地产税收的税基更加富有弹性，使得经济发展所带来的升值因素能在税收中得到体现，从而有利于地方财政收入的稳定增加。

第三，可以增强地方政府提供社区公共产品和服务的偏好。引起房地产价值上升的原因有很多，其中很重要的就是与社区内公共环境的改善、公共设施的投入和服务增加有关，而房地产市场价值的上升又会带来税收收入的提高，而采用按评估价值计税的方法，使政府对社区的公共投入能够得到相应回报，由此形成良性循环，使居民的权利和义务相对应。

第四，房地产评估价值可以更准确地反映纳税人的纳税能力。对拥有不同价值房地产的纳税人征收不同额度的税收，可以较好地反映纳税人的纳税能力，符合量能负担的原则，同时也体现了税收中的纵向公平原则。

但是，从价计征也有其不足之处：

第一，要求有较好的配套措施。按评估价值这种计税方法对房地产交易的市场环境、房地产评估机构的水平和税收征管都有较高要求。而对于一些经济欠发达的国家和地区，尚不具备这些条件，因此从价计征这种计税依据在实施起来有一定的难度。

第二，在房地产评估价值的确定上，会有很强的主观性。在对房地产价值进行评估时，不同的评估机构在评估方法和技术的选择上会有所不同，这带来的结果必将是对于同一房地产不同评估机构确定的评估值存在差异，有时这种差异可能会很大，对于实现纳税公平原则可能会有一定影响。

## 二、计税依据的国际比较

比较分析不同房地产税体系下的计税依据，对于我国的房地产税改革与国际房地产税体系的主流接轨，具有十分重要的借鉴意义。表 4 - 2 列出了现行主要国家和地区房地产税计税依据的基本情况。

表 4 - 2　　　　　　　　　计税依据的国家（地区）比较

| 类型 | | 国家（地区） |
|---|---|---|
| 房地产价值 | 评估值 | 印度尼西亚、德国、日本、西班牙、加拿大、美国、马来西亚、菲律宾、荷兰、奥地利、南非 |
| | 市场价值 | 印度、巴西、澳大利亚、韩国、塞浦路斯 |
| 租赁价值（租金） | | 新加坡（年度价值）、中国香港（应课税净值）、英国（净租金价值） |
| 面积 | | 俄罗斯、波兰、匈牙利、斯洛文尼亚、捷克、中国的城镇土地使用税 |

资料来源：根据国土资源部信息中心 2008 年《房地产税管理的国际经验》、国家税务总局地方税务司 2008 年 4 月《部分国家房地产税国际情况概览》整理而得。

从国际经验来看，社会因素和政治因素是影响各国房地产税计税依据选择的主要因素，同时一些历史因素也会对其产生影响。例如，在英国和一些前英属殖民地国家在征收房地产税时仍然使用的是租赁价值，像新西兰等国家和地区，是因为受到英国税制的影响。从表 4 - 2 中可以看出，虽然开征房地产税的国家和地区的计税依据主要分为两种，即房地产面积和房地产价值，但大多数采用了从价计征方式，尤其是按照房地产评估价值征收。

### 三、计税依据的选择

#### （一）现行房地产税收计税依据存在的问题

我国目前保有环节的房地产税制是 20 世纪 80 年代中期和 50 年代初设置（见表 4 - 3），以建筑面积和房产的账面原值或租金作为计税依据的，具有明显的"从量"特征，与市场经济国家按照房地产的市场价值作为计税依据存在根本的不同。具体而言，房产税是以房产的历史成本余值或租金作为计税依据，既没有真实反映房产作为一种经济资源的价值，也无法通过税收来调控房地产增值收益；现行城镇土地使用税的计税依据是实际占用的土地面积，既无法使土地的级差收益和时间价值得以显现，也无法调节存在的土地闲置现象以及土地投机行为。使得税收缺乏弹性，尤其是在房地产市场开发以后，很多房地产的实际价值已成倍增长，仍使用现行的计税依据既影响了税收的动态增长，更无法实现对房地产闲置现象和房地产投机行为应起到的调节作用。

表 4 - 3　　　　　　　　我国房地产保有环节税种的计税依据

| 税种 | 计税依据 |
|---|---|
| 房产税 | 房产原值一次性减除 10% ~ 30% 后的余值（出租的房产以房产租金收入为计税依据） |
| 城镇土地使用税 | 实际占用的土地面积 |
| 耕地占用税 | 实际占用的耕地面积 |

说明：城镇土地使用税和房产税的征税范围限于城市、县城、建制镇和工矿区；国家机关、人民团体、军队、由国家财政部门拨付事业经费的单位的自用土地和房产以及个人所有非经营用的房地产等免征城镇土地使用税和房产税。

#### （二）我国的选择

在讨论具体的房地产税的计税依据之前，可以先回顾一下马克思的地租理论。剩余价值理论、平均利润、劳动价值论和生产价格理论是马克思地租理论建立的基础。在地租理论中马克思提到，"这种地租的产生，是由于一定的投入一个生产部门的个别资本，同那些没有可能利用这种例外的、有利于提高生产力的自然条件的投资相比，相对来说具有较高的生产率"①。这就意味着由于自然条件的不同决定了生产率的差别。面积相同的土地，施以等量的投资，由于土地的自然力以及距离市场的位置的不同而产生不同的个别生产价格。与社会生产价格相比，肥力高并且距市场较近的土地的个别生产价格与社会生产价格相比会表现出较低的水平，由此会获得超额利润，而这种超额利润就是马克思地租理论中的级差地租 I。

马克思地租理论所揭示的经济规律不仅仅局限于资本主义的生产关系，对研究和分析我国房地产税问题也具有重要的理论意义和现实指导价值。"不论地租有什么独特的形式，它的一切类型有一个共同点：地租的占有是土地所有权借以实现的经济形式。"目前我国的土地所有权形式有两种，即城市土地全民所有和农村土地集体所有；既存在着土地租赁关系，也存在着土地市场；土地所有权和使用权分离，实行土地有偿使用等等，这些都是形成绝对地租和级差地租的社会经济条件。绝对地租和垄断地租是土地所有权在经济上的实现形式，而级差地租则是对土地经营权垄断所取得的超额利润的转化。马克思地租理论已被广泛地应用在我国的经济建设中，对我国城市土地使用制度改革，土地价格的评估、土地产权市场的建立以及政府通过地租杠杆管理土地市场、合理分配地租收益等均具有重要的指导意义。

我国幅员辽阔，地区差异非常大，经济发展很不平衡。房地产税按照房地产面积计税的话，很难实现税收公平原则，因此，参考马克思地租理论中的级差地租理论，在征收房地产税时，从量计征，即按照土地或房屋的面积作为计税依据的方法是不科学的。

站在理论的角度来看，比较科学的方法是以房地产的评估价值作为其计税依据，能客观地反映房地产价值和纳税人的负担能力。在市场经济环境下，任何房地产都有一个时间价值，而越完善的市场机制就越容易获得这个价值。以评估价值作为计税依据，对于保护土地资源和促进房地产资源的合理利用能够起到一定的作用，也能较好地反映出土地的极差收益、房地产的时间价值，有利于房地产资源的有效配置。

无论从经济形态还是物质形态，土地与房屋均相互依存，因此对个人

---

① 资本论：第 3 卷［M］. 北京：人民出版社，2004：728.

住宅征收房地产税的计税依据应是对地产和房产的综合评估价值，以真实反映房地产的现值。因此要改变原来的以房产原值（账面价值）的一定比例或土地规定的定额征税的方式。在制定房地产税按照房地产的评估值作为计税依据，还可以体现个人房产税作为财产税类的特性，保护土地资源，发挥其"自动调节器"的功能，促进房地产资源的有效配置。

## 第三节　征收居民房地产税的社会可行性：税负公平问题

公平是税收的基本原则，在亚当·斯密提出的"税收四原则"中，公平原则被列在首位。在对居民征收房地产税的问题中，最主要的就是税负的公平性。

如果动态地看，居民房地产税税负的公平性问题应该从短期和长期两个角度分别分析。居民的房地产税支出与居民的生活、福利改进之间的关系属于长期公平问题，其中包括上述关系在不同收入群体之间的分布状况。这个问题主要出现在已经建立了相对完善的房地产税制度的国家或地区中，因为其形成的过程比较慢，需要至少几个财政周期以及一定的基础设施建设周期才能形成。我国目前的情况是除了重庆上海试点地区以外的城镇居民家庭拥有的住房，并没有征收保有环节的居民房地产税，而其他房地产保有环节税收占地方财政收入的比例少于3%，所以，对房地产税税负来说我们所面临的主要问题并不是长期的公平性问题，因此暂时也不需要解决。我国目前所面临的主要问题，是在对于居民家庭自用住房征收居民房地产税时，可能会引起的家庭税收负担承受能力的短期公平性问题。

从性质上来说房地产税属于一种从价计征的财产税，如果是在一个房地产税税收制度相对成熟的社会环境里，居民在选择居住位置的时候，是会首先考虑其收入水平以及购买房地产所要承担的包括房地产税在内的居住成本以后，再进行选择，这样，在居民的家庭收入与房地产税税负之间就会形成较好的对应关系。然而，我国当前住房格局是由早期福利住房制度和住房制度改革的发展所决定的，而不是居民综合考虑后的选择。在福利住房时期，房屋是由单位或房管部门来决定，居民基本上无法自行选择居住的位置，而且当时在家庭收入和居住成本方面居民家庭之间并没有很大差异，因此也基本上不存在居民家庭收入与居民住房成本之间是否合理匹配的问题，家庭在住房面积、价值等方面也没有过多的选择。城镇住房制度改革开始于 20 世纪 80 年代，随着 1986 年《房产税暂行条例》的颁布和实施，由于不对居民自有住房征收房产税，使得城镇居民在选择住房时不需要考虑税收对于居住成本的影响，结果就是埋下了家庭收入与居住成本的"不匹配"问题。

居民住房市场化以来，随着城市的快速发展，很多城市的住房价值不断增长，然而拥有这些价值增长住房的家庭其收入却并不一定得到相同幅度的增加。再加上房地产税与住房价值之间的正比关系，这样上面提到的家庭收入与居住成本的"不匹配"问题会得到进一步激化。这一"不匹配"问题就是当前居民房地产税推行过程中所面临的短期公平性问题。站在经济学的角度分析，居民家庭收入与居住成本之间的不匹配关系，可以等价于居民家庭收入与住房价值的不匹配关系。

房地产税制度在西方发达国家和地区的设立较早，因此，这些国家中，已经经过了长期的、充分的调整阶段，使得居民家庭的收入水平与其所拥有的住房价值之间能够较好匹配（美国房地产税开征时间是 1792 年，英国为 1851 年）[①]。如果当前我国城镇居民的家庭收入和其所拥有的房地产价值之间不能存在较好的匹配关系，对于税负承担能力的公平性将是征收居民房地产税会引起的最大问题。所以，针对征收居民房地产税的短期公平性问题，即税负能力公平性问题的研究十分重要。

本章数据分析分为两个部分，第一部分是以 2010 年国家统计局"城镇住户基本情况抽样调查"数据的研究为参考[②]，对当前我国城镇居民家庭收入与住房价值之间的关系以及这种关系产生的原因和对于房地产税税负公平性的影响进行分析；第二部分选取中国家庭追踪调查（China Family Panel Studies，CFPS）数据为研究对象，依据现有的 2010 年、2012 年、2014 年、2016 年、2018 年的数据为样本，对我国城镇居民家庭收入与住房价值之间的关系，按照地区、家庭收入分组、房地产价值分组进行测算和讨论，同时对这种关系产生的原因以及对于房地产税税负公平性的影响进行讨论。通过两部分数据的对比分析，为后面的征收居民房地产税的制度设计提供思路。

---

① 白云. 西方典型发达国家物业税发展情况比较研究 [J]. 河北法学，2006（5）：135 - 139.

② 由于国家统计局并未公布相关数据，作者无法获得测算所需数据，所以经过刘洪玉教授的允许，后文中图 4 - 2 ~ 图 4 - 5 均来自刘洪玉教授等的文章：刘洪玉，郭晓旸，姜沛言. 房产税制度改革中的税负公平性问题 [J]. 清华大学学报（哲学社会科学版），2012（6）：18 - 26，156。

### 一、"城镇住户基本情况抽样调查"和 CFPS 数据

#### （一）"城镇住户基本情况抽样调查"

2010 年国家统计局"城镇住户基本情况抽样调查"数据，是国家统计局部署，由各城市调研队实施的抽样调查，主要目标是更全面、更具代表性地反映我国城市居民家庭的包括收入、消费、就业、住房等生活状况，对城镇住户基本情况大样本抽样的调查，调查 3 年进行一次，覆盖全国 31 个省区市 226 个特大、大、中、小城市和县城，发放超过 60 万份基本调查问卷，抽取超过 15 万户居民家庭进行全国城市住户基本情况抽样调查。

#### （二）CFPS 数据

CFPS，是"China Family Panel Studies"的缩写，全称是"中国家庭追踪调查"。CFPS 是北京大学中国社会科学调查中心（ISSS）实施的调查项目，调查的目的是通过跟踪收集个体、家庭、社区三个层次的数据，反映中国经济、社会、教育、人口和健康的变迁，目标样本规模为 16000户，样本覆盖 25 个省区市，为学术研究和公共政策分析提供数据基础。

截止到 2020 年，CFPS 数据共有 2010～2018 年五年的数据，家庭样本共 84265 个。CFPS 重点关注中国居民的经济与非经济福利，研究主题包括经济活动、家庭关系与家庭动态、人口迁移、教育成果、健康等，是一项大规模的全国性的社会跟踪调查项目。主要包含四种主体问卷：社区问卷、成人问卷、家庭问卷和少儿问卷。

### 二、CFPS 数据整体描述及处理

#### （一）数据处理

本书提取 CFPS 数据库中 2010～2018 年五年的数据，家庭样本共84265 个，进行的数据处理如下：

（1）因为是对城镇居民房地产税的研究，因此，按照数据里"城乡"处理，将农村变量删除，共删除农村变量 42430 个。

（2）因为是对保有环节房地产税的研究，因此针对样本中"房产所有权"数据进行了处理，将不是"完全自有"的样本删除（即删除了样本"和单位共有产权"1916 个、"租住"2514 个、"政府免费提供"8464 个、"单位免费提供"9445 个、"父母、子女提供"3796 个、"其他亲友借住"2871 个、缺失值 2370 个。共删除 15257 个观测值）（另："父母、

子女提供"，从传统意义来讲，应属于自有产权，但在讨论纳税税负公平性时，主要考察房产价值与收入之间的相关性，这里"父母、子女提供"的房产从理论上来讲会降低二者的相关性，因此删除，但这也是我国的现状）。

（3）针对省份的分组。我国幅员辽阔，各省份之间差异较大，因此对于省份的分组进行了两类划分①。

第一，经济区域分组。根据我国经济社会快速发展状况，将全国分为四大经济区域：东部地区、东北地区、中部地区和西部地区。各地区经济社会发展的主要状况为：东部率先发展、西部开发、中部崛起、东北振兴。

东北地区：内蒙古自治区东部的呼伦贝尔市、兴安盟、通辽市、赤峰市、锡林郭勒盟，黑龙江省、辽宁省、吉林省。

中部地区：湖南省、湖北省、江西省、山西省、安徽省、河南省。

东部地区：北京市、河北省、江苏省、天津市、上海市、山东省、浙江省、广东省、福建省、海南省。

西部地区：四川省、重庆市、云南省、陕西省、广西壮族自治区、宁夏回族自治区、贵州省、甘肃省、青海省、内蒙古自治区西部、新疆维吾尔自治区、西藏自治区。

第二，自然地理分组。根据全国七大自然地理分区，本书将各省分组为华北、东北、华东、华中、华南、西南、西北。

华北：北京市、天津市、河北省、山西省、内蒙古自治区中部（呼和浩特市、包头市、乌兰察布市）。

东北：黑龙江省、吉林省、辽宁省、内蒙古自治区东部（呼伦贝尔市、兴安盟、通辽市、赤峰市、锡林郭勒盟）。

华东：浙江省、上海市、山东省、江西省、江苏省、安徽省、福建省。

华中：河南省、湖南省、湖北省。

华南：广东省、海南省、广西壮族自治区。

西南：云南省、四川省、重庆市、贵州省、西藏自治区。

西北：宁夏回族自治区、陕西省、青海省、甘肃省、新疆维吾尔自治区、内蒙古自治区西部（阿拉善盟、巴彦淖尔市、乌海市、鄂尔多斯市）。

---

① 本研究样本分组不含港澳台地区。

（4）极端值处理。对房产价值、家庭收入、家庭支出、家庭人口、购建成本等数据均进行了极端值处理，具体做法是去掉前后 1% 的极端值，替换成保留的边界值。

（5）只保留一套房家庭（删除掉 8197 个家庭。删除前 fid = 41835，删除后 fid = 33638）。

**（二）数据描述**

首先，利用 CFPS 数据库中的数据，按照时间划分为 2010～2018 年 5 组样本，分别对样本与房地产税相关要素进行统计分析，具体包括：家庭状况和房地产状况，其中家庭状况包括家庭人口数、家庭收入、家庭拥有住房套数等，房地产状况包括房产价值等。统计分析结果如下。

1. 住房产权形式

如表 4 - 4 所示，2010～2018 年，全国自有住房占比维持在 77% 左右，是目前主要的住房产权形式。其他产权形式的住房，主要以租住、父母或子女提供、其他亲戚提供为主，其中父母或子女提供以及其他亲戚借住的住房应该也以商品房为主，因此，可以认为，我国家庭住房产权形式中，88% 以上为市场提供的商品房，而和单位共有产权住房、政府和单位提供的住房所占比例不足 6%，可见，改革开放初期的多种产权形式的住房状况基本已经改变，目前我国家庭拥有住房的产权形式基本为商品房。

表 4 - 4　　　　　　　　　　住房产权形式统计：时间分组

| 年份 | | 完全自有 | 和单位共有产权 | 租住 | 政府免费提供 | 单位免费提供 | 父母或子女提供 | 其他亲友借住 | 总样本数 |
|---|---|---|---|---|---|---|---|---|---|
| 2010 年 | 样本数（个） | 5600 | 162 | 801 | 39 | 43 | 308 | 69 | 7022 |
| | 占比（%） | 79.75 | 2.31 | 11.41 | 0.56 | 0.61 | 4.39 | 0.98 | — |
| 2012 年 | 样本数（个） | 4886 | 232 | 113 | 52 | 151 | 239 | 240 | 5913 |
| | 占比（%） | 82.63 | 3.92 | 1.91 | 0.88 | 2.55 | 4.04 | 4.06 | — |
| 2014 年 | 样本数（个） | 10386 | 390 | 506 | 334 | 324 | 800 | 646 | 13386 |
| | 占比（%） | 77.59 | 2.91 | 3.78 | 2.50 | 2.42 | 5.98 | 4.83 | — |

续表

| 年份 | | 完全自有 | 和单位共有产权 | 租住 | 政府免费提供 | 单位免费提供 | 父母或子女提供 | 其他亲友借住 | 总样本数 |
|---|---|---|---|---|---|---|---|---|---|
| 2016 年 | 样本数（个） | 5198 | 180 | 302 | 113 | 150 | 638 | 420 | 7001 |
| | 占比（%） | 74.25 | 2.57 | 4.31 | 1.61 | 2.14 | 9.11 | 6.00 | —— |
| 2018 年 | 样本数（个） | 5303 | 209 | 302 | 91 | 135 | 746 | 371 | 7157 |
| | 占比（%） | 74.10 | 2.92 | 4.22 | 1.27 | 1.89 | 10.42 | 5.18 | —— |
| 合计 | 样本数（个） | 31373 | 1173 | 2024 | 629 | 803 | 2731 | 1746 | 40479 |
| | 占比（%） | 77.50 | 2.90 | 5.00 | 1.55 | 1.98 | 6.75 | 4.31 | —— |

资料来源：CFPS。

　　按经济状况划分的全国四大经济分区中（见表4-5），"完全自有"住房占比最高的是中部地区，最低的是我国经济发展最好的东部地区，可见产权形式是否"自有"与经济发展没有严格关系；"和单位共有产权"住房最多的地区是西部地区，但是东部地区"租房"比例最高，应是由于经济发达地区，流动人口较多的缘故；而"政府免费提供"住房和"单位免费提供"住房，东部地区最多，可见政府职能水平与经济发展有关。

表 4 -5　　　　　　　　　　住房产权形式统计：经济分组

| 全国分为四大经济区域 | | 完全自有 | 和单位共有产权 | 租住 | 政府免费提供 | 单位免费提供 | 父母或子女提供 | 其他亲友借住 | 总样本数 |
|---|---|---|---|---|---|---|---|---|---|
| 东部地区 | 样本数（个） | 12112 | 428 | 1050 | 329 | 468 | 1473 | 682 | 16542 |
| | 占比（%） | 73.22 | 2.59 | 6.35 | 1.99 | 2.83 | 8.90 | 4.12 | —— |
| 中部地区 | 样本数（个） | 7520 | 231 | 296 | 81 | 91 | 427 | 341 | 8987 |
| | 占比（%） | 83.68 | 2.57 | 3.29 | 0.90 | 1.01 | 4.75 | 3.79 | —— |

续表

| 全国分为<br>四大经济区域 | | 完全<br>自有 | 和单位<br>共有<br>产权 | 租住 | 政府免<br>费提供 | 单位免<br>费提供 | 父母或<br>子女提供 | 其他亲<br>友借住 | 总样<br>本数 |
|---|---|---|---|---|---|---|---|---|---|
| 东北<br>地区 | 样本数<br>（个） | 5759 | 151 | 388 | 104 | 156 | 399 | 477 | 7434 |
| | 占比（％） | 77.47 | 2.03 | 5.22 | 1.40 | 2.10 | 5.37 | 6.42 | — |
| 西部<br>地区 | 样本数<br>（个） | 5975 | 362 | 289 | 115 | 88 | 430 | 246 | 7505 |
| | 占比（％） | 79.61 | 4.82 | 3.85 | 1.53 | 1.17 | 5.73 | 3.28 | — |
| 合计 | 样本数<br>（个） | 31366 | 1172 | 2023 | 629 | 803 | 2729 | 1746 | 40468 |
| | 占比（％） | 77.51 | 2.90 | 5.00 | 1.55 | 1.98 | 6.74 | 4.31 | — |

资料来源：CFPS。

按照地理分区的数据显示（见表4-6），"完全自有"住房最多的地区为华中地区，其次是西南地区，最低为华北地区；"租住"住房最多的地区为华北地区和华南地区，而这两个地区由"父母或子女提供"的住房比例也最高，可见我国幅员辽阔，地区差异较大。

表4-6　　　　　　住房产权形式统计：地理分组

| 全国分为<br>七大地理区域 | | 完全<br>自有 | 和单位<br>共有<br>产权 | 租住 | 政府免<br>费提供 | 单位免<br>费提供 | 父母或<br>子女提供 | 其他亲<br>友借住 | 总样<br>本数 |
|---|---|---|---|---|---|---|---|---|---|
| 华北<br>地区 | 样本数<br>（个） | 2916 | 138 | 283 | 56 | 99 | 361 | 225 | 4078 |
| | 占比（％） | 71.51 | 3.38 | 6.94 | 1.37 | 2.43 | 8.85 | 5.52 | — |
| 东北<br>地区 | 样本数<br>（个） | 5745 | 149 | 382 | 104 | 155 | 394 | 476 | 7405 |
| | 占比（％） | 77.58 | 2.01 | 5.16 | 1.40 | 2.09 | 5.32 | 6.43 | — |
| 华东<br>地区 | 样本数<br>（个） | 8343 | 251 | 535 | 144 | 295 | 737 | 362 | 10667 |
| | 占比（％） | 78.21 | 2.35 | 5.02 | 1.35 | 2.77 | 6.91 | 3.39 | — |

续表

| 全国分为七大地理区域 | | 完全自有 | 和单位共有产权 | 租住 | 政府免费提供 | 单位免费提供 | 父母或子女提供 | 其他亲友借住 | 总样本数 |
|---|---|---|---|---|---|---|---|---|---|
| 华中地区 | 样本数（个） | 5297 | 160 | 207 | 43 | 60 | 307 | 238 | 6312 |
| | 占比（%） | 83.92 | 2.53 | 3.28 | 0.68 | 0.95 | 4.86 | 3.77 | — |
| 华南地区 | 样本数（个） | 3545 | 145 | 346 | 169 | 115 | 534 | 220 | 5074 |
| | 占比（%） | 69.87 | 2.86 | 6.82 | 3.33 | 2.27 | 10.52 | 4.34 | — |
| 西南地区 | 样本数（个） | 3149 | 89 | 127 | 70 | 33 | 173 | 129 | 3770 |
| | 占比（%） | 83.53 | 2.36 | 3.37 | 1.86 | 0.88 | 4.59 | 3.42 | — |
| 西北地区 | 样本数（个） | 2371 | 240 | 143 | 43 | 46 | 223 | 96 | 3162 |
| | 占比（%） | 74.96 | 7.59 | 4.52 | 1.36 | 1.45 | 7.05 | 3.04 | — |
| 合计 | 样本数（个） | 31366 | 1172 | 2023 | 629 | 803 | 2729 | 1746 | 40468 |
| | 占比（%） | 77.51 | 2.90 | 5.00 | 1.55 | 1.98 | 6.74 | 4.31 | — |

资料来源：CFPS。

### 2. 家庭人口数

家庭人口中，三口之家占比最高，其次是二人组合，分析原因主要应是由于我国的计划生育政策，然而现在生育政策的变化（2016年1月1日起，《人口与计划生育法》正式施行，国家全面开放"二孩政策"；2021年5月31日，中共中央政治局会议通过一对夫妻可以生育三个子女政策），相信未来四口之家的比例会有所提高。而传统的家庭模式六口以上人口的家庭只占3.92%。根据表4-7可以看出，家庭人口数和年份变动相关性不强。

表 4 - 7　　　　　　　　　　　　　　　家庭人数统计

| 家庭人口数 | | 调查年份 | | | | | 总样本数 |
| --- | --- | --- | --- | --- | --- | --- | --- |
| | | 2010 年 | 2012 年 | 2014 年 | 2016 年 | 2018 年 | |
| 1 人 | 样本数（个） | 431 | 637 | 1388 | 866 | 1076 | 4398 |
| | 占比（%） | 6.07 | 84.37 | 10.05 | 11.97 | 14.35 | 12.08 |
| 2 人 | 样本数（个） | 1474 | 100 | 2958 | 1526 | 1645 | 7703 |
| | 占比（%） | 20.75 | 13.25 | 21.42 | 21.09 | 21.94 | 21.16 |
| 3 人 | 样本数（个） | 2347 | 15 | 3888 | 1953 | 1860 | 10063 |
| | 占比（%） | 33.04 | 1.99 | 28.16 | 26.99 | 24.81 | 27.64 |
| 4 人 | 样本数（个） | 1320 | 3 | 2380 | 1143 | 1157 | 6003 |
| | 占比（%） | 18.58 | 0.40 | 17.24 | 15.79 | 15.43 | 16.49 |
| 5 人 | 样本数（个） | 950 | 0 | 1778 | 956 | 902 | 4586 |
| | 占比（%） | 13.37 | 0.00 | 12.88 | 13.21 | 12.03 | 12.60 |
| 6 人 | 样本数（个） | 347 | 0 | 876 | 476 | 522 | 2221 |
| | 占比（%） | 4.88 | 0.00 | 6.34 | 6.58 | 6.96 | 6.10 |
| 7 人 | 样本数（个） | 128 | 0 | 272 | 160 | 167 | 727 |
| | 占比（%） | 1.80 | 0.00 | 1.97 | 2.21 | 2.23 | 2.00 |
| 8 人 | 样本数（个） | 53 | 0 | 134 | 66 | 73 | 326 |
| | 占比（%） | 0.75 | 0.00 | 0.97 | 0.91 | 0.97 | 0.90 |
| 9 人 | 样本数（个） | 27 | 0 | 60 | 50 | 51 | 188 |
| | 占比（%） | 0.38 | 0.00 | 0.43 | 0.69 | 0.68 | 0.52 |
| ≥10 人 | 样本数（个） | 27 | 0 | 74 | 41 | 44 | 186 |
| | 占比（%） | 0.38 | 0.00 | 0.54 | 0.57 | 0.59 | 0.51 |
| 合计 | | 7104 | 755 | 13808 | 7237 | 7497 | 36401 |

资料来源：CFPS。

　　从按经济区域分组数据来看（见表 4 - 8），家庭人口数为 1 人的家庭最多的在东部地区，人口数为 2 人和 3 人的家庭数最多的在东北地区，四口之家最多的是中部地区，而西部地区五口之家数量最多。由此可见家庭人口数与经济状况关联性不大。

表 4 - 8                                    家庭人数统计：经济区域分组

| 家庭人口数 | | 东部地区 | 中部地区 | 东北地区 | 西部地区 | 总样本数 |
|---|---|---|---|---|---|---|
| 1 人 | 样本数（个） | 2100 | 707 | 897 | 689 | 4393 |
| | 占比（%） | 14.04 | 8.74 | 13.67 | 10.16 | 12.07 |
| 2 人 | 样本数（个） | 3273 | 1383 | 2017 | 1030 | 7703 |
| | 占比（%） | 21.88 | 17.10 | 30.74 | 15.19 | 21.17 |
| 3 人 | 样本数（个） | 4010 | 2154 | 2308 | 1589 | 10061 |
| | 占比（%） | 26.81 | 26.63 | 35.17 | 23.43 | 27.65 |
| 4 人 | 样本数（个） | 2267 | 1656 | 747 | 1332 | 6002 |
| | 占比（%） | 15.16 | 20.47 | 11.38 | 19.64 | 16.49 |
| 5 人 | 样本数（个） | 1858 | 1137 | 451 | 1140 | 4586 |
| | 占比（%） | 12.42 | 14.05 | 6.87 | 16.81 | 12.60 |
| 6 人 | 样本数（个） | 848 | 631 | 113 | 627 | 2219 |
| | 占比（%） | 5.67 | 7.80 | 1.72 | 9.25 | 6.10 |
| 7 人 | 样本数（个） | 278 | 218 | 22 | 209 | 727 |
| | 占比（%） | 1.86 | 2.69 | 0.34 | 3.08 | 2.00 |
| 8 人 | 样本数（个） | 151 | 100 | 5 | 70 | 326 |
| | 占比（%） | 1.01 | 1.24 | 0.08 | 1.03 | 0.90 |
| 9 人 | 样本数（个） | 82 | 66 | 1 | 39 | 188 |
| | 占比（%） | 0.55 | 0.82 | 0.02 | 0.58 | 0.52 |
| ≥10 人 | 样本数（个） | 91 | 38 | 1 | 56 | 186 |
| | 占比（%） | 0.61 | 0.47 | 0.02 | 0.83 | 0.51 |
| 合计 | 样本数（个） | 14958 | 8090 | 6562 | 6781 | 36391 |

资料来源：CFPS。

根据表 4 - 9 中地理区域分组数据显示，家庭人口数为 1 人的家庭和六口以上家庭最多的地区是华南地区，人口数为 2 人和 3 人的家庭最多的地区为是东北地区，而西北地区是家庭人口数为 4 人和 6 人最多的家庭。

表 4 - 9　　　　　　　　　　家庭人数统计：地理区域分组

| 家庭人口数 | | 华北地区 | 东北地区 | 华东地区 | 华中地区 | 华南地区 | 西南地区 | 西北地区 | 总样本数 |
|---|---|---|---|---|---|---|---|---|---|
| 1 人 | 样本数（个） | 492 | 890 | 1180 | 503 | 708 | 330 | 290 | 4393 |
| | 占比（%） | 13.16 | 13.62 | 12.27 | 8.87 | 15.44 | 9.80 | 10.07 | 12.07 |
| 2 人 | 样本数（个） | 782 | 2010 | 2393 | 939 | 611 | 546 | 422 | 7703 |
| | 占比（%） | 20.92 | 30.77 | 24.89 | 16.55 | 13.33 | 16.21 | 14.66 | 21.17 |
| 3 人 | 样本数（个） | 1007 | 2301 | 2783 | 1557 | 894 | 784 | 735 | 10061 |
| | 占比（%） | 26.94 | 35.22 | 28.95 | 27.45 | 19.50 | 23.27 | 25.53 | 27.65 |
| 4 人 | 样本数（个） | 713 | 740 | 1336 | 1104 | 902 | 637 | 570 | 6002 |
| | 占比（%） | 19.07 | 11.33 | 13.90 | 19.46 | 19.67 | 18.91 | 19.80 | 16.49 |
| 5 人 | 样本数（个） | 411 | 450 | 1226 | 783 | 679 | 608 | 429 | 4586 |
| | 占比（%） | 11.00 | 6.89 | 12.75 | 13.80 | 14.81 | 18.05 | 14.90 | 12.60 |
| 6 人 | 样本数（个） | 207 | 113 | 452 | 479 | 392 | 297 | 279 | 2219 |
| | 占比（%） | 5.54 | 1.73 | 4.70 | 8.44 | 8.55 | 8.82 | 9.69 | 6.10 |
| 7 人 | 样本数（个） | 66 | 22 | 131 | 148 | 173 | 90 | 97 | 727 |
| | 占比（%） | 1.77 | 0.34 | 1.36 | 2.61 | 3.77 | 2.67 | 3.37 | 2.00 |
| 8 人 | 样本数（个） | 29 | 5 | 59 | 78 | 92 | 37 | 26 | 326 |
| | 占比（%） | 0.78 | 0.08 | 0.61 | 1.37 | 2.01 | 1.10 | 0.90 | 0.90 |
| 9 人 | 样本数（个） | 22 | 1 | 29 | 49 | 53 | 15 | 19 | 188 |
| | 占比（%） | 0.59 | 0.02 | 0.30 | 0.86 | 1.16 | 0.45 | 0.66 | 0.52 |
| ≥10 人 | 样本数（个） | 9 | 1 | 25 | 33 | 81 | 25 | 12 | 186 |
| | 占比（%） | 0.24 | 0.02 | 0.26 | 0.58 | 1.77 | 0.74 | 0.42 | 0.51 |
| 合计 | 样本数（人） | 3738 | 6533 | 9614 | 5673 | 4585 | 3369 | 2879 | 36391 |

资料来源：CFPS。

根据表 4 - 7 ~ 表 4 - 9，家庭人口数与时间、经济发展状况、地理区域关联性不强。

3. 家庭住房数量

依据表 4 - 10，在住房状况中，只有一套住房的家庭占比为 80.41%，意味着绝大多数家庭只有一套住房，不过随着时间的推移，一套房家庭的数量是逐渐减少的。两套住房家庭占比 16.66%，而在 2018 年的数据中，两套及以上住房的家庭逐渐增多，分析原因，可能是随着经济发展，家庭财富逐渐增多，按照中国传统思想，更多人倾向于购买住房作为家庭的资产储备，同时房产价格的不断攀升也是大家选择房地产为主要投资方式的另一原因；此外，学区房政策也是影响家庭的购房数量的原因之一。

表 4 - 10                      家庭住房数量统计

| 其他住房套数 | | 调查年份 | | | | | 总样本数 |
|---|---|---|---|---|---|---|---|
| | | 2010 年 | 2012 年 | 2014 年 | 2016 年 | 2018 年 | |
| 0 套* | 样本数（个） | 5827 | 5144 | 11268 | 5670 | 5729 | 33638 |
| | 占比（%） | 82.02 | 83.12 | 81.60 | 78.35 | 76.42 | 80.41 |
| 1 套 | 样本数（个） | 1132 | 908 | 2178 | 1323 | 1430 | 6971 |
| | 占比（%） | 15.93 | 14.67 | 15.77 | 18.28 | 19.07 | 16.66 |
| 2 套 | 样本数（个） | 121 | 114 | 300 | 197 | 264 | 996 |
| | 占比（%） | 1.70 | 1.84 | 2.17 | 2.72 | 3.52 | 2.38 |
| 3 套 | 样本数（个） | 12 | 19 | 46 | 32 | 48 | 157 |
| | 占比（%） | 0.17 | 0.31 | 0.33 | 0.44 | 0.64 | 0.38 |
| 4 套 | 样本数（个） | 7 | 3 | 12 | 10 | 17 | 49 |
| | 占比（%） | 0.10 | 0.05 | 0.09 | 0.14 | 0.23 | 0.12 |
| 5 套 | 样本数（个） | 3 | 1 | 2 | 4 | 7 | 17 |
| | 占比（%） | 0.04 | 0.02 | 0.01 | 0.06 | 0.09 | 0.04 |
| 6 套 | 样本数（个） | 0 | 0 | 0 | 1 | 2 | 3 |
| | 占比（%） | 0.00 | 0.00 | 0.00 | 0.01 | 0.03 | 0.01 |
| 7 套 | 样本数（个） | 1 | 0 | 2 | 0 | 0 | 3 |
| | 占比（%） | 0.01 | 0.00 | 0.01 | 0.00 | 0.00 | 0.01 |
| 11 套 | 样本数（个） | 1 | 0 | 0 | 0 | 0 | 1 |
| | 占比（%） | 0.01 | 0.00 | 0.00 | 0.00 | 0.00 | 0.00 |
| 合计 | 样本数（个） | 7104 | 6189 | 13808 | 7237 | 7497 | 41835 |

说明：0 套即家庭只有 1 套住房，无其他住房，下同。
资料来源：CFPS。

经济区域分组数据如表 4 - 11 所示，一套房家庭数最多的在东北地区，二套房及以上家庭数最多的均在东部地区，可见地区的经济发展状况会对家庭财富有着直接影响。

表 4 - 11　　　　　　　　家庭住房状况统计：经济区域分组

| 其他住房套数 | | 东部地区 | 中部地区 | 东北地区 | 西部地区 | 总样本数 |
|---|---|---|---|---|---|---|
| 0 套 | 样本数（个） | 13141 | 7479 | 6484 | 6523 | 33627 |
| | 占比（%） | 76.55 | 80.52 | 84.84 | 84.44 | 80.40 |
| 1 套 | 样本数（个） | 3352 | 1549 | 1029 | 1040 | 6970 |
| | 占比（%） | 19.53 | 16.68 | 13.46 | 13.46 | 16.67 |
| 2 套 | 样本数（个） | 525 | 225 | 120 | 126 | 996 |
| | 占比（%） | 3.06 | 2.42 | 1.57 | 1.63 | 2.38 |
| 3 套 | 样本数（个） | 99 | 23 | 8 | 27 | 157 |
| | 占比（%） | 0.58 | 0.25 | 0.10 | 0.35 | 0.38 |
| 4 套 | 样本数（个） | 33 | 9 | 1 | 6 | 49 |
| | 占比（%） | 0.19 | 0.10 | 0.01 | 0.08 | 0.12 |
| 5 套 | 样本数（个） | 11 | 3 | 1 | 2 | 17 |
| | 占比（%） | 0.06 | 0.03 | 0.01 | 0.03 | 0.04 |
| ≥6 套 | 样本数（个） | 6 | 0 | 0 | 1 | 7 |
| | 占比（%） | 0.03 | 0.00 | 0.00 | 0.01 | 0.02 |
| 合计 | 样本数（个） | 17167 | 9288 | 7643 | 7725 | 41823 |

资料来源：CFPS。

家庭住房套数按地理区域统计数据如表 4 - 12 所示，同表 4 - 11，东北地区的家庭大部分拥有一套住房，而拥有多套房家庭中，华东地区家庭占比最多，约 1/4 的家庭拥有多套住房，其次是华中和华南地区，均属于经济较发达地区。

表4-12　　　　　　　家庭住房状况统计：地理区域分组

| 其他住房套数 | | 华北地区 | 东北地区 | 华东地区 | 华中地区 | 华南地区 | 西南地区 | 西北地区 | 总样本数 |
|---|---|---|---|---|---|---|---|---|---|
| 0套 | 样本数（个） | 3328 | 6459 | 8504 | 5181 | 4142 | 3258 | 2755 | 33627 |
| | 占比（%） | 78.60 | 84.83 | 76.74 | 79.41 | 79.14 | 84.27 | 84.28 | 80.40 |
| 1套 | 样本数（个） | 776 | 1025 | 2137 | 1137 | 911 | 532 | 452 | 6970 |
| | 占比（%） | 18.33 | 13.46 | 19.28 | 17.43 | 17.41 | 13.76 | 13.83 | 16.67 |
| 2套 | 样本数（个） | 111 | 120 | 336 | 176 | 146 | 59 | 48 | 996 |
| | 占比（%） | 2.62 | 1.58 | 3.03 | 2.70 | 2.79 | 1.53 | 1.47 | 2.38 |
| 3套 | 样本数（个） | 12 | 8 | 73 | 19 | 20 | 16 | 9 | 157 |
| | 占比（%） | 0.28 | 0.11 | 0.66 | 0.29 | 0.38 | 0.41 | 0.28 | 0.38 |
| 4套 | 样本数（个） | 5 | 1 | 20 | 8 | 11 | 0 | 4 | 49 |
| | 占比（%） | 0.12 | 0.01 | 0.18 | 0.12 | 0.21 | 0.00 | 0.12 | 0.12 |
| 5套 | 样本数（个） | 2 | 1 | 7 | 3 | 3 | 1 | 0 | 17 |
| | 占比（%） | 0.05 | 0.01 | 0.063 | 0.05 | 0.057 | 0.03 | 0.00 | 0.04 |
| ≥6套 | 样本数（个） | 0 | 0 | 5 | 0 | 1 | 0 | 1 | 7 |
| | 占比（%） | 0.00 | 0.00 | 0.05 | 0.00 | 0.02 | 0.00 | 0.03 | 0.02 |
| 合计 | 样本数（个） | 4234 | 7614 | 11082 | 6524 | 5234 | 3866 | 3269 | 41823 |

资料来源：CFPS。

综合以上统计表（表4-10~表4-12），多套房家庭大多在经济发达的东部地区，可见房地产作为家庭财富，直接受到经济发展状况的影响。

### 三、城镇居民住房价值与家庭收入之间的关系

依据国际经验和房地产税税制要素设计的一般原理，房地产税的计税依据应该是居民家庭所拥有的房地产的价值。而房地产的价值可以是房地产的市场价值，也可以是由专业人员评估的评估价值。在房地产税制比较成熟的西方国家中，房地产税税率的确定方法是：

$$税率 = \frac{地方政府预算}{当地住房价值总和}$$

所以，要想保证从价计征原则在具体实施中的税负公平，是需要家庭收入与住房价值之间呈现出一种相对严格的正比关系的。而对于家庭收入与住房价值之间相关性分析中，虽然住房价值在一定程度上受到家庭收入的影响，但是家庭收入并不是唯一的影响因素，还存在很多其他的因素在影响着住房价值，所以在现实中两者之间并不具备严格的对应关系，表现为高收入家庭≠居住高价值住房。也就是说从"高收入家庭都居住高价值住房"并不能直接按照一般逻辑推出"高价值住房都由高收入家庭居住"，所以如果上述两个条件不能得到同时满足，以价值为计税依据的房地产税就可能会面临税负的公平性问题。因此，在对我国城镇居民的家庭收入和住房价值的对应关系进行考察时，分为以下两个方面：一是考察住房价值随家庭收入的变化关系，二是考察家庭收入随住房价值的变动情况。在数据方面，也进行了两个方面的分析：一是借鉴刘洪玉等 2010 年对国家统计局《2010 全国城镇住户基本情况抽样调查制度》进行分析的结果，二是对 2010~2018 年 CFPS 五次样本自行测算的结果。

**（一）2010《全国城镇住户基本情况抽样调查》的数据分析**

在考虑住房价值随家庭收入的变化关系时，分别以经济区域、城市行政级别、地理区域和典型城市（北京、上海、重庆、沈阳、武汉、广州、西宁是按照地区和经济发展差异选取的，具有一定代表性的典型城市）四种划分方式，分别分析四种类型区域的住房价值随家庭收入的变动情况，结果如图 4 - 2 ~ 图 4 - 5 所示。①

根据图 4 - 2 ~ 图 4 - 5 可以看出，无论是按照经济区域划分还是按照

---

① 由于国家统计局并未公布相关数据，作者无法获得测算所需数据，所以图4 - 2 ~ 图4 - 5 均来自刘洪玉教授等的文章：刘洪玉，郭晓旸，姜沛言. 房产税制度改革中的税负公平性问题 [J]. 清华大学学报（哲学社会科学版），2012（6）：18 - 26，156.

城市行政级别、地理区域划分，住房价值随着家庭收入变化的正比关系是普遍存在的。同时，从图中我们可以发现，住房价值在不同地区和城市中表现出明显的不同。

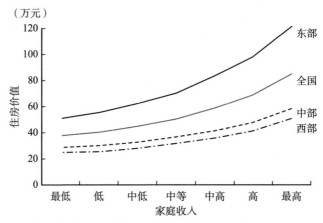

**图4－2 不同经济区域住房价值与家庭收入的对应关系**

说明：在数据抽样时，按照7等分收入组的方法对不同地区、不同城市的住房价值进行统计，图4－3～图4－5同。

资料来源：刘洪玉，郭晓旸，姜沛言.房产税制度改革中的税负公平性问题［J］.清华大学学报（哲学社会科学版），2012（6）：18－26，156。

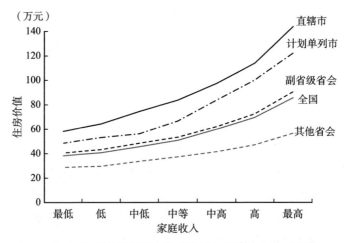

**图4－3 不同行政级别城市住房价值与家庭收入的对应关系**

资料来源：刘洪玉，郭晓旸，姜沛言.房产税制度改革中的税负公平性问题［J］.清华大学学报（哲学社会科学版），2012（6）：18－26，156。

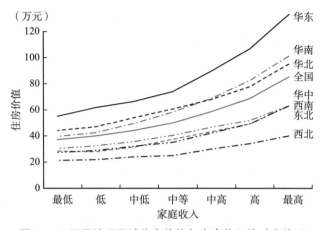

**图 4 - 4　不同地理区域住房价值与家庭收入的对应关系**

资料来源：刘洪玉，郭晓旸，姜沛言. 房产税制度改革中的税负公平性问题 [J]. 清华大学学报（哲学社会科学版），2012（6）：18 - 26，156.

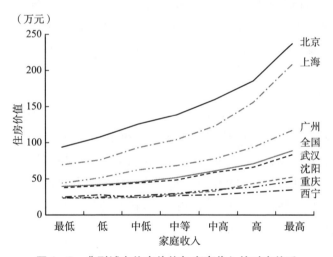

**图 4 - 5　典型城市住房价值与家庭收入的对应关系**

资料来源：刘洪玉，郭晓旸，姜沛言. 房产税制度改革中的税负公平性问题 [J]. 清华大学学报（哲学社会科学版），2012（6）：18 - 26，156。

　　按照经济区域来划分，东部地区住房价值最高。而中部地区和西部地区相对价值较低并且都低于全国平均水平；住房价值最低的是西部地区，平均价值低于 40 万元，如图 4 - 2 所示。

　　从城市的行政级别上来看，直辖市的住房价值最高。其次是计划单列市和副省级省会城市；住房价值最低的是其他省会城市，且低于全国平均水平；而最接近全国平均水平的是副省级省会城市。从城市内部住房价值的差别来看，直辖市的最低收入家庭与最高收入家庭的住房价值差别最大，价值差别接近 100 万元；其次是计划单列市，住房价值差别接近 60 万元；而住房价值最低的其他省会城市，住房价值差别也最小，曲线最为平缓，如图 4－3 所示。

从地理区域上看，住房价值最高的是华东地区。华东地区、华南地区及华北地区的住房价值高于全国平均水平，位居前三位。最低收入家庭和最高收入家庭的住房价值差别均比较大，华中、西南、东北和西北地区低于全国平均水平，曲线较为平缓；最低收入家庭和最高收入家庭的住房价值差别明显低于华东地区、华南地区和华北地区。其中，西北地区住房价值最低，最高收入家庭和最低收入家庭的住房价值差别也最低，价值差别低于 15 万元，如图 4－4 所示。

而从典型城市来看，北京、上海的住房价值最高，远远高于全国平均水平和其他典型城市。广州位居第三，高于全国平均水平；位居第四的是武汉，住房价值接近全国平均水平；东北的沈阳、中部的重庆以及西北部的西宁住房价值水平偏低，均低于全国平均水平，而位于西北的西宁市的住房价值最低。同时，沈阳、重庆和西宁的曲线平缓，最低收入家庭和最高收入家庭的住房价值差别不大，如图 4－5 所示。

**（二）CFPS 数据**

图 4－6 为住房价值与家庭收入对应关系图。我们可以看出四大经济区域均为向右上方倾斜的曲线，表明住房价值与家庭收入存在正相关关系，即家庭收入越高的家庭拥有的房产价值越高；但是四条曲线倾斜角度存在差异，东部地区相比其他三个地区更为陡峭，表明东部地区住房价值与家庭收入相关性较高，而东部地区为我国经济最为发达地区，住房价值差异和变动都很大。

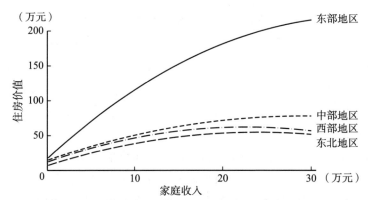

**图 4－6　住房价值与家庭收入对应关系：经济区域分组**

资料来源：CFPS。

图 4-7 为房产价值与家庭收入对应关系二次拟合图。图 4-7 中四大经济区域曲线形状基本一致，均呈现为 U 型，先向下后向上，同样是东部地区 U 型较为明显。分析原因，曲线先向下，表明低收入家庭并没有对应价值低的住房，分析原因应是低收入家庭更多的购房采用的贷款方式，如表 4-13 所示。

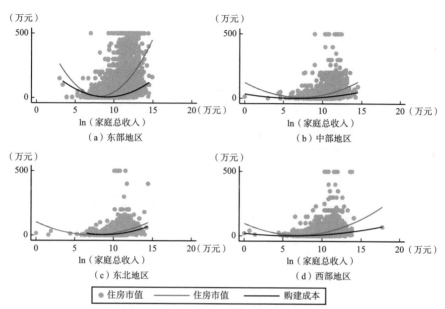

**图 4-7　住房价值与家庭收入对应关系二次拟合图：经济区域分组**

资料来源：CFPS。

表 4-13　　　　　　　　　家庭购房贷款情况：家庭总收入分组

| 是否贷款买建房或装修 | | 低收入家庭组 | 中低收入家庭组 | 中高收入家庭组 | 高收入家庭组 | 总样本数 |
|---|---|---|---|---|---|---|
| 未贷款（个） | | 6161 | 4541 | 4873 | 6803 | 22378 |
| 贷款用于建房、购房 | 样本数（个） | 1748 | 643 | 484 | 399 | 3274 |
| | 占比（%） | 22.10 | 12.40 | 9.03 | 5.54 | 12.76 |
| 合计（个） | | 7909 | 5184 | 5357 | 7202 | 25652 |

低收入家庭进行贷款买房的人数占比 22.10%，远远高于其他收入组家庭。这应是图 4-7 中曲线先向下后向上呈现 U 型的主要原因。

图 4-8 和图 4-9 是按年份和地理区域对住房价值与家庭收入对应关

系进行考察，曲线都呈右上方倾斜状，同样可以得出房产价值与家庭收入的正相关性的结论，家庭总收入越高的家庭，拥有的住房价值越高。在七大地理区域划分中，华东地区曲线在最上方，表明相同收入家庭中，华东地区的家庭拥有的住房价值远远高于其他地区。

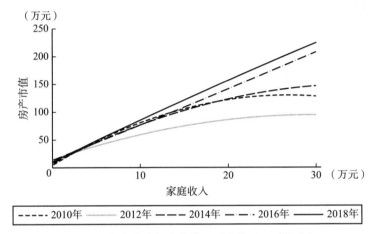

图4－8　住房价值与家庭收入对应关系：时间分组

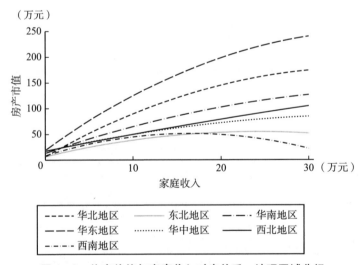

图4－9　住房价值与家庭收入对应关系：地理区域分组

## 四、家庭收入随住房价值的变动情况

### （一）2010年《全国城镇住户基本情况抽样调查》数据

使用相似分析方法，对家庭收入随住房价值的变化情况按照不同地区、不同城市分类进行分析，结果如图 4 - 10 ~ 图 4 - 13 所示。①

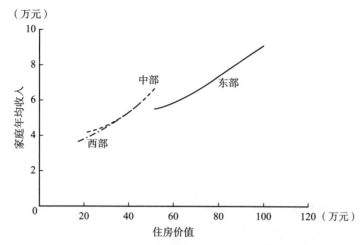

**图 4 - 10　不同经济区域家庭收入与住房价值的对应关系**

资料来源：刘洪玉，郭晓旸，姜沛言. 房产税制度改革中的税负公平性问题 [J]. 清华大学学报（哲学社会科学版），2012（6）：18 - 26，156。

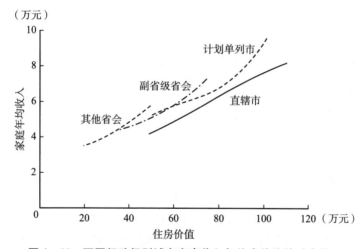

**图 4 - 11　不同行政级别城市家庭收入与住房价值的对应关系**

资料来源：刘洪玉，郭晓旸，姜沛言. 房产税制度改革中的税负公平性问题 [J]. 清华大学学报（哲学社会科学版），2012（6）：18 - 26，156。

---

① 由于国家统计局并未公布相关数据，作者无法获得论文测算所需数据，所以图 4 - 10 ~ 图 4 - 13 均引用自刘洪玉教授的文章：刘洪玉，郭晓旸，姜沛言. 房产税制度改革中的税负公平性问题 [J]. 清华大学学报（哲学社会科学版），2012（6）：18 - 26，156。

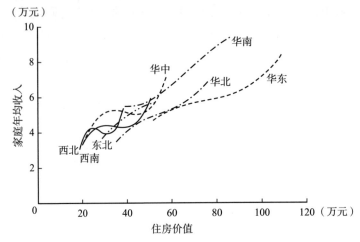

**图 4 - 12　不同地理区域家庭收入与住房价值的对应关系**

资料来源：刘洪玉，郭晓旸，姜沛言．房产税制度改革中的税负公平性问题 [J]．清华大学学报（哲学社会科学版），2012（6）：18 - 26，156。

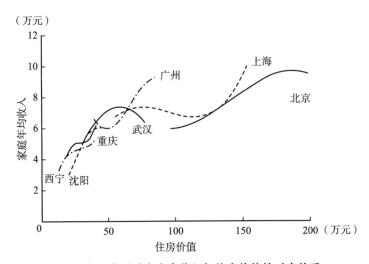

**图 4 - 13　典型城市家庭收入与住房价值的对应关系**

资料来源：刘洪玉，郭晓旸，姜沛言．房产税制度改革中的税负公平性问题 [J]．清华大学学报（哲学社会科学版），2012（6）：18 - 26，156。

　　按照不同经济区域分别考察，我国的东北、中部和西部地区家庭的收入随住房价值变化情况都呈现出较好的正相关性，其中，东部地区的家庭年平均收入和住房价值都高于中部地区和西部地区，中部地区略高于西部地区。如图 4 - 10 所示。

　　从城市行政级别考察，在直辖市、计划单列市以及省会城市中的家庭收入随住房价值的变化仍然呈现较好的正相关性，但是家庭收入水平和住房价值在不同类型城市之间存在较大的差异。其他省会城市的住房价值和家庭年平均收入水平明显低于副省级省会城市、计划单列市和直辖市；计划单列市和直辖市的住房价值又高于副省级省会城市。家庭年平均收入中，计划单列市明显高于副省级省会城市和直辖市，如图 4 - 11 所示。

按地理区域分析时，情况发生了变化，不同地区的家庭收入与住房价值之间表现出不同的对应关系。其中，华北地区、华东地区、华南地区以及东北地区的家庭收入与住房价值之间仍然呈现出较好的正比对应关系；而在华中地区、西北地区及西南地区的家庭收入与住房价值之间所呈现出的正比关系并不具有单一性，而是存在一段的"反比下降"区间。[①] 华中地区的"反比下降"区间出现在家庭年均收入 5 万元左右、住房价值 40 万元左右的家庭，西北地区的"反比下降"区间出现在家庭年收入 4 万元左右、住房价值 30 万元左右的家庭，而西安地区的"反比下降"区间出现在家庭年均收入 4 万元左右、住房价值 40 万元左右的家庭。如图 4 - 12 所示。

最后，在对典型城市进行分析时，上述情况更加明显。在典型城市中，除了沈阳和西宁以外，北京、上海、重庆、武汉、广州中的家庭收入与住房价值之间都出现了"反比下降"的区间。从图 3 - 13 中可以看出北京和武汉的"反比下降"区间出现在高价值住房和家庭年均收入较高的家庭中，上海出现在中等价值住房、家庭年均收入较低的家庭中，重庆出现在中等价值住房、家庭年均收入中等的家庭中，而广州则出现在低价值住房且家庭年均收入也低的家庭中。由此可见，在典型城市的测算中，家庭收入和住房价值的匹配程度更差一些，尤其是在经济较发达的典型城市中这一现象更加突出，但是不匹配的家庭又有很大差别。如图 4 - 13 所示。

**（二）CFPS 数据**

按照时间分组统计时，CFPS 五组数据表现出的结果并不相同。

五年的调查数据显示（见图 4 - 14），家庭收入与住房价值对应关系曲线呈现为向右上方倾斜，表示二者具有相关性，拥有住房价值越高的家庭，家庭收入也较高。从曲线的上下顺序也可看出，随着时间的推移，相

---

① 刘洪玉，郭晓旸，姜沛言. 房产税制度改革中的税负公平性问题 [J]. 清华大学学报（哲学社会科学版），2012（6）：18 - 26，156.

同房产价值的家庭收入逐年增加。

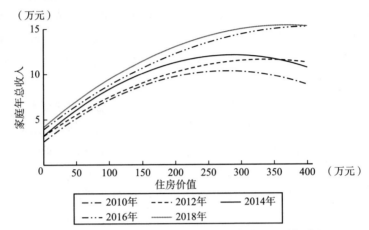

图 4 – 14　家庭收入与住房价值的对应关系：时间分组

资料来源：CFPS。

　　图 4 – 15 和图 4 – 16 为按照经济区域分组和地理区域分组后，家庭收入与房产价值之间的对应关系图，很明显曲线形状与图 4 – 14 不同，大部分曲线呈现为倒 U 型。只有经济区域分组中的东部地区和地理区域分组中的华东地区曲线完全向右上方倾斜，表明二者呈现正相关性，其他地区大多是先向右上方倾斜，然后向下，正相关性不强。

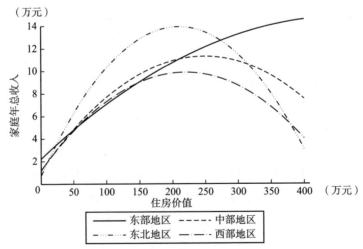

图 4 – 15　家庭收入与住房价值的对应关系：经济区域分组

资料来源：CFPS。

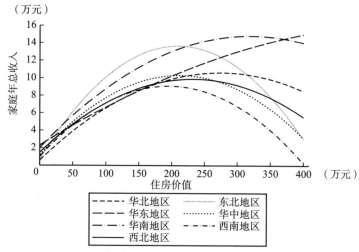

**图 4 – 16　家庭收入与住房价值的对应关系：地理区域分组**

资料来源：CFPS。

### （三）结论

依据上述分析结论有两个：

第一，在考察住房价值与家庭收入的对应关系时，不同地区、不同城市均保持正相关，但住房价值和家庭年均收入存在较大差异。与其他级别城市相比较而言直辖市及计划单列市的住房价值区间相似，但是在家庭收入方面计划单列市的家庭年平均收入水平更高；与其他典型城市相比较，上海、北京及广州的家庭收入区间相近，但北京的住房价值更高。

第二，家庭收入与住房价值之间可能存在不匹配关系的情况出现在同一地区、同一城市内部。① 甚至可以说，在大多城市中，家庭收入与住房价值之间是不匹配的。如华中、西北、西南地区，典型城市中的上海、北京、重庆、武汉、广州。

由于房地产税属于地方税种，其税制制定权在地方政府，因此对于第一个结论所显现出的问题可以通过因地制宜地设定区别税率而得到有效解决。而且从美国等国家的实际数据来看，地区之间的房地产税税负的确存在很大的差异。例如美国东部大多数城市的房地产税税负就远远高于加利福尼亚州的房地产税税负（主要由于加利福尼亚州受到"13 号提案"的约束），可以看出居民对于地区之间房地产税税负公平性问题上的敏感性

---

① 刘洪玉，郭晓旸，姜沛言. 房产税制度改革中的税负公平性问题 [J]. 清华大学学报（哲学社会科学版），2012（6）：18 – 26，156.

是比较弱的。相比较而言，第二个结论所发现的问题需要引起更多重视，对于居住在同一个地区或城市内部的居民，对房地产税税负的差异可能会更加敏感。当然，这是一个短期性的问题，是在征收居民房地产税的过程中所必须面临的问题。一般来说，经过一段时间的调整，城镇居民的家庭收入与住房价值之间会逐渐形成较好的匹配关系，那现在所面临的这一短期问题将逐渐减弱。所以，当前我们应该更多地关注于我国城镇居民的家庭收入与住房价值之间存在上述不匹配关系的原因，还有在征收居民房地产税的制度设计中应该如何确定税制设计的原则，以保证改革的平稳进行。

### 五、居民住房产权形式对房地产税税负的影响

造成我国城镇居民家庭年均收入与住房价值之间的不匹配状况的原因有许多，但就房地产税这个具体问题来说，比较合理的是从城市发展和住房制度演变的角度来研究和分析，而房地产产权这一特征正是城市发展和住房制度演变的核心内容之一。

第一，我国城镇住房产权形式的演变。目前我国城镇住房的产权构成情况比较复杂，国家统计局将我国城镇住房的产权形式分为七类，分别是"租赁公房、租赁私房、原有私房、商品房、经济适用房、房改私房和其他类住房"。[①] 这些住房产权形式的存在与我国住房制度的发展演变有着密不可分的关系，是新中国成立后的福利住房制度以及20世纪80年代开始的城镇住房体制改革共同作用的结果。在七类产权形式中，历史最为悠久的是原有私房（指自建、祖传或在住房改革前购买的住房）和租赁私房（指向私人或亲友租赁或借用的住房，不论是否交纳房租），它们的产生时间可追溯到新中国成立之前。其他的产权形式中租赁公房产生于1949年后福利住房制度时期，"指租赁房管部门或机关、企事业单位所有并管理的住房"。住房制度改革探索期（20世纪90年代前后）出现了房改私房这种产权形式，是指"在房改中以成本价或标准价购买的带产权的住房"。而商品房（指按市价购买的住房，不包括经济适用房）和经济适用房（指国家为解决中低收入家庭住房问题而修建的具有社会保障性质的住房）产生于住房制度改革的深化发展阶段，并在1998年后逐渐成为城镇住房多层次供应体系的主体。

---

① 关于住房产权形式的分类，参见国家统计局制定的《2010年全国城镇住户基本情况抽样调查制度》。

第二，产权形式、住房价值及家庭收入之间的关系。不同产权形式的住房，在价值上可能存在较大差异，而居民的家庭收入也会有所不同。

从理论上来看，住房价值较高的原因主要有两个：第一是本身的住房居住条件较好，具体包括建筑的质量、结构、朝向、面积的大小、容积率等；第二就是住房所处的区位较好，其中的影响因素包括周边市政的配套、商业的配套、交通设施、接受教育的机会、环境等。

由于商品房是市场化产品，通常都是按照土地"最高最佳"的使用原则而进行的市场化投资和分配，所以房屋的价格能够很好地体现居住条件和区位条件所对应的价值。在实际情况中，原有私房虽然在居住条件方面会有一定的折损，但因为城市发展等原因往往原有私房所处区位环境都较好，很多位于城市的中心区域或者繁华区域，所以住房价值通常较高。而房改私房由于是由原来的政府、企事业单位的公房以成本价出售，而且这些公房所处的区位条件很多也处于优越的位置，再加上有些房改私房源自单位集体购买的商品住房，因此其价值较高是可以解释的。对于经济适用房的建设用地规划一般不会选择区位价值较高的位置，大多数只需满足必要的生活配套条件，在刚开始建设完成时价值一般不会很高。可随着城市在空间上的扩展，原来条件比较一般的区位环境也会逐步得到改善，逐渐成为城市发展新区域，所以经济适用房的价值也会因此而提高。

一般来说商品房住户的家庭收入一般较高，这与住房体制改革的商品化导向是一致的，与城镇住房多层次供应体系的设计方向是一致的。经济适用房的供应范围主要是针对中低收入群体的保障性住房，因此这一部分群体的收入水平应该接近城市平均收入水平。然而近年很多报道显示，由于许多城市经济适用房的审批制度尚不完善，导致了有一部分中高收入家庭出现在住户中，结果是出现了部分城市经济适用房住户的家庭收入过高的现象。再看房改房住户，这一部分住户一般就职于国有企业、政府和行政事业单位，其收入水平基本上与当地平均水平持平。随着城市的发展再加上住房商品化程度的提高，其中一部分具备条件的房改房住户会逐步通过购买商品房来改善居住条件，这样仍然居住在原有私房中的大部分家庭是属于收入较低的家庭。

上面分别对住房产权形式与家庭收入之间的关系，以及住房价值与家庭收入之间的关系进行了理论分析，然而分开考察住房产权形式、住房价值以及家庭收入之间的关系还不足以解决问题，所以在此我们需要使用工具的帮助，这个工具就是房价收入比。

第三，住房产权的房价收入比计算。广义上的房价收入比指住房价格与城市居民家庭年收入的比值，用以反映城市居民家庭购买住宅的支付能力，有时候也被人们用来表示住房价格的泡沫化程度。国际惯例中房价收入比的合理区间在3~6之间。这一指标同时包含了住房价值和城市居民家庭年收入两方面因素，所以在分析住房产权对两者关系的影响时比较适合。同时，如果以房价收入比为基础，乘以一定的税率，就可得到房地产税支出在住户家庭收入中所占的比重，也就反映了实际中家庭的相对税负。此外在比较不同地区、不同城市的税负方面也可以通过计算房价收入比来实现。

在学术界计算房价收入比方法有很多种，本书采用的计算方法是：

（1）在计算某一地区或某一城市中某种住房产权类型的房价收入比时，以抽样数据中的平均住房价值除以平均城市居民家庭年收入得到，即：

$$房价收入比 = \frac{平均住房价值}{每户家庭年总收入}$$

（2）在计算某一地区或某一城市的综合房价收入比时，以套数比例为权重对各种住房产权类型所对应的房价收入比进行加权平均计算得到。

**（一）2010 年全国城镇住户基本情况抽样调查数据**

统计数据显示，在七类产权形式中商品房的比重最大，在 2010 年已接近 30%，原有私房和房改私房所占比例分别约为 25% 和 28%，这三种产权形式合计在全部存量住房中约占到83%的比重，比国家统计局 2007 年的调查结果有了进一步增长。此外，总的来看，我国城镇家庭自有自住住房（根据国家统计局《2010 年全国城镇住户基本情况抽样调查制度》的相关说明，在七类住房产权的统计口径下，除租赁公房和租赁私房外，其余均为自有自住住房）的比例接近90%，而只有10%属于租住住房，与 2007 年相比大约下降了 5%，以上数据表明我国城镇家庭住房自有化率已达到很高水平。全国及各地区的城镇家庭住房产权分布情况如表4–14 所示。

表4–14　　　　2010 年全国及各地区城镇家庭住房产权分布情况　　　单位：%

| 地区 | 自有自住 | 商品房 | 原有私房 | 经济适用房 | 房改私房 | 其他 | 租住 | 租赁私房 | 租赁公房 |
|---|---|---|---|---|---|---|---|---|---|
| 华东 | 92.32 | 34.41 | 28.03 | 3.03 | 24.05 | 2.80 | 7.67 | 5.04 | 2.63 |
| 华中 | 90.80 | 26.14 | 25.94 | 3.69 | 30.86 | 4.17 | 9.20 | 4.71 | 4.49 |

| 地区 | 自有自住 | 商品房 | 原有私房 | 经济适用房 | 房改私房 | 其他 | 租住 | 租赁私房 | 租赁公房 |
|------|------|------|------|------|------|------|------|------|------|
| 华南 | 85.98 | 29.68 | 23.43 | 2.88 | 26.15 | 3.84 | 14.03 | 7.07 | 6.96 |
| 西北 | 90.01 | 28.76 | 19.88 | 4.29 | 32.87 | 4.21 | 10.00 | 6.59 | 3.41 |
| 西南 | 88.16 | 26.54 | 32.23 | 1.35 | 23.31 | 4.73 | 11.84 | 6.76 | 5.08 |
| 东北 | 88.97 | 34.88 | 17.13 | 3.73 | 31.64 | 1.59 | 11.02 | 6.85 | 4.17 |
| 华北 | 88.99 | 25.50 | 25.27 | 4.77 | 28.89 | 4.56 | 11.02 | 7.10 | 3.92 |
| 全国 | 89.74 | 29.74 | 25.10 | 3.36 | 27.91 | 3.63 | 10.26 | 6.10 | 4.16 |

说明：按套数计算；按地理区域统计；按住房自由化率排序。
资料来源：国家统计局，2010年全国城镇住户基本情况抽样调查。

　　近几年城镇不同收入阶层的住房情况都有了很多的进步。与2009年相比，不同收入阶层居民家庭的住房自有化率在2010年有所提高，其中，提高幅度最大的是低收入组家庭，比2009年提高了1.7%。而对不同收入阶层居民家庭的产权结构进行考察，最低收入组的租赁私房比例是6.4%，最高收入组的比例是2.1%，可见租赁私房比例随着收入水平的提高而有所降低；而商品房却正好相反，比例随着收入水平的提高而增加，从最低收入组的25.5%提高到最高收入组的52.4%；其他的产权形式中房改私房的比例在不同收入阶层中的分布大致相当，基本都在40%左右（见图4－17）。另外，城镇不同收入群体的住房状况在2010年也得到了总体的改善，与2009年相比各收入组的户均住房面积和人均住房面积都有小幅增长。根据REICO数据库数据显示（见表4－15），最低收入组和最高收入组家庭的平均住房建筑面积分别为69.1平方米和107.9平方米，最高收入组家庭户均住房面积是最低收入组家庭的1.56倍，相差近40平方米，可见住房面积是随着收入水平的提高而增长的。从住房价值来看，最低收入组家庭现有住房的平均市场价值是14.3万元，最高收入组家庭的是70.2万元，最高收入组家庭的住房价值是最低收入组家庭的4.9倍，可见住房价值随着收入水平的提高而增加的幅度更为明显。

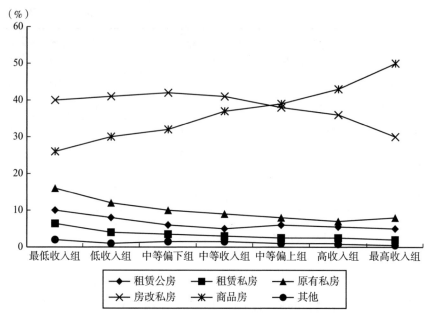

**图 4 – 17　2010 年不同收入组城镇居民家庭的住房产权结构**

资料来源：国家统计局，REICO 数据库。

表 4 – 15　　　　　　　　　2010 年不同收入组住房状况

| 收入状况 | 人均住房建筑面积（平方米） | 户均住房建筑面积（平方米） | 现有住房市场价值（万元） |
|---|---|---|---|
| 最低收入组 | 32. 0 | 69. 1 | 14. 3 |
| 低收入组 | 31. 8 | 77. 0 | 17. 5 |
| 中等偏下组 | 32. 1 | 81. 6 | 21. 4 |
| 中等收入组 | 32. 6 | 86. 8 | 26. 7 |
| 中等偏上组 | 33. 4 | 92. 3 | 36. 0 |
| 高收入组 | 34. 0 | 97. 6 | 49. 1 |
| 最高收入组 | 35. 7 | 107. 9 | 70. 2 |

资料来源：国家统计局，REICO 数据库。

　　在理想的情况下，若各类住房的房价收入比都比较相近，同时使用单一的比例税率，那么在这种情况下保证税负的公平性是可以实现的。但是在对不同地区、不同城市进行比较分析时可以发现，房价收入比在对应不同的住房产权形式时存在着显著的差异。这样就可以解释上述的住房价值与家庭年收入之间的"不匹配"关系，这种"不匹配"关系之所以出现是由于不同产权形式住房的"市场化"程度不同。①

从房价收入比在住房产权上的分布来看，房价收入比相对较低的是"半市场化"的房改房和经济适用房，而相对较高的是"完全市场化"的商品房和原有私房。从这一结果来看，在单一税率下，与其他住房产权比较，相对房地产税税负更重的是原有私房住户和商品房住户。因为房地产税税负同时受到住房价值和收入水平两方面因素的影响，但对于原有私房来说，从全国平均来看，住户的家庭收入水平大约为当地平均收入水平的85%，因此，我们可以认为原有私房住户相对税负较重的原因主要是其家庭收入水平偏低；而对于商品房来说，从全国平均来看，商品房价值约为当地住房价值平均水平的 1.47 倍，因此，商品房住户相对税负较重的原因主要是其住房价值较高。另外的房改房和经济适用房属于具有特殊政策约束的住房，这使它们的价值受到一定的控制，所以与商品房比较而言房价收入比较低。

另外还有租赁房，我们认为征收居民房地产税对住房租赁市场不会产生过大的影响。因为，房地产税是由住房产权所有者缴纳的，只有在租赁市场中出现供不应求的情况下才可能部分地转移到租金之中，所以租赁住房的税负水平相对较低。此外无论是从它的保障属性还是从产权性质来看，公共租赁房都不在房地产税的征收范围之内，这样相对税负较低的还有租赁私房市场。

**（二）CFPS 数据**

住房产权形式中，"家庭成员拥有完全产权"的 56384 户，"家庭成员拥有部分产权"的 1749 户，"公房（单位提供的房子）" 1616 户，"廉租房" 793 户，"公租房" 896 户，"市场上租的商品房" 3072 户，"亲戚、朋友的房子" 2729 户，缺失值 17026 户，共 84265 户。

删除乡村变量后（乡村变量 42430 户）住房产权形式的样本数据共41835 户（其中，缺失值 1356 户，剩 40479 户）。

"完全自有产权"的有 31373 户，占全部家庭的 77.50%。加上"父母/子女提供" 2731 户（6.75%），"家庭成员拥有完全产权"的家庭比例占 84.25%。

从 2010~2018 年住房产权形式的数据可以看出，"完全自有产权"的住房形式占比在 80% 左右，可以认定为我国主要的住房产权形式（见

---

① 刘洪玉，郭晓旸，姜沛言. 房产税制度改革中的税负公平性问题 [J]. 清华大学学报（哲学社会科学版），2012（6）：18-26，156.

表4－16）。

表4－16　　　　　　　　不同年份住房产权形式统计

| 住房产权形式 | | 调查年份 | | | | | 总样本数 |
|---|---|---|---|---|---|---|---|
| | | 2010 年 | 2012 年 | 2014 年 | 2016 年 | 2018 年 | |
| 完全 自有产权 | 数量（户） | 5600 | 4886 | 10386 | 5198 | 5303 | 31373 |
| | 占比（%） | 79.75 | 82.63 | 77.59 | 74.25 | 74.10 | — |
| 和单位 共有产权 | 数量（户） | 162 | 232 | 390 | 180 | 209 | 1173 |
| | 占比（%） | 2.31 | 3.92 | 2.91 | 2.57 | 2.92 | — |
| 租住 | 数量（户） | 801 | 113 | 506 | 302 | 302 | 2024 |
| | 占比（%） | 11.41 | 1.91 | 3.78 | 4.31 | 4.22 | — |
| 政府 免费提供 | 数量（户） | 39 | 52 | 334 | 113 | 91 | 629 |
| | 占比（%） | 0.56 | 0.88 | 2.5 | 1.61 | 1.27 | — |
| 单位 免费提供 | 数量（户） | 43 | 151 | 324 | 150 | 135 | 803 |
| | 占比（%） | 0.61 | 2.55 | 2.42 | 2.14 | 1.89 | — |
| 父母或 子女提供 | 数量（户） | 308 | 239 | 800 | 638 | 746 | 2731 |
| | 占比（%） | 4.39 | 4.04 | 5.98 | 9.11 | 10.42 | — |
| 其他 亲友借住 | 数量（户） | 69 | 240 | 646 | 420 | 371 | 1746 |
| | 占比（%） | 0.98 | 4.06 | 4.83 | 6.00 | 5.18 | — |
| 总样本数量（户） | | 7022 | 5913 | 13386 | 7001 | 7157 | 40479 |

　　在统计房价收入比时，按照测算结果进行了分组，具体分为五组，第一组房价收入比值在0~3之间，第二组房价收入比值在3~6之间，第三组房价收入比值在6~10之间，第四组房价收入比值在10~20之间，第五组房价收入比值大于20。

　　如表4－17所示分省份房价收入比数据差异很大，应该是由于影响房价收入比的两个因素家庭收入和房产价值，各省份之间存在较大差异的原因。北京和上海的房价收入比非常高，超过20的家庭占比分别为58.25%和43.62%，众所周知，这两个城市的房价是全国最高的，因此这个数据比较符合实际情况。

表 4 - 17　　　　　　　　不同省份房价收入比统计　　　　　　　单位：户

| 省份 | 房价收入比值 | | | | | 总样本数 |
|---|---|---|---|---|---|---|
| | 0~3 | 3~6 | 6~10 | 10~20 | >20 | |
| 北京 | 5 | 11 | 9 | 61 | 120 | 206 |
| 天津 | 33 | 77 | 71 | 49 | 20 | 250 |
| 河北 | 257 | 250 | 270 | 207 | 133 | 1117 |
| 山西 | 178 | 197 | 138 | 110 | 97 | 720 |
| 内蒙古 | 2 | 8 | 1 | 0 | 0 | 11 |
| 辽宁 | 845 | 1016 | 598 | 343 | 171 | 2973 |
| 吉林 | 217 | 185 | 78 | 39 | 38 | 557 |
| 黑龙江 | 793 | 390 | 176 | 66 | 40 | 1465 |
| 上海 | 114 | 198 | 395 | 866 | 1217 | 2790 |
| 江苏 | 219 | 165 | 124 | 117 | 91 | 716 |
| 浙江 | 123 | 131 | 101 | 59 | 39 | 453 |
| 安徽 | 278 | 174 | 119 | 81 | 61 | 713 |
| 福建 | 39 | 48 | 40 | 32 | 25 | 184 |
| 江西 | 52 | 76 | 64 | 54 | 23 | 269 |
| 山东 | 329 | 294 | 213 | 147 | 142 | 1125 |
| 河南 | 641 | 721 | 471 | 392 | 290 | 2515 |
| 湖北 | 73 | 178 | 206 | 127 | 57 | 641 |
| 湖南 | 347 | 349 | 196 | 115 | 83 | 1090 |
| 广东 | 525 | 577 | 397 | 311 | 282 | 2092 |
| 广西 | 117 | 107 | 62 | 39 | 40 | 365 |
| 海南 | 0 | 5 | 0 | 0 | 0 | 5 |
| 重庆 | 84 | 111 | 75 | 56 | 25 | 351 |
| 四川 | 468 | 306 | 143 | 127 | 136 | 1180 |
| 贵州 | 174 | 115 | 73 | 66 | 71 | 499 |
| 云南 | 161 | 96 | 103 | 70 | 45 | 475 |
| 陕西 | 105 | 134 | 88 | 41 | 57 | 425 |
| 甘肃 | 406 | 434 | 278 | 189 | 126 | 1433 |
| 青海 | 1 | 1 | 0 | 1 | 0 | 3 |
| 宁夏 | 1 | 0 | 0 | 0 | 0 | 1 |
| 新疆 | 6 | 9 | 2 | 0 | 0 | 17 |
| 总样本数 | 6593 | 6363 | 4491 | 3765 | 3429 | 24641 |

根据各年份统计数据显示（见表4-18），房价收入比与时间相关性不强。

表4-18 不同年份房价收入比统计

| 调查年份 | | 房价收入比值 | | | | | 总样本数 |
| --- | --- | --- | --- | --- | --- | --- | --- |
| | | 0~3 | 3~6 | 6~10 | 10~20 | >20 | |
| 2010 | 数量（户） | 1062 | 1006 | 742 | 638 | 531 | 3979 |
| | 占比（%） | 26.69 | 25.28 | 18.65 | 16.03 | 13.35 | — |
| 2012 | 数量（户） | 1011 | 909 | 678 | 642 | 674 | 3914 |
| | 占比（%） | 25.83 | 23.22 | 17.32 | 16.40 | 17.22 | — |
| 2014 | 数量（户） | 2186 | 2188 | 1522 | 1220 | 1014 | 8130 |
| | 占比（%） | 26.89 | 26.91 | 18.72 | 15.01 | 12.47 | — |
| 2016 | 数量（户） | 1173 | 1153 | 768 | 607 | 623 | 4324 |
| | 占比（%） | 27.13 | 26.67 | 17.76 | 14.04 | 14.41 | — |
| 2018 | 数量（户） | 1164 | 1109 | 781 | 658 | 588 | 4300 |
| | 占比（%） | 27.07 | 25.79 | 18.16 | 15.30 | 13.67 | — |
| 合计 | 数量（户） | 6596 | 6365 | 4491 | 3765 | 3430 | 24647 |
| | 占比（%） | 26.76 | 25.82 | 18.22 | 15.28 | 13.92 | — |

按经济区域分组的数据显示（见表4-19），全国房价收入比小于3的家庭占比为26.76%，房价收入比大于20的家庭占比13.92%。其中，经济较发达的东部地区房价收入比最高，大于20的家庭占到23.15%；其次是中部地区；而东北地区和西部地区房价收入比较低，30%以上的家庭房价收入比小于3。

表4-19 不同经济区域房价收入比统计

| 全国分为四大经济区域 | | 房价收入比值 | | | | | 总样本数 |
| --- | --- | --- | --- | --- | --- | --- | --- |
| | | 0~3 | 3~6 | 6~10 | 10~20 | >20 | |
| 东部地区 | 数量（户） | 1644 | 1756 | 1620 | 1849 | 2069 | 8938 |
| | 占比（%） | 18.39 | 19.65 | 18.12 | 20.69 | 23.15 | — |
| 中部地区 | 数量（户） | 1569 | 1695 | 1194 | 879 | 611 | 5948 |
| | 占比（%） | 26.38 | 28.50 | 20.07 | 14.78 | 10.27 | — |
| 东北地区 | 数量（户） | 1857 | 1599 | 853 | 448 | 249 | 5006 |
| | 占比（%） | 37.10 | 31.94 | 17.04 | 8.95 | 4.97 | — |

| 全国分为四大经济区域 | | 房价收入比值 | | | | | 总样本数 |
|---|---|---|---|---|---|---|---|
| | | 0～3 | 3～6 | 6～10 | 10～20 | ＞20 | |
| 西部地区 | 数量（户） | 523 | 1313 | 824 | 589 | 500 | 4749 |
| | 占比（%） | 32.07 | 27.65 | 17.35 | 12.40 | 10.53 | — |
| 合计 | 数量（户） | 6593 | 6363 | 4491 | 3765 | 3429 | 24641 |
| | 占比（%） | 26.76 | 25.82 | 18.23 | 15.28 | 13.92 | — |

表4-20显示，房价收入比小于3的家庭较多的是东北和西南地区；房价收入比大于20家庭数最多的地区为华东地区，其次是华北地区。上海属于华东地区，北京属于华北地区，北京、上海两个房价收入比最高的城市使得华东和华北地区20%左右的家庭房价收入比超过20。

表4-20　　　　　　　　不同地理区域房价收入比统计

| 全国分为七大地理区域 | | 房价收入比值 | | | | | 总样本数 |
|---|---|---|---|---|---|---|---|
| | | 0～3 | 3～6 | 6～10 | 10～20 | ＞20 | |
| 华北地区 | 数量（户） | 475 | 543 | 489 | 427 | 370 | 2304 |
| | 占比（%） | 20.62 | 23.57 | 21.22 | 18.53 | 16.06 | — |
| 东北地区 | 数量（户） | 1855 | 1591 | 852 | 448 | 249 | 4995 |
| | 占比（%） | 37.14 | 31.85 | 17.06 | 8.97 | 4.98 | — |
| 华东地区 | 数量（户） | 1154 | 1086 | 1056 | 1356 | 1598 | 6250 |
| | 占比（%） | 18.46 | 17.38 | 16.90 | 21.70 | 25.57 | — |
| 华中地区 | 数量（户） | 1061 | 1248 | 873 | 634 | 430 | 4246 |
| | 占比（%） | 24.99 | 29.39 | 20.56 | 14.93 | 10.13 | — |
| 华南地区 | 数量（户） | 642 | 689 | 459 | 350 | 322 | 2462 |
| | 占比（%） | 26.08 | 27.99 | 18.64 | 14.22 | 13.08 | — |
| 西南地区 | 数量（户） | 887 | 628 | 394 | 319 | 277 | 2505 |
| | 占比（%） | 35.41 | 25.07 | 15.73 | 12.73 | 11.06 | — |
| 西北地区 | 数量（户） | 519 | 578 | 368 | 231 | 183 | 1879 |
| | 占比（%） | 27.62 | 30.76 | 19.58 | 12.29 | 9.74 | — |
| 合计（户） | | 6593 | 6363 | 4491 | 3765 | 3429 | 24641 |

表4-21是分省份对于房价收入比的统计指标展示，包括平均值、中位数、标准差和极差，结果与前面的统计数据有所不同。

表4-21 不同省份房价收入比统计

| 省份 | 均值 | 中位数 | 标准差 | 极差 |
|---|---|---|---|---|
| 北京 | 64.80 | 26.32 | 313.08 | 3749.72 |
| 天津 | 20.53 | 7.49 | 109.92 | 1398.75 |
| 河北 | 87.61 | 7.26 | 2350.51 | 74999.99 |
| 山西 | 23.97 | 6.07 | 205.37 | 4999.88 |
| 内蒙古 | 3.92 | 3.68 | 1.59 | 5.07 |
| 辽宁 | 17.34 | 5.00 | 408.42 | 21052.37 |
| 吉林 | 33.51 | 4.17 | 261.89 | 3333.22 |
| 黑龙江 | 164.60 | 2.80 | 4293.84 | 150000.00 |
| 上海 | 29.84 | 18.33 | 54.32 | 999.99 |
| 江苏 | 136.59 | 6.00 | 1907.32 | 39999.92 |
| 浙江 | 261.44 | 5.38 | 4607.54 | 90908.82 |
| 安徽 | 12.76 | 4.91 | 54.70 | 666.57 |
| 福建 | 23.36 | 7.45 | 95.87 | 999.92 |
| 江西 | 12.64 | 7.5 | 41.64 | 631.45 |
| 山东 | 15.08 | 6.00 | 41.11 | 833.24 |
| 河南 | 127.67 | 6.00 | 3620.78 | 120000.00 |
| 湖北 | 10.76 | 7.53 | 16.13 | 299.80 |
| 湖南 | 8.38 | 5.00 | 12.12 | 199.95 |
| 广东 | 16.83 | 6.00 | 77.37 | 2403.76 |
| 广西 | 9.89 | 4.88 | 19.84 | 199.91 |
| 海南 | 3.92 | 3.75 | 0.63 | 1.67 |
| 重庆 | 8.80 | 5.65 | 13.94 | 199.90 |
| 四川 | 44.97 | 4.30 | 763.01 | 24999.97 |
| 贵州 | 1382.16 | 5.33 | 16475.59 | 200000.00 |
| 云南 | 12.61 | 5.38 | 52.77 | 999.94 |
| 陕西 | 21.38 | 5.93 | 78.69 | 999.64 |
| 甘肃 | 12.62 | 5.33 | 44.02 | 949.99 |
| 青海 | 3.75 | 3.75 | 0.00 | 0.00 |
| 宁夏 | 2.65 | 2.65 | 0.00 | 0.00 |
| 新疆 | 4.41 | 4.08 | 2.367 | 9.43 |
| 合计 | 79.36 | 6.00 | 2984.54 | 200000.00 |

全国房价收入比的平均值为 79.36，其中均值最高的为贵州 1382.16，其次是浙江 261.44，之后是黑龙江、江苏、河南、河北，北京位居第七为 64.80；上海在四川、吉林之后位居第十，均值为 29.84。忽略样本数低于 100 的省份（新疆、内蒙古、海南、青海和宁夏）后，均值最低的是重庆和湖南，分别为 8.80 和 8.38。

中位数较高的为北京和上海，分别为 26.32、18.33，远远高于其他省份，排名第三的湖北省这一数值为 7.53。排名最低的省份是黑龙江，中位数为 2.80。标准差最大的省份是贵州 16475.59，其次是浙江 4607.54，最低的是海南 0.63。极差最大依然是贵州 200000.00，其次是黑龙江和河南、浙江、河北，最低的是海南。通过标准差和极差的数据可以解释贵州的均值为什么排在第一位，分析应是该省房价收入比家庭之间的差异较大造成的，通过标准差和极差的数值也可以显示出房产价值与家庭收入的不匹配，亦表示该省有较明显的贫富差距问题。

如表 4-22 所示，七大地理区域分组中，均值最大的是西南地区，高达 289.18；中位数最大值在华东地区为 10.00。区域内房价收入比差异最大、离散程度最高的依然是西南地区，此结果有些出人意料。

表 4-22　　　　　　　　不同地理区域房价收入比

| 七大地理区域 | 均值 | 中位数 | 标准差 | 极差 |
|---|---|---|---|---|
| 华北地区 | 57.92 | 7.34 | 1660.60 | 74999.99 |
| 东北地区 | 62.57 | 4.17 | 2352.40 | 150000.00 |
| 华东地区 | 54.82 | 10.00 | 1440.07 | 90909.09 |
| 华中地区 | 80.97 | 6.00 | 2817.85 | 120000.00 |
| 华南地区 | 15.68 | 5.71 | 71.23 | 2403.76 |
| 西南地区 | 289.18 | 5.00 | 7233.68 | 200000.00 |
| 西北地区 | 14.42 | 5.36 | 53.37 | 999.99 |
| 全部 | 79.36 | 6.00 | 2984.54 | 200000.00 |

如表 4-23 所示，按经济区域分组后，依然是西部地区均值、标准差和极差最高，可见西部地区房价收入比家庭之间差异较大，中位数最高的为东部地区 8.82。

表4-23                           房价收入比（经济区域分组）

| 四大经济区域 | 均值 | 中位数 | 标准差 | 极差 |
|---|---|---|---|---|
| 东部地区 | 54.69 | 8.82 | 1489.84 | 90909.09 |
| 中部地区 | 61.95 | 6.00 | 2356.65 | 120000.00 |
| 东北地区 | 62.42 | 4.17 | 2349.30 | 150000.00 |
| 西部地区 | 158.97 | 5.00 | 5254.46 | 200000.00 |
| 全部 | 79.36 | 6.00 | 2984.54 | 200000.00 |

　　笔者对去除多套房的样本数据进行了相同的检测，结果与上述基本相似。

### 六、对居民征收房地产税公平性的建议

#### （一）城市间的公平性

　　如果在税制设计上选择由国家设计，全国统一按照同一税率来征收居民房地产税（假定综合税率为0.5%），经过计算可以得出我国35个大中城市的房地产税相对税负的比较情况（如图4-18所示）。从图4-18中可以看到，在同一税率水平下，北京的相对税负水平高达9.69%，远远高于其他34个城市，而西安的相对税负最低，大约为2.61%，与列于首位的北京相比，相差约为7%；从区域上来看，东部经济发达城市（如杭州、上海、南京等）的相对税负高于中西部城市（如重庆、银川、西安、西宁等），相差幅度平均大约为2%。

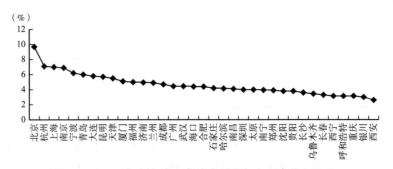

图4-18　35个大中城市房地产税税负占家庭收入比重

　　资料来源：刘洪玉，郭晓旸，姜沛言.房产税制度改革中的税负公平性问题［J］.清华大学学报（哲学社会科学版），2012（6）：18-26，156。

事实上，以我国的具体情况来分析，城市之间的税负公平性问题并不是最需要解决的问题，原因有二。第一，依据国际经验，在确定居民房地产税税率时首先要考虑的因素是城市自身的年度财政预算，而不是地区之间的公平性。当然，这要以三个基础性制度为前提：完善的地方政府预算制度、清晰的房地产税收入使用规定，以及准确的房地产税税额的计算法则。在此基础性制度以及房地产税的地方性税种属性下，不同城市的房地产税税率必然会有所不同，由此引起的相对税负也会存在差异。第二，对于不同城市之间经济状况、就业情况、教育、医疗等生活设施的异样性的影响，即使在劳动力充分流动的假设下，不同城市的房地产税税负也不会保持一致。所以，可以看出人们对于城市间房地产税税负差异是不敏感的。所以，在讨论开征居民房地产税的公平性问题时，合理的城市间房地产税税负差异并不是主要问题。

**（二）城市内的公平性问题**

相对于城市间的公平性，开征居民房地产税短期公平性问题主要体现在城市内部。通过计算，图 4 – 19 显示了 35 个大中城市不同住房产权形式所对应的房价收入比的最大值和最小值之间的差值，在此将其称为城市的"房价收入比区间"。事实上，税收负担的最高与最低之间差值，恰好等于当地房地产税税率与"房价收入比区间"的乘积值。这样在单一税率条件下如果"房价收入比区间"值越大就意味着当地房地产税的税负公平性越低。[①] 如图 4 – 19 中所示，我国部分城市中，如兰州、昆明、南京、北京以及宁波的"房价收入比区间"数值非常大，已经超过 10，与其他城市形成较大差别。而其他更多的城市，如太原、天津、大连、深圳等城市的数值在 2 ~ 5 之间，"房价收入比区间"数值相近而且比较低，其中，重庆、沈阳的数值最低，在 2 左右。在分析了"房价收入比区间"之后，以城市为单位征收房地产税具有较好的实际条件，然而，税负公平性还要求在同一座城市的不同家庭之间能够合理地分布房地产税税负。针对"房价收入比区间"比较大的城市，就需要通过相应的方法来调整不同家庭之间的房地产税税收负担，例如，通过设置级差税率以达到比例税或累进税的效果，来提高短期内居民房地产税税负的公平性。

---

① 刘洪玉，郭晓旸，姜沛言. 房产税制度改革中的税负公平性问题［J］. 清华大学学报（哲学社会科学版），2012（6）：18 – 26，156.

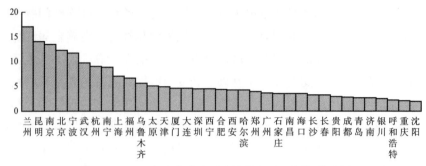

**图 4 - 19　35 个大中城市"房价收入比区间"的比较**

　　资料来源：刘洪玉，郭晓旸，姜沛言. 房产税制度改革中的税负公平性问题 ［J］. 清华大学学报（哲学社会科学版），2012（6）：18 - 26，156。

　　CFPS 数据依然可以看出（如图 4 - 20 所示），北京和上海的房价收入比明显高于其他省份，北京最高，最高房价收入比接近 100，而且北京、上海房价收入比数值区间也是最大的。

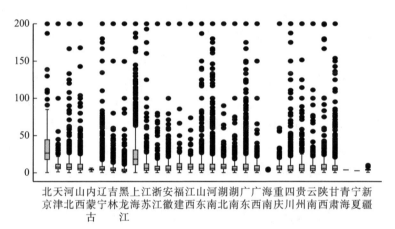

**图 4 - 20　各省份房价收入比箱状图**

　　从表 4 - 24 中可见，房价收入比与家庭收入分组存在正相关关系，低收入和中低收入家庭房价收入比的均值和中位数均低于中高收入和高收入家庭。

表 4 - 24　　　　　　　　　　　房价收入比（按家庭收入分组）

| 家庭收入分组 | 均值 | 中位数 | 标准差 | 极差 |
| --- | --- | --- | --- | --- |
| 低收入家庭 | 11. 94 | 4. 87 | 253. 86 | 21052. 42 |

续表

| 家庭收入分组 | 均值 | 中位数 | 标准差 | 极差 |
|---|---|---|---|---|
| 中低收入家庭 | 11.44 | 5.11 | 82.36 | 2499.98 |
| 中高收入家庭 | 22.49 | 6.25 | 638.60 | 39999.99 |
| 高收入家庭 | 247.95 | 10.00 | 5628.20 | 200000.00 |
| 合计 | 79.34 | 6.00 | 2984.12 | 200000.00 |

通过上述分析，根据我国的现实情况，在征收居民房地产税税负公平性的问题上，可以以住房的产权类型为基础划定级差综合税率（如对原有私房设定较低的综合税率），再具体设计税制的其他要素。当然，随着住房制度改革的发展以及城市住房商品化的推进，这种由产权形式不同所带来的税负公平性问题会逐渐消失。因此，从长远的角度考察房地产税税率问题，应当以促进家庭收入与住房价值的自觉匹配为目标，而在住房市场得以良好匹配的条件下，单一税制既具有"自动稳定器"的作用也有行政成本相对较低的特点，和征收居民房地产税的目标相一致。

## 第四节　征收居民房地产税的实施可行性：居民税负测算

在有关房地产税的讨论中，最引人瞩目的是对居民住房征税的相关问题。因为征税范围会包括居民拥有的非经营性的房地产，会对社会产生很大影响，也是房地产税税制设计中最困难的部分。具体分析，对居民住房征税所带来的家庭税负是在所有影响中最为敏感的问题。

本节将讨论居民房地产税税负问题，其中居民税负是指房地产税纳税额占居民家庭收入的比重，是以家庭为单位计算以年度房地产税纳税额占居民家庭年收入的比例表示的。

### 一、关于最适税负的一般分析

对于居民房屋所有者来说，征收居民住房房地产税是一个从无到有的过程，之后房地产税将成为家庭支出的一部分，并且是一种会随着拥有的房地产价值的增加而增大的支出，在收入不变的情况下可能会引起家庭负担的不断增加。而且，对于财产税性质的房地产税来说，属于直接税，住房自用的家庭是难以转嫁的。因此，对于征收居民房地产税，如果税负过低，会弱化税收的职能，难以实现房地产税征收的初衷，而税负过高则会对纳税人造成较大的负担，引起利益损失，挫伤纳税人的积极性。

日本学者小川乡太郎在《租税总论》①　说："吾人考察租税对于经济之影响之时，第一当知租税所征收之所得之一部，若不征收之者，则可化为资本，故租税大有妨害资本之集积。是为租税对于经济之自然的影响。然租税愈重，则资本之集积愈见妨害，甚者且复骗除既存之资本于外国，而致生产或交换取引，皆见衰颓；且所得一减，消费亦衰，因而增加国富之力，亦见衰微，此即租税越其程度之征候也。若具体的就劳动者或下级者观之，则彼辈之衣食住渐见恶化，贫民之数日增，人口增加之比率年减者，皆可视为租税之过重。"其讲出了重税的危害，税收合理与否主要看是否会阻碍个人和国家经济的发展。我国古典名著《管子》中的"取民有度"，司马迁在《史记》中提出的"善因论"的经济思想，都是阐述国家应该制定适当的税收标准作为治国安邦的根本政策。与"拉弗曲线"有异曲同工之处，都强调存在一个合理的最优的税负，可以使税收对经济的正向效应达到最大化。

总的来说，在保证国家实现其职能的资金需要的同时还要保证人们生活水平的逐年提高，这是最适税负的总体要求，即实现"上则富国，下则富家"。而税收负担通常是由个人剩余量和公共需求总量共同决定的，具体到房地产税是以家庭为单位缴纳，所以其税负水平应介于家庭消费剩余和公共需求之间。

### （一）公共需求

站在实现财政收入的角度，税收"应保证足够的收入"，因此满足一般社会公共需求是税收负担的最低限。在财产税的"受益论"中，房地产税是政府为其公共投入取得"回报"的一种方式，因此地方政府对于城市的公共投入与房地产税税额之间存在着密切的联系。

在大多数征收财产税的国家中，房地产税税收收入是地方基础设施、公共投入包括对教育投入的主要来源，其收入与支出相匹配，才能构成城市发展在资金上的良性循环。根据我国实际情况来看，由于处于经济快速发展时期，城市的公共投入随着城市化进程的加快，需求正在快速增长，从长远角度来说，房地产税应该承担起地方财政收入主体来源的重任，但

---

①　小川乡太郎. 租税总论［M］. 上海：商务印书馆，1933.

是针对目前的现实状况，尤其是征收房地产税的初期，采用房地产税税收收入和政府的转移支付相结合的方式来满足城市公共支出的需求是比较合适的。

为了保证政府的财政收入，房地产税收入应不低于原有税种收入的总和。现有的房地产保有阶段按年征收的税种有城镇土地使用税和房产税，因此房地产税的收入应至少与城镇土地使用税和房产税税收之和持平，即：

$$T \geqslant TSUM$$

其中，TSUM 表示征收居民房地产税之前，房地产保有环节的税收总额，即城镇土地使用税和房产税这两个税种的税收收入总和。

### （二）家庭剩余

在税收的基本原则中适度原则是必须遵循的，因此在征收居民房地产税时首先要考虑居民家庭基本生活，保证居民家庭的基本生活支出不会受到房地产税收的挤占。因此，房地产税的最大缴纳额，应该是居民家庭收入在扣除保障劳动力再生产的基本生活开支以及家庭用于教育培训、医疗保健、住房改善等消费性支出之后的剩余。因此，城镇居民家庭的可支配收入减去消费性支出后的剩余才是负担税收能力的上限，所以纳税能力的高低一般会通过家庭剩余的多少反映出来，用公式可以表示为：

$$T \leqslant R - C - P - D$$

其中，T 表示家庭房地产税税额；R 表示家庭年总收入，包括家庭成员得到的工资性收入、出租和出卖财物所得的经营性收入、存款利息和投资金融产品的财产性收入等；C 表示家庭的消费性支出，包括食品、衣着、居住、交通、娱乐、教育、健康等支出；P 表示包括纳税支出、保险及社会保障支出等家庭社会性支出；D 表示借贷支出，在这里代表购房的贷款支出。

### （三）国际税负水平比较

在很多具有悠久历史的财产税国家里，为了避免财产税对居民生活造成过重的负担，许多国家制定了家庭税负最高限等一些税收减免的方法来减轻居民税负，值得我们借鉴。

1991 年，美国的人均财产税额约为 675 美元，占个人收入的 3.6%，因此美国颁布了著名的"断路器"政策对居民税负给予减免，具体的"断路器"政策是指对财产税高出居民收入 3.5% 的部分实行不同程度的减免，因此家庭收入的 3.5% 可以说是美国财产税家庭税负的一个界限。①
瑞典的房地产价格在 1997 年以后不断上涨，自然带动了不动产税的增加，
纳税人对税负的加重表示出十分的不满，根据这种情况瑞典制定了相应的
法律，法律中约定从 2001 年起对于靠正常收入维持的家庭来说，不动产
税额不能超过其家庭收入的 5%。1999 年英国的财产税家庭负担率大约是
3.9%。② 2002 年日本在经济泡沫破灭之后提高了土地保有阶段的税负，
使其不动产税对于国民收入比率上升到了 2.4%。③

有财产税经验的各个国家的财产税征税形式虽然各有不同，但其税负
基本维持在 2.5% ~5% 之间。对于我国实际情况来说由于经济发展水平与
以上国家之间还存在很大差距，目前和将来在收入支配方面改善家庭生活
还将占据很大比重。因此在设计房地产税制时，税负应该保持在不超过这
些国家税负比例的水平，甚至在初期应该保持更低水平。

## 二、征收房地产税的模拟测算

我国正处于住房消费的上升阶段，正在逐渐形成住房消费的梯次结
构，在这个时期，征收居民房地产税对于高收入家庭来说是完全有能力承
担的，并不会影响其家庭正常生活消费。而对于低收入和中等偏下收入的
家庭来说，他们是经济适用房或者廉租房的主体，而这两类住宅并没有完
全的产权，暂不作为家庭财产征税，同时对于低收入家庭生活保障方面，
房地产税会对这类住房给予减免优惠政策，这样在税负测算方面，对于中
低收入家庭及低收入家庭税负的测算不具有实践意义。征收居民房地产税
影响最大的将会是中等收入的家庭，房地产税的税负是否会对其家庭的正
常生活和消费造成影响，是目前需要解决的问题，因此在测算房地产税税
负时我们针对中等收入家庭的实际纳税额进行测算。

### （一）相关参数的设定

模拟测算是以上海城市居民为对象进行的，是在考虑居民拥有房地产
增值和居民收入增长的前提下，计算拥有标准住宅的中等收入家庭在未来
30 年所需缴纳的房地产税，并根据对家庭构成的不同比例税负反向推算
出相对应的房地产税税率。

---

① 奥茨. 财产税与地方政府财政 [M]. 丁成日，译. 北京：中国税务出版社，2005：56 -
70.

② 曲卫东，延扬帆. 物业税内涵研究及税负测算分析：以北京市为例 [J]. 华中师范大学
学报（人文社会科学版），2008，47（6）：48 -56.

③ 尹中立. 日本"土地神话"幻灭留给我们的警示 [J]. 国土资源，2006（8）：59 -61.

## 1. 家庭收入增长率

统计数据①显示在"十一五"期间，上海城市居民中等收入户年均收入实际增长率平均值为 12%；"十二五"期间，上海城市居民中等收入户年均收入实际增长率平均值为 12.2%；"十三五"期间，上海城市居民中等收入户年均收入实际增长率平均值为 8.2%（2020 年，上海城市居民年均可支配收入增长率为 4.0%）。同时，居民收入的增长与地区生产总值（GDP）之间存在着相关性。上海的"十三五"规划中提到"坚持居民收入与经济增长同步，力争实现居民人均可支配收入比 2010 年翻一番"②，2020 年上海城市家庭可支配收入为 72232 元，是 2010 年 31838 元的 2.27 倍，实现了翻一番的规划。"十四五"规划中再次提到"居民收入增长与经济增长基本同步"，而 2020 年上海全市 GDP 达到 38700.58 亿元，人均 GDP 接近 23000 美元③，GDP 的增长速度显示了上海市具有很强的生产力及财富创造力，与此同时也表明了居民收入增长的潜力。不过当经济发展到一定阶段后，会减缓居民收入增长的幅度（见表 4-25）。

表 4-25　　　　　2005~2020 上海市家庭居民中等收入户基本情况

| 年份 | 中等收入户城市居民家庭可支配收入（元） | 可支配收入增长率（%） | 城镇居民家庭人均住房面积（平方米） | 城镇居民家庭平均每户家庭人口（人） | 商品住宅成交均价（元） | 商品住宅成交价增长率（%） | 人均GDP（元） | 人均GDP增长率（%） |
|---|---|---|---|---|---|---|---|---|
| 2005 | 15668.00 | — | — | 2.74 | — | — | 51474 | — |
| 2006 | 16774.35 | 7.1 | — | 2.74 | — | — | 57310 | 11.3 |
| 2007 | 20249.00 | 20.7 | 32.20 | 2.74 | — | — | 62041 | 8.3 |
| 2008 | 22675.00 | 12.0 | 33.40 | 2.75 | 9528.17 | — | 66932 | 7.9 |
| 2009 | 24717.28 | 9.0 | 34.00 | 2.75 | 12274.34 | 28.8 | 69165 | 3.3 |
| 2010 | 27484.00 | 11.2 | 34.60 | 2.72 | 14290.00 | 16.4 | 76074 | 10.0 |
| 2011 | 31414.00 | 14.3 | 33.40 | 2.72 | 14017.58 | -1.9 | 82560 | 8.5 |
| 2012 | 34351.00 | 9.3 | 33.90 | 2.72 | 16232.80 | 15.8 | 85373 | 3.4 |
| 2013 | 36989.00 | 7.7 | 34.40 | 2.72 | 18641.67 | 14.8 | 90993 | 6.6 |

① Wind 中国宏观数据库。

② 上海市国民经济和社会发展第十三个五年规划纲要 [EB/OL]. https：//www. shanghai. gov. cn/nw39378/20200821/0001-39378_1101146. html.

③ 上海市统计局各年统计数据整理得出。

续表

| 年份 | 中等收入户城市居民家庭可支配收入（元） | 可支配收入增长率（%） | 城镇居民家庭人均住房面积（平方米） | 城镇居民家庭平均每户家庭人口（人） | 商品住宅成交均价（元） | 商品住宅成交价增长率（%） | 人均GDP（元） | 人均GDP增长率（%） |
|---|---|---|---|---|---|---|---|---|
| 2014 | 40798.58 | 10.3 | 35.10 | 2.70 | 21459.75 | 15.1 | 97370 | 7.0 |
| 2015 | 48710.00 | 19.4 | 35.50 | 2.69 | 31540.92 | 47.0 | 103796 | 6.6 |
| 2016 | 54305.00* | 11.5 | 36.10 | 2.68 | 39187.67 | 24.2 | 116562 | 12.3 |
| 2017 | 58988.00* | 8.6 | 36.70 | 2.66 | 47863.17 | 22.1 | 126634 | 8.6 |
| 2018 | 64183.00* | 8.8 | — | 2.65 | 52358.92 | 9.4 | 134982 | 6.6 |
| 2019 | 69442.00* | 8.2 | 37.20 | — | 54406.92 | 3.9 | 157279 | 16.5 |
| 2020 | 72232.00* | 4.0 | — | — | 56662.25 | 4.1 | 155768 | -1.0 |

说明：* 2016～2020 年《上海统计年鉴》中没有中等收入户数据，因此使用当年城镇居民家庭可支配收入的平均值替代。

资料来源：Wind 数据、《上海统计年鉴》。

2015 年，上海市中等收入户家庭人均可支配收入为 48710 元，将 2016～2020 年头五年的家庭收入的增长率设定为 8%，2021～2035 年十五年的家庭收入的增长率设定为 7%，后十年即 2036～2045 年家庭收入的增长率设定为 6%，这样第 $n$ 年居民家庭收入增长率 $g$ 表示为：

$$g = \begin{cases} 8\%, & 0 < n \leqslant 5 \\ 7\%, & 5 < n \leqslant 15 \\ 6\%, & 15 < n \leqslant 30 \end{cases}$$

2. 住房价值增值率

依据 Wind 数据显示，2009～2020 年上海市商品住宅成交均价年增长率为 16.7%，其中，2009～2015 年上海市商品住宅成交均价年增长率为 19.4%，2016～2020 年上海市商品住宅成交均价年增长率为 12.8%，考虑到二手房市场以及 GDP 和房价增长减缓等因素的影响，测算时将房地产价值增长率设定为 0～5 年（2016～2020 年）为 10%，5～10 年（2021～2025 年）为 7%，10～30 年（2026～2045 年）为 5%。

所以，第 $n$ 年房地产增值率 $r$ 为：

$$r = \begin{cases} 10\%, & 0 < n \leqslant 5 \\ 7\%, & 5 < n \leqslant 10 \\ 5\%, & 10 < n \leqslant 30 \end{cases}$$

那么，在第 $n$ 年房地产的价值 $V_n$ 为：

$$V_n = \begin{cases} V(1+10\%)^n, & 0 < n \leqslant 5 \\ V(1+10\%)^5(1+7\%)^{n-5}, & 5 < n \leqslant 10 \\ V(1+10\%)^5(1+7\%)^5(1+5\%)^{n-10}, & 10 < n \leqslant 30 \end{cases}$$

3. 评估率和评估价值比例

在征收房地产税的国家中大部分都是通过计税价值比例和税率来调整税负。在没有特殊减免或者扣除的情况下，评估机构会决定评估率的高低，但是随着评估方法及评估技术的发展和完善，评估价值通常与市场价值十分接近，即评估率接近 1。

在按照评估值征税的国家里，各国通常是以一定的评估周期来进行评估，这个周期一般是 3～5 年。在一个评估周期内房地产所处的区位环境、基础设施等都会发生变化，可能出现价值增长也有可能出现价值损失。因此，尽管评估值基本上可以反映房地产的真实状况，不过，为了鼓励居民纳税，很多国家都会在评估价值上给予一定的折扣，由此产生了"计税价值比例"这一变量。通常，对于居民拥有的非经营性房地产来说，计税价值比例不宜过高，所以在学术界的分析以及房产税试点工作中（上海试点是按照房地产价值的 70% 为计税价值，虽然现在使用的房地产价值不是评估价值，但随着配套设施的完善，评估价值计税是未来的选择），广为接受的是按评估价值的 70% 为应税价值，那么在此将计税价值比例设定为 0.7，评估率定为 1。

4. 税基

对于居民房地产征税的减免形式还存在很多争议，需要进行大量的实际调研工作，进行模拟测算时暂不考虑政府补贴及税收优惠对居民房地产税的减免，所以：

税基＝市场价值×评估率×计税价值比例

（二）标准住宅的假设

在此标准住宅是指功能完善能满足家庭基本生活的需要，并且与家庭支付能力"相匹配"的住宅。具体的衡量标准包括面积和单价。

1. 面积

根据 Wind 数据，上海城镇居民家庭人均住房面积为 34.71 平方米（2007～2019 年），城镇居民家庭平均每户家庭人口数为 2.71 人（2007～2019 年），由此计算平均家庭住房面积约为 97 平方米。《国务院办公厅转发建设部等部门关于调整住房供应结构稳定住房价格意见的通知》中提到

"2006 年 6 月 1 日起，凡新审批、新开工的商品住房建设，套型建筑面积 90 平方米以下住房（含经济适用房）面积所占比重，必须达到开发建设总面积的 70% 以上"。国家政策是鼓励中小户型的建筑形式，也是目前房地产市场的主要构成。综合以上分析将标准住房面积设定为 90 平方米，略低于上海市的平均水平，能够在满足三口之家生活基本需要的同时使其处于家庭能力承受范围之内。

2. 单价

上海市商品房 2015 年住宅的平均销售价格为 31541 元，因为测算对象为中等收入家庭，在此就将标准住宅单价假设为平均价格 31541 元/平方米。

下面的测算是以上海市一个拥有一套面积为 90 平方米的标准住宅的中等收入家庭为基础，住宅单价假定为 31541 元/平方米，计算出房屋总价值约为 280 万元，购买年份设定在 2015 年。

**（三）居民家庭税负测算**

根据国际大多数国家的税负水平和我国低税负的设想，在测算时取 2.5% ~5% 的税负变化区间，将增加幅度设定为 0.5%，相应税率见表 4 – 26。

表 4 – 26　　　　　　　　　　居民住房征收房地产税模拟测算

（以上海市中等收入居民为例）

| 序号 | 年份 | 房屋市场价值（元） | 计税比率 | 税基（元） | 家庭收入（元） | 税负变化 | | | | | |
|---|---|---|---|---|---|---|---|---|---|---|---|
| | | | | | | 2.5% | 3.0% | 3.5% | 4.0% | 4.5% | 5.0% |
| 0 | 2015 | 2838690 | 0.7 | 1987083 | 132004 | 0.166 | 0.199 | 0.233 | 0.266 | 0.299 | 0.332 |
| 1 | 2016 | 3122559 | 0.7 | 2185791 | 142564 | 0.163 | 0.196 | 0.228 | 0.261 | 0.294 | 0.326 |
| 2 | 2017 | 3434815 | 0.7 | 2404370 | 153969 | 0.160 | 0.192 | 0.224 | 0.256 | 0.288 | 0.320 |
| 3 | 2018 | 3778296 | 0.7 | 2644807 | 166287 | 0.157 | 0.189 | 0.220 | 0.251 | 0.283 | 0.314 |
| 4 | 2019 | 4156126 | 0.7 | 2909288 | 179590 | 0.154 | 0.185 | 0.216 | 0.247 | 0.278 | 0.309 |
| 5 | 2020 | 4571739 | 0.7 | 3200217 | 193957 | 0.152 | 0.182 | 0.212 | 0.242 | 0.273 | 0.303 |
| 6 | 2021 | 4891760 | 0.7 | 3424232 | 207534 | 0.152 | 0.182 | 0.212 | 0.242 | 0.273 | 0.303 |
| 7 | 2022 | 5234184 | 0.7 | 3663928 | 222062 | 0.152 | 0.182 | 0.212 | 0.242 | 0.273 | 0.303 |
| 8 | 2023 | 5600576 | 0.7 | 3920403 | 237606 | 0.152 | 0.182 | 0.212 | 0.242 | 0.273 | 0.303 |
| 9 | 2024 | 5992617 | 0.7 | 4194832 | 254238 | 0.152 | 0.182 | 0.212 | 0.242 | 0.273 | 0.303 |
| 10 | 2025 | 6412100 | 0.7 | 4488470 | 272035 | 0.152 | 0.182 | 0.212 | 0.242 | 0.273 | 0.303 |

续表

| 序号 | 年份 | 房屋市场价值（元） | 计税比率 | 税基（元） | 家庭收入（元） | 税负变化 | | | | | |
|---|---|---|---|---|---|---|---|---|---|---|---|
| | | | | | | 2.5% | 3.0% | 3.5% | 4.0% | 4.5% | 5.0% |
| 11 | 2026 | 6732705 | 0.7 | 4712893 | 291077 | 0.154 | 0.185 | 0.216 | 0.247 | 0.278 | 0.309 |
| 12 | 2027 | 7069340 | 0.7 | 4948538 | 311453 | 0.157 | 0.189 | 0.220 | 0.252 | 0.283 | 0.315 |
| 13 | 2028 | 7422807 | 0.7 | 5195965 | 333255 | 0.160 | 0.192 | 0.224 | 0.257 | 0.289 | 0.321 |
| 14 | 2029 | 7793948 | 0.7 | 5455763 | 356582 | 0.163 | 0.196 | 0.229 | 0.261 | 0.294 | 0.327 |
| 15 | 2030 | 8183645 | 0.7 | 5728551 | 377977 | 0.165 | 0.198 | 0.231 | 0.264 | 0.297 | 0.330 |
| 16 | 2031 | 8592827 | 0.7 | 6014979 | 400656 | 0.167 | 0.200 | 0.233 | 0.266 | 0.300 | 0.333 |
| 17 | 2032 | 9022469 | 0.7 | 6315728 | 424695 | 0.168 | 0.202 | 0.235 | 0.269 | 0.303 | 0.336 |
| 18 | 2033 | 9473592 | 0.7 | 6631514 | 450177 | 0.170 | 0.204 | 0.238 | 0.272 | 0.305 | 0.339 |
| 19 | 2034 | 9947272 | 0.7 | 6963090 | 477188 | 0.171 | 0.206 | 0.240 | 0.274 | 0.308 | 0.343 |
| 20 | 2035 | 10444635 | 0.7 | 7311245 | 505819 | 0.173 | 0.208 | 0.242 | 0.277 | 0.311 | 0.346 |
| 21 | 2036 | 10966867 | 0.7 | 7676807 | 536168 | 0.175 | 0.210 | 0.244 | 0.279 | 0.314 | 0.349 |
| 22 | 2037 | 11515210 | 0.7 | 8060647 | 568338 | 0.176 | 0.212 | 0.247 | 0.282 | 0.317 | 0.353 |
| 23 | 2038 | 12090971 | 0.7 | 8463680 | 602438 | 0.178 | 0.214 | 0.249 | 0.285 | 0.320 | 0.356 |
| 24 | 2039 | 12695519 | 0.7 | 8886863 | 638585 | 0.180 | 0.216 | 0.252 | 0.287 | 0.323 | 0.359 |
| 25 | 2040 | 13330295 | 0.7 | 9331207 | 676900 | 0.181 | 0.218 | 0.254 | 0.290 | 0.326 | 0.363 |
| 26 | 2041 | 13996810 | 0.7 | 9797767 | 717514 | 0.183 | 0.220 | 0.256 | 0.293 | 0.330 | 0.366 |
| 27 | 2042 | 14696650 | 0.7 | 10287655 | 760565 | 0.185 | 0.222 | 0.259 | 0.296 | 0.333 | 0.370 |
| 28 | 2043 | 15431483 | 0.7 | 10802038 | 806198 | 0.187 | 0.224 | 0.261 | 0.299 | 0.336 | 0.373 |
| 29 | 2044 | 16203057 | 0.7 | 11342140 | 854570 | 0.188 | 0.226 | 0.264 | 0.301 | 0.339 | 0.377 |
| 30 | 2045 | 17013210 | 0.7 | 11909247 | 905845 | 0.190 | 0.228 | 0.266 | 0.304 | 0.342 | 0.380 |

如表 4 - 26 所示，测算以 2015 年上海中等收入家庭的平均家庭收入和房屋市场价值为基准，基准年份的数据显示，在税负 2.5% ~5% 的变化范围内，税率大约在 0.166% ~0.332% 之间。之后的 10 年间，在相同税负基础上计算出来的房地产税税率是呈现出逐年下降的趋势，基准年后的第 10 年（2025 年），在 2.5% ~5% 的五档税负推算出来的税率最低，在 0.152% ~0.303% 之间，这意味着在相同房地产税税率的情况下，征税的前 10 年对于居民家庭的税收负担是逐年增加的，对于直接税所带来的税收痛苦感觉也最明显。分析原因，征税开始的前 10 年，住房价值的增长率

均大于或等于家庭收入的增长率（尤其是前 5 年，测算的家庭收入的年增长率为 8%，而房地产价值的增长率为 10%），同时房地产价值基数又远远大于家庭收入，进一步造成居民税收负担的增加。在开始征税的第 11 年（2026 年）变化趋势发生了改变，较于前一年，相同税负所对应的房地产税税率是逐年增加的，一直到测算终点 2045 年，30 年后的五档税负对应的房地产税税率为 0.19% ~0.38%。而变化的原因，应是受到 10 年之后住房价值趋于稳定，增长率渐渐小于居民家庭收入增长率的影响，因此，如果是税率不变的情况下，房地产税对于居民家庭所带来的税收负担应是从第 10 年开始逐渐降低的，同时也意味着，在保持居民税负不变的前提下，可以以一定的周期对房地产税税率做出调整。综上所述，对于居民税收影响最大的是家庭收入和住房价值，根据历史数据测算中设定了不同年份的 $g$ 和 $r$，但是由于住房价值基数远远大于家庭收入，所以在起初的 10 年是固定税率下的税负是逐渐增加的。随着住房价值的趋稳发展，家庭收入的增速逐渐高于住房价值的增速，所以后 20 年表现出来的税率才会逐渐提高。而随着经济的发展，我国 GDP 增速会逐渐减缓，住房价值和家庭收入的增长均会趋于平缓，同时房地产税的地方税特征，使其税率确定主要受到财政收支的影响，所以，正常征收后完全可以实现在保持居民税负不变的前提下，周期性地对房地产税税率做出调整。

需要说明的是，在此以 0.7 作为基准计税比例，升高或者降低该比例，也会引起税率的相应变化。

**（四）税率的国际比较**

各国在税基的计算上有所不同，税率上也会不同，部分国家税基、税率情况见表 4 - 27。表中的转换税率是指以评估价值（或市场价值）为基础计算的实际税率。

表 4 - 27　　　　　　居民房地产税税基和税率的国际比较

| 国家 | 税基 | 税率 | 转换税率 |
|---|---|---|---|
| 美国 | 按房地产的评估价值核定计税依据，民用住宅的税基比率是 25% | 一般在法定幅度内（约 2%）变化 | 0.5% |
| 瑞典 | 市场价值的 75% | 私有住宅 1% | 0.75% |
| 韩国 | 标准价值 | 累进税率，土地部分 0.2% ~0.5%，住宅部分 0.15% ~2% | 0.15% ~0.5% |

续表

| 国家 | 税基 | 税率 | 转换税率 |
|------|------|------|----------|
| 菲律宾 | 住宅价值的60% | 1%~2% | 0.6%~1.2% |
| 俄罗斯 | 房地产登记价值 | 0.1% | 0.1% |
| 芬兰 | 房地产价值 | 0.22%~0.5% | 0.22%~0.5% |
| 挪威 | 评估价值，自有住房应税价值大约是公平市价的10%~20%，新建房屋计税价值不得超过其成本价的30%或者公开市场价的30% | 0.2%~0.7%，新开征财产税的房地产只能从0.2%开始征收，以后逐步提高税率 | 0.06%~0.14% |
| 智利 | 规定价值，住宅市场价值的45% | 住宅价值在规定范围内，使用1.2%，超出部分为1.4% | 0.54%~0.63% |
| 意大利 | 不动产登记机构确定的估算收入 | 0.4%~0.7% | 0.4%~0.7% |
| 荷兰 | 政府评估价值 | 0.08%~0.8% | 0.08%~0.8% |
| 日本 | 财产的评估价值，每处住宅用地200平方米以内为评估值的25%，超过200平方米的部分为50% | 基本税率为1.4% | <200平方米，0.35%；≥200平方米部分，0.7% |
| 丹麦 | 评估价值 | 单件财产价值<50万美元，1%；单件财产价值≥50万美元的部分，3% | <50万美元，0.75%；≥50万美元的部分，2.25% |
| 巴西 | 市场评估价值 | 累进税率，0.2%~1.2% | 0.2%~1.2% |

资料来源：根据相关资料整理。

如表4-27所示，对于居民房地产进行征税时，各个国家的转换税率大约在0.06%~0.8%，而且多数国家定在0.5%~0.8%。在表4-26中针对上海城市中等收入家庭的标准住宅进行的模拟测算，如果以评估值的70%作为税基，在2.5%~5%的五档税负测算范围内，反向推算出来的税率范围是0.166%~0.38%，属于国际上大多数国家的转换税率范围之内。综上，以上海市城市居民中等收入户为模拟测算对象，模拟测算2016~2045年30年五档房地产税收负担推算出来的税率属于大多数国家的税率范围，因此，从税负角度考察征收居民房地产税的实施，具有可行性。

## 第五节　征收居民房地产税的时间可行性：
## 税基可持续性分析

### 一、社会经济持续稳定发展

改革开放以后，我国建立了社会主义市场经济体制，经济制度不断完善，国家综合实力持续增强。从各国公认的衡量国家经济状况的指标 GDP 来看，我国从 1978 年开始，一直处于正增长，GDP 也从 1986 年超过万亿元到 2016 年超过 70 万亿元。从 2018 年开始，中美贸易摩擦不断，我国经济外部环境复杂严峻，经济下行压力增大，但我国 GDP 年增长率仍然维持在 6% 以上，依然是世界第二大经济体。2019 年底至 2020 年，新冠疫情的暴发对于世界和我国经济产生了更大的影响，第一季度 GDP 同比增长速度为 -6.8%，但是第二、三季度 GDP 同比增长速度分别为 3.2% 和 4.9%①，各项数据表明，我国经济处于持续稳定发展状态。而持续健康发展的经济和稳定的社会是房地产市场的重要支撑。同时政府不断地完善住房市场体系和住房保障体系，主导构建房地产市场健康发展长效机制，坚持"房子是用来住的"的定位，均为房价稳定甚至上涨提供坚实的经济基础。

### 二、住房需求有增无减

1949 年新中国成立后，我国就开始了城镇化发展的序幕，先后经历了波动、停滞、快速等各种发展阶段之后，2014 年 3 月《国家新型城镇化规划》正式发布，表明我国目前处于新型城镇化发展阶段，2020 年国务院政府工作报告中，李克强总理再次强调"加强新型城镇化建设"。新型城镇化建设当然不是房地产化，但新型城镇化以及城镇家庭小型化对房地产市场以及住房需求产生的影响却是不可忽视的。

#### （一）新型城镇化对住房刚性需求的影响

城镇化是人口向城镇集中的过程，带来的最直观的结果是会使城镇数目不断增多，同时城市人口规模不断扩大。中国改革开放 40 多年间，城

---

① 国家统计局数据库，http://data.stats.gov.cn。

市空间已经扩大了两三倍，数据显示，2014 年我国城镇化率达到了45.9%，虽然远低于发达国家 75% 的水平，但是已经是质的飞跃。我国的新型城镇化发展，是世界最多人口的城镇化。2019 年末常住人口城镇化率升至 60.6%，2013 年政府工作报告中提到"五年转移农村人口 8463 万人，城镇化率要提高到 52.6%"的目标取得阶段性进展。① 农村人口的转移以及因为工作调动、教育等原因到另一座城市常住的人口成为很多城市的外来人口，那么外来人口的住房问题就是大家新的关注点。国家统计局数据显示，截至 2011 年，农民工城镇自有住房拥有率只有 0.7%，由此可见，在新型城镇化的进程中，外来人口对房地产市场的刚性需求将持续很长时间。

刚性需求还体现在部分城市非本地人口购买商品住宅的数据上。相关数据显示 2016 年非本地人口购买商品住宅的比例较高的城市包括深圳、北京、广州、厦门、乌鲁木齐等，其中，深圳这个比率最高，高达 88%，意味着深圳 2016 年销售的商品房数量中，88% 数量的商品房是由外地或境外人士购买的，购买的面积占总销售面积的 87%；而在落户政策控制最为严格的北京 2016 年销售商品房中，38% 是由外地和境外人士购买（见表 4 - 28）。分析原因，主要应与各座城市的人口结构相关。深圳统计局数据显示，2016 年深圳市常住人口 1190.84 万人，其中，户籍人口为 384.52 万人，非户籍人口 806.32 万人，非户籍人口占总人口比率约为 67.7%。再看北京市统计局数据，2016 年，北京市常住人口数 2172.9 万人，其中户籍人口为 1375.8 万人，非户籍人口占总人口比率约为 36.7%。从深圳和北京的数据可以看出，非本地人口购买商品住房的数据与城市人口结构有着密切的联系。

表 4 - 28　　2016 年部分城市外地、境外人士购买商品住宅的比率

| 城市 | 外地人士 | | 境外人士 | | 外地、境外人士合计 | | 常住人口数（万人） | 户籍人口数（万人） | 非户籍人口占总人口比率（%） |
|---|---|---|---|---|---|---|---|---|---|
| | 面积比（%） | 套数比（%） | 面积比（%） | 套数比（%） | 面积比（%） | 套数比（%） | | | |
| 深圳 | 83 | 84 | 5 | 4 | 87 | 88 | 1190.84 | 384.52 | 67.7 |
| 乌鲁木齐 | 77 | 77 | 0.04 | 0.03 | 77 | 77 | 350.58 | 222.26 | 36.6 |

① 国家统计局. 中华人民共和国 2016 年国民经济和社会发展统计公报［R］. 2017.

续表

| 城市 | 外地人士 | | 境外人士 | | 外地、境外人士合计 | | 常住人口数（万人） | 户籍人口数（万人） | 非户籍人口占总人口比率（%） |
|------|----------|----------|----------|----------|----------|----------|----------|----------|----------|
| | 面积比（%） | 套数比（%） | 面积比（%） | 套数比（%） | 面积比（%） | 套数比（%） | | | |
| 厦门 | 52 | 55 | 5 | 4 | 57 | 59 | 392.0 | 220.55 | 43.7 |
| 郑州 | 53 | 54 | 0.02 | 0.02 | 53 | 54 | 972.4 | — | — |
| 广州 | 39 | 37 | 6 | 6 | 45 | 43 | 1404.35 | 870.49 | 38.0 |
| 北京 | 34 | 37 | 2 | 2 | 36 | 38 | 2172.9 | 1375.8 | 36.7 |
| 大连 | 25 | 26 | 1 | 1 | 26 | 27 | 698.7 | 595.6 | 14.8 |
| 上海 | 14 | 13 | 5 | 3 | 20 | 16 | 2419.7 | 1450.0 | 40.0 |

资料来源：根据各市统计局数据整理得出。

随着新型城镇化的进程，2015～2019年常住人口城镇化率从56.1%上升到60.6%，城市中人口迁入量会不断增大，外来人口的购房需求会不断增多，住房刚性需求也会不断提高。

**（二）城镇家庭小型化的趋势对于住房需求变化的影响**

随着经济文化的发展，常住城镇人口不断增长，城镇家庭人口的结构正在发生变化，家庭结构逐渐小型化。统计年鉴数据显示，2007年我国平均家庭户规模是3.17人/户，而到了2019年平均家庭户规模降为2.92人/户。再看人口与家庭户数的比较，全国总人口数从2007年的13.21亿人发展至2019年的14亿人，全国家庭户数由2007年367260户变为2019年363974户，家庭户规模的数据显示，一人户家庭和二人户家庭数量都有显著增加，而四人户和五人户家庭数量都有显著的减少，其中一人户家庭从2007年的32850户增加到2019年的67160户，二人户家庭从2007年的89708户增加到2019年的107657户，而五人户家庭从2007年的37141户减少为2019年的28242户。① 由此可见，人口持续增长伴随着小型化家庭逐渐增多，也将导致住房刚性需求的不断增长。

**（三）生活质量提升对住房需求的影响**

目前我国人民生活总体上达到了小康水平，居民收入水平持续增长，消费水平稳步提高，生活质量明显提升。生活质量的提升同时体现在住房

---

① 国家统计局. 中国统计年鉴（2020）［M］. 北京：中国统计出版社，2020.

需求上，具体表现为对于住房的刚性需求以及改善性需求不断增加，甚至改善性需求逐渐成为我国房地产市场的主要支撑。2010 年我国城市家庭户人均住房面积 29.2 平方米，2019 年城镇居民人均住房建筑面积则为 39.8 平方米，比 2010 年增长了 36.3%，比 2002 年增长了 62.1%。① 可见我国住房市场还存在大量的改善性需求空间。中国指数研究院据此估计，即使不考虑外来人口，在 2012 年后的若干年内，全国城市现有居民至少还有 7000 万套以上的住房改善需求，是 2011 年城镇商品住房销售套数的 7 倍以上。② 同时，北京、上海、广州等一线城市及东南沿海较发达地区人均住房面积以及自有住房比例偏低，都将成为住房需求的主力军，而长江三角洲、珠江三角洲及环渤海地区的楼市改善性需求群体庞大，预计未来房地产市场对中大户型的需求会比小户型更多。

### 三、住宅用地市场坚挺

土地财政又称"第二财政"，主要指部分地方政府通过出让土地使用权的收入来增加地方的财政收入的行为，主要开始于 20 世纪 80 年代后期，中国城市化模式发生转变的时期，深圳等经济特区效仿香港的政府融资方式，尝试通过城市土地使用权的出让来获取地方财政收入，为地方的基础设施建设筹集资金。之后的 1994 年分税制改革，由于减少了地方政府税收的份额同时将土地收益归属于地方政府，因此加速了"土地财政"的发展。当然，地方土地财政一直被社会诟病，尤其近年来土地出让金和地方融资平台相互关联形成的复杂担保关系，带来了很多隐形财政风险，同时由于土地是稀缺性资源，此种筹集财政收入方式具有不可持续性的特征，但是在我国经济发展的过程中"土地财政"为地方政府快速积累起原始资本，对城市基础设施的建设起到的作用是不可否认的。2019 年数据显示，全国土地出让金收入 7.8 万亿元，占全国生产总值的 8.5%。从另一个角度看，高额土地出让金收入意味着土地市场的坚挺，在政府对房价多方调控的压力下，土地市场仍然十分活跃，数据显示 2010~2019 年十年间，土地出让金收入从 7500 亿元增长到 7.8 万亿元，增长超过 10 倍，而 2019 年国有土地使用权出让收入较 2018 年增长了 11.4%。③

---

① 国家统计局. 中国统计年鉴（2018）[M]. 北京：中国统计出版社，2018.
② 倪鹏飞. 中国住房发展报告（2012~2013）[M]. 北京：社会科学文献出版社，2012.
③ 国务院发展研究中心. 土地制度改革与转变发展方式 [R]. 2012.

我国政府在 2010~2012 年，多次出台房价的调控措施，包括各种限价、限购等政策。但是对于地价增长的趋势并没有产生显著影响。《中国城市地价动态监测系统》数据显示，2010 年 35 个重点监测城市①中，第四季度住宅用地均价为 4245 元/平方米，至 2018 年第四季度，上升至 10219 元/平方米。其中，重点城市的东部地区平均地价水平远超西部和中部地区，住宅用地地价高达 18519 元/平方米，是西部地区 5046 元/平方米的将近 4 倍，而中部地区地价最低为 4036 元/平方米，东部、中部两地住宅地价水平值差距高达 14483 元/平方米（如表 4-29 所示）。

表 4-29    2016~2020 年我国东、中、西部地区重点城市住宅地价水平

| 地区 | 2016 年第三季度* | | 2017 年第四季度 | | 2018 年第四季度 | | 2019 年第四季度 | 2020 年第三季度* |
|---|---|---|---|---|---|---|---|---|
| | 住宅地价水平值（元/平方米） | 同比增速（%） | 住宅地价水平值（元/平方米） | 同比增速（%） | 住宅地价水平值（元/平方米） | 同比增速（%） | 同比增速（%） | 同比增速（%） |
| 重点监测城市 | 8398 | 8.93 | 9521 | 10.39 | 10219 | 7.33 | 4.91 | 2.68 |
| 东部地区 | 15020 | 13.98 | 17309 | 11.07 | 18519 | 6.99 | 4.16 | 2.06 |
| 中部地区 | 3355 | 7.25 | 3738 | 9.28 | 4036 | 7.98 | 5.62 | 2.35 |
| 西部地区 | 4226 | 1.69 | 4695 | 9.95 | 5046 | 7.48 | 5.46 | 4.19 |

说明：*第四季度无相关数据，所以使用第三季度数据。
资料来源：自然资源部（国土资源部）《全国主要城市地价监测报告》。

同时，地价指数显示，2020 年第三季度，以 2000 年为基期的住宅平均地价指数为 397，上涨速度远远超过商服用地的 300，和工业用地的 231。②

根据上述数据可以看出，我国住宅地价增长速度有所减缓，但是一直保持持续增长，随着新型城镇化的建设进程，住宅土地市场的供需仍然强劲。土地价值的增长必然表现为房地产价值的发展趋势，在此房地产价值基础上征收房地产税，税基具有可持续性。

---

① 35 个监测城市是指除拉萨市以外的 35 个直辖市、省会（首府）城市和计划单列市。

② 自然资源部：《2020 年第三季度全国主要城市地价检测报告》。

### 四、应纳税房产规模及增值能力可观

随着经济的发展，全面建成小康社会的目标和方针政策的实施，2000年以来，我国居民收入水平快速增长，消费水平不断提高，2019年人均可支配收入超过3万元，2019年居民人均消费支出超过2万元，生活质量稳步提升，消费结构优化升级，居民的居住条件得到显著改善。2019年我国城镇居民人均住房建筑面积为39.8平方米，比2002年增长62.1%。按2019年全国城镇人口数84843万人计算，我国2019年城镇住房建筑面积共有322.4亿平方米。① 此外，REICO工作室发布的《中国房地产市场研究报告》预测数据显示，2030年我国城镇居民人均居住面积为43.4平方米，城镇住宅存量面积在429亿平方米左右，比2020年累计净增124亿平方米（见图4-21）。上述两组数据显示，我国城镇住宅存量规模庞大，作为房地产税的税基，税收潜力非常可观。

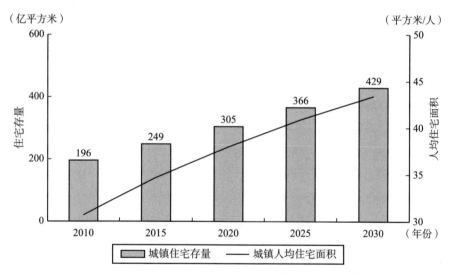

**图4-21　2010～2030年城镇住宅存量变动及人均住宅面积预测**

资料来源：REICO工作室. 未来20年我国城镇住宅建设发展空间［R］. 2011。

2020年央行发布《2019年中国城镇居民家庭资产负债情况调查》中显示，中国家庭资产以实物资产为主，而住房是最主要的实物资产，占到家庭实物资产的74.2%，家庭住房拥有率达到96%。我国城镇居民家庭

---

① 根据国家统计局数据整理得出。

户均拥有住房套数已经超过一套，数值为 1.5 套，其中一套住房的家庭占比为 58.4%，而拥有两套住房的家庭占比为 31%，拥有三套及以上住房的家庭占比为 10.5%。① 虽然地域间差异仍然显著，但上述数据以及中国传统家庭观念，都使得我国自有住房数量不断增加。数量增加的同时，住房市值相较于获得成本增长幅度非常大。②《中国家庭金融调查》（2011）数据显示城市有房家庭的第一套住房获得成本为 19.10 万元，而当前市值 84.10 万元，平均收益率高达 340.31%，可见，家庭住房成本价格与当前价值差异较大，表明住房的保值增值能力非常强，因此存量房的高额市值蕴藏着巨大的纳税潜力。

综上，居民保有环节征收的房地产税，税基范围由之前的交易房产扩大到居民保有住房，其数量、价值都将为稳定、充足的税源提供保障。

① 此数据统计样本约 3 万余户，来源：https：//baijiahao. baidu. com/s？ id = 1665005831393049796&wfr = spider&for = pc。
② 西南财经大学中国家庭金融调查与研究中心. 中国家庭金融调查报告 ［M］. 成都：西南财经大学出版社，2012.

# 第五章  征收居民房地产税的效应分析

征收居民房地产税主要影响的是纳税人和征税人，即我国的城镇居民和地方政府。本章主要分析我国征收居民保有环节房地产税以后对二者的影响。对于我国城镇居民，必然会增加居民的纳税负担，因此，首先分析城镇居民的纳税能力值，即社会效应；对地方政府，征税会带来财政收入，所以，再对征收房地产税所带来的财政收入与地方总体税收和总体财政收入之间的关系来讨论房地产税的收入效应。

## 第一节  征收居民房地产税的社会效应

统一税制应该是公平的，意味着每个纳税者应对政府承担他"合理的份额"。但如何确定"合理的份额"，学术界一直无法达成一致。目前关于税负公平，主流的思想有两种，一种是建立在"受益原则"的基础上，另一种是依据"纳税能力"原则。"受益原则"始于亚当·斯密和早期的学者，主张公平税制，每个纳税人应该根据他从公共劳务中的受益情况进行纳税。"纳税能力"原则是从税收问题自身角度考察，即确定一个总的财政收入，而每个纳税者按照他的纳税能力进行纳税。

"每个国家的公民应该向政府提供相当于他们各自支付能力比例的贡献，这个贡献应该是根据他们各自在国家保护下所能享受的收入的比例。"[①] 这句话同时结合了受益原则和纳税能力原则。受益在此被视为所获得的保护，从而与收入发生联系，而收入反过来又是衡量纳税能力的

---

① 亚当·斯密. 国民财富的性质和原因的研究：下卷 ［M］. 郭大力，王亚南，译. 北京：商务印书馆，1972.

一种手段。①

## 一、中国城镇居民的房地产税纳税能力分析

建立新的税种或者进行税制改革，纳税能力一直是不可忽略的研究对象。中国属于转型经济体，在关于房地产税改革的过程中有诸多因素需要考虑，其中纳税能力和税负尤其重要。

房地产税是对居民住房保有环节征收的税种，而中国房产有几项特殊之处。第一，中国的房产类型存在多种，包括福利分房、单位共有产权住房、房改房、政府或单位提供的免费住房、经济适用房等多种类型，并不都是从市场购买而得。根据 CFPS 2018 年调查数据，目前完全自有住房这种形式占比 74.10%，其他住房形式占比 25.90%，据调查，福利分房、房改房等住房形式基本成为历史，新增住房除了经济适用房（而经济适用房应属于房地产税的减免范围），基本属于市场购房，因此这种多产权形式的状况随着时间会逐渐减弱。第二，家庭获得房产后，收入状况基本不会有太大改变，然而中国房产的市值增长较快，CEIC② 数据表明，1999~2020 年，中国房价每个月的增长率约为 5.7%，1998~2018 年，住宅销售价格每月平均增长 8467 元。③ 因此，房产的市值远远高于购入时的成本。这也是我国房价收入比远远高于大多数发达国家的主要原因。而大多数国家房地产税的税基是以市场价值为基础的调整，这样的房地产税会给这些家庭造成极大的负担。第三，在购买房产的过程中，很多家庭尤其是年轻夫妇，是涉及多个家庭的。年轻夫妇购买商品房时除了考虑自身的收入水平，同时还需要双方父母的积蓄来支付首付，CFPS 2018 年数据表明有10.42% 的家庭购房是由父母或子女提供的，在这种情况下购房者的纳税能力需要重新评估。

因此，征收居民房地产税，需要建立衡量纳税能力的框架，进行推导测算，将纳税能力原则应用于中国房地产税的设计中。本书拟通过实证分析方法，利用纳税能力模型对含家庭特征和住房特征的调查数据进行纳税能力测算，通过测算结果与国际数据进行比较分析，得出我国征

---

① 理查德·A. 马斯格雷夫. 财政理论与实践（第 5 版）[M]. 北京：中国财政经济出版社，2003：231.

②③ 司尔亚司数据信息有限公司（CEIC）全球数据库 [EB/OL]. https://www.ceicdata.com/zh-hans/indicator/china/house-prices-growth.

收居民房地产税的可行性。数据实证分析结果可以为中国房地产税改革提供重要的数据支撑。本书结果亦可为其他过渡经济体的房地产税政策提供可借鉴经验。

## 二、现有研究和理论基础

亚当·斯密在《国富论》中提出了关于一般赋税的四个原则，"纳税能力原则"是四个原则中的第一个："一国国民，各须在可能范围内，按照比例于各自的资力，即按照比例于各自在国家保护下享得的收入，提供国赋，维持政府"[①]。

前面已经介绍税收原则中为了实现公平，要遵循受益原则和纳税能力原则，但是在讨论房地产税的征收时通常遵循的原则是纳税能力原则。如果要依据受益原则征收房地产税，那意味着所有房地产所获得的公共服务都是相等的，而且这些服务所对应的价值正好与房地产税收相匹配，这些在实际中均难以实现。而纳税能力原则揭示税收是政府筹集一定财政收入手段，纳税能力原则比受益原则更容易成为征收房地产税税制设计的依据。因此，在18世纪和19世纪早期的税收体系设计中，纳税能力成为税制设计的主要原则（Smith，1776；Mill，1865）。之后要讨论的就是如何衡量和确定纳税能力。

如何测量纳税能力一直是学术界和政策制定者讨论的焦点，要实现与纳税能力相关的横向公平和纵向公平，需要有一种能对纳税能力进行衡量的数量标准，因为只有恰当衡量纳税能力之后，才能应用这个原则进行税制设计，但学者们对此存在很大争议。理想的角度是这个标准能够反映每个人（或家庭）在整个纳税期间所能得到的全部福利，应该包括拥有的财富、消费（现在和未来的）、甚至享有的闲暇等。但是这些标准几乎无法获取，尤其是闲暇，无法通过价值来衡量。因此，需要在已有的条件下选择一些可以获取和测量的指标。潜在的指标包括收入（临时收入或永久收入）、消费、财富（财产）及其他替代变量（Musgrave & Musgrave，1989；Utz，2001）。当然，一些学者认为财富和消费的评估存在着制度性漏洞（Buehler，1945；Netzer，1966）。而要衡量收入，应选择永久收入或者净收入（Ihlanfeldt，1979，1981；Buehler，1945）。

---

① 亚当·斯密. 国富论［M］. 郭大力，王亚南，译. 上海：上海三联书店，2009.

### 三、纳税能力指标的选择及模型的建立

美国税收基金会数据显示，美国 2010 年房地产税有效税率平均值为 1.14%，房地产税税额占家庭年收入的比重为 3.25%，如果按照收入来计算纳税能力，则纳税能力值为 30。[①] 房地产税属于地方税，因此美国 800 多个郡（county）的数据存在很大不同，按照收入计算的纳税能力值最低的为 10.5，最高的则达到 169.5，这意味着美国房地产税税负差异非常巨大。与美国毗邻的加拿大 1998 年的数据显示，当年房地产税税额占家庭收入比重的平均值为 2.9%，但是数据同时显示在年收入较低的家庭中（低于 2 万美元）房地产税额占比高达 10%，对家庭属于高额负担，而其他收入的家庭，房地产税额占比一般在 5% 以下，存在收入越高比重越低的现象，所以对于高收入家庭税负较低。[②]

本书在我国进行经济新发展以及完善地方税制的基础上研究房地产税，拟测量其可能以及可行的纳税能力。根据"纳税能力"原则，推导出计算纳税能力的三种不同方法：以收入为基础、以消费为基础、以财富为基础。在计算纳税能力时，分别计算收入、消费、财富对于房地产税额的倍数，得出相对应的纳税能力值。

#### （一）以收入为基础

居民房地产税一般是以家庭为单位进行征收，因此这里的收入设定为家庭总收入或可支配收入 $Inc$。$V$ 为房地产价值，$t$ 为房地产税率，根据上述分析，房地产税的纳税能力和收入呈正相关，与有效税率和房地产价值呈负相关，因此纳税能力的计算公式为：

$$ATP = \frac{Inc}{tV} \tag{5-1}$$

#### （二）以消费为基础

消费（$C$）包含两部分，基本消费 $C_1$ 和其他消费 $C_2$，$C = C_1 + C_2$。其中，基本消费是指家庭总支出中用于购买基本生活必需品的部分，主要包括服装、食品、交通和基本医疗，其他消费是家庭总支出减去基本消费的部分，主要包含用于教育、卫生保健、娱乐、旅游等支出。因为受到数据限制，$C_1$ 通过当年全国恩格尔系数 $e$ 计算，即 $C_1 = eC$。在以消费为基础

---

① 资料来源：有效税率 = 税额/房产价值；纳税能力值 30 = 1/3.25%。美国税收基金会（The Tax Foundation），http：//taxfoundation. org/article_ns/。

② 加拿大统计局，http：//www. statcan. gc. ca/pub/75 001 x/00703/6578 eng. html。

测算房地产税纳税能力时，排除基本消费（$C_1$），因此纳税能力的计算公式为：

$$ATP = \frac{C_2}{tV} = \frac{(1-e)C}{tV} \qquad (5-2)$$

公式表明：恩格尔系数越高（基本消费所占比例越高），房地产税纳税能力越低。

**（三）以财富为基础**

在此将财富（$W$）可分为两类：不动产及其他资产，即 $W = W_1 + W_2$。$W_1 = V$ 为家庭拥有的不动产或房地产，$W_2$ 为包括现金、家庭储蓄的金融资产 $F$。众所周知，财富会产生回报（$r$），不同财富的回报率也不同。因此拥有财富会带来的回报值为 $r_1W_1$ 和 $r_2W_2$，因为回报已经在家庭全年的收入中进行计算，因此在以财富为基础计算纳税能力时并没有考虑这部分收益。

$$ATP = \frac{W_1 + W_2}{tV} = \frac{V + F}{tV} \qquad (5-3)$$

三种不同基础进行的测算，主要计算房地产税的纳税能力。如果以收入为基础进行测试，计算出的纳税能力若等于80，意味着纳税人每年的收入是房地产税额的 80 倍，也可以解释为房地产税额是纳税人收入的 1.25%。在此基础考察我国居民房地产税的纳税能力。

国内各省份经济发展水平差异较大，但是通常经济发达地区的收入、消费和财富水平要高于欠发达地区，房地产价值也是同样，因此预测按照相同税率测算出的纳税能力指数在经济发达地区未必很高。同时，家庭收入可以分为高中低水平，通常认为高收入家庭纳税能力应高于低收入家庭，但是房地产税纳税能力取决于两个因素，除了家庭收入以外还有拥有的房地产价值，通常高收入家庭拥有的房地产价值应当也较高，因此在两者比较得出的纳税能力值方面不能确定哪类家庭的数值会更高。

下面的实证分析是在数据可得的条件下，分别在三种基础上计算纳税能力值，比较不同计算基础的异同点；并考虑时间、地区、家庭收入水平、拥有房地产套数等因素，对不同家庭纳税能力值进行比较。

**四、数据、方法和结果**

在数据选取上，同第四章第三部分，依然采用 CFPS 2010～2018 年数据。数据来源 2010 年、2012 年、2014 年、2016 年、2018 年五年的入户调查数据，经过数据整理后保留分布在 30 个不同省份的 31373 个家庭

（部分测算中去掉了 8197 个多套房家庭）为单位的有效观测值，包括家庭特征和住房特征。其中家庭特征包括收入、消费、财富等；住房特征包括房地产市值、住房面积、拥有房地产套数等。

首先是对不同家庭纳税能力值的测算。

## （一）不同测量基础下的纳税能力值比较

首先计算纳税能力值时，选取的样本范围是只有一套房的家庭，即舍弃多套房的家庭。进行这样的设计主要考虑到，对于是否开征居民房地产税存在很大争议的地方在于房屋属于"衣食住行"中的"住"，属于基本的生存基础，而单套房家庭拥有的房地产是他们的唯一住房，基本不会以投资为目的持有，而这一部分家庭的纳税能力，将直接反映出房地产税对于居民生活带来的影响，对于是否开征此税种有着重要的决定作用。因此，首先测算时选择单套房家庭（经过删除"乡村"家庭和房屋不是"完全自有"家庭等数据清理，保留 25544 个样本），测算当对这些家庭征收房地产税时，依据不同的测算基础，他们的税收负担能力如何。通过前面的国际比较以及模拟测算，认为目前中国比较可行的有效税率（effective tax rate）是 0.5%，因此选择 0.5% 的有效税率[①]进行纳税能力值的测算。

### 1. 以收入为基础

根据公式（5 - 1），选取 CFPS 2010 ~ 2018 年五个调查年度的家庭数据，测算出以收入为基础计算的纳税能力值。在测算时，选择的是单套房家庭，住房价值为住房市场价值，收入选择了家庭总收入（包括经营性收入、工资性收入、财产性收入、政府的补助补贴或他人的经济支持等）和工资收入（税后工资收入）分别测算。测算结果显示（见表 5 - 1），以总收入计算的纳税能力值全国平均值约为 87，以工资收入测算的纳税能力值低于总收入，全国平均值为约为 62。纳税能力值年度之间的变动受两个因素影响，一个是家庭收入不固定，第一个是每年的房地产市场价值存在波动。纳税能力值约为 87 意味着，房地产税额约占家庭收入的 1.15%，与大多数国家的房地产税税负相比比重较低，而以工资收入计算的纳税能力值 62 意味着房地产税额约占家庭收入的 1.6%，也属于较低水平（2010 年美国房地产税负约为家庭收入的 3.25%），因此以收入为基础测算房地产税的纳税能力值处于可接受水平。

---

① 有效税率为 0.5%，意味着计算房地产税额时，用房地产价值乘以 0.5% 得出。

表5-1　　以收入为基础测算房地产税纳税能力值（各年度数据）

| 年度 | 以总收入为基础 | | 以工资收入为基础 | |
|---|---|---|---|---|
| | 纳税能力值 | 观测值数量（个） | 纳税能力值 | 观测值数量（个） |
| 2010 | 87. 87689 | 3390 | 81. 25819 | 3008 |
| 2012 | 82. 37319 | 3284 | 74. 3485 | 2322 |
| 2014 | 88. 97062 | 7436 | 41. 10842 | 3138 |
| 2016 | 93. 53139 | 3717 | 61. 38068 | 1545 |
| 2018 | 80. 92065 | 3596 | 52. 47791 | 1699 |
| 合计 | 87. 22628 | 21423 | 62. 33378 | 11712 |

对于 CFPS 数据以家庭收入进行分组测试（见表 5-2）[1]，结果显示，以总收入为基础的纳税能力值要高于工资收入计算的纳税能力值。而在总收入测算中，低收入家庭的纳税能力值最高，其次是中高收入家庭，最低的为高收入家庭，分析原因应是高收入家庭的房地产价值较高的结果，由第四章数据可以看出，高收入家庭的房产价值远高于低收入和中低收入家庭。在以工资收入为基础计算纳税能力值中显示，中高收入家庭的纳税能力最强，其次是低收入家庭，此结果应是由于中高收入家庭的工资收入高于中低收入家庭，而低收入家庭房地产价值却远低于高收入家庭。

表5-2　　以收入为基础测算房地产税纳税能力值（按家庭收入分组）

| 家庭收入状况 | 以总收入为基础 | | 以工资收入为基础 | |
|---|---|---|---|---|
| | 纳税能力值 | 观测值数量（个） | 纳税能力值 | 观测值数量（个） |
| 低收入家庭 | 96. 67511 | 7111 | 61. 31386 | 5054 |
| 中低收入家庭 | 84. 61901 | 4376 | 56. 42157 | 2534 |
| 中高收入家庭 | 94. 23270 | 3987 | 65. 03961 | 2013 |
| 高收入家庭 | 73. 15403 | 5949 | 44. 54727 | 1871 |
| 合计 | 87. 22628 | 21423 | 58. 15247 | 11472 |

通过表 5-3 可以看出，各省份的纳税能力差异很大。纳税能力值高于 100 的省份包括黑龙江、四川、贵州、甘肃、河北、广西，而纳税能力

---

[1]　将家庭收入分为四组，第 1~4 组分别为低收入家庭（0~30%）、中低收入家庭（30%~50%）、中高收入家庭（50%~70%）、高收入家庭（70%以上）。

值较低的是北京、天津和上海，分析原因当然是由于北京、天津和上海的房地产价值较高造成的，而不是由于黑龙江、四川等省份的家庭收入高。由此可以看出影响纳税能力值的主要因素不是家庭收入的差异，而是房地产价值的差异。当然，此处的测算为了简便采用了全国统一的税率，而房地产税属于地方税种，真正开征时定然是各地方政府根据当地经济水平制定符合当地财政需要的税率。

表5-3　　以收入为基础测算房地产税纳税能力值（分省份数据）

| 省份 | 以总收入为基础 | | 以工资收入为基础 | |
|------|----------|----------------|----------|----------------|
| | 纳税能力值 | 观测值数量（个） | 纳税能力值 | 观测值数量（个） |
| 北京 | 23.7806 | 143 | 11.5445 | 82 |
| 天津 | 31.9902 | 168 | 24.3439 | 124 |
| 河北 | 126.6793 | 1018 | 90.1137 | 490 |
| 山西 | 55.3041 | 715 | 40.1936 | 370 |
| 内蒙古 | 64.6070 | 12 | 46.4692 | 7 |
| 辽宁 | 62.5521 | 2674 | 47.7661 | 1501 |
| 吉林 | 81.1305 | 532 | 59.3758 | 284 |
| 黑龙江 | 191.3862 | 1337 | 118.1680 | 923 |
| 上海 | 33.6674 | 2159 | 30.7957 | 1474 |
| 江苏 | 86.0421 | 616 | 56.0175 | 401 |
| 浙江 | 67.0564 | 391 | 51.2029 | 292 |
| 安徽 | 87.7867 | 615 | 69.1255 | 300 |
| 福建 | 67.5687 | 150 | 74.4241 | 84 |
| 江西 | 67.1382 | 236 | 39.1366 | 128 |
| 山东 | 77.2996 | 923 | 59.9211 | 429 |
| 河南 | 75.4818 | 2198 | 53.3804 | 1146 |
| 湖北 | 41.7833 | 547 | 160.8905 | 372 |
| 湖南 | 69.6473 | 885 | 48.7837 | 448 |
| 广东 | 65.8215 | 1726 | 53.2505 | 1040 |
| 广西 | 107.0200 | 334 | 59.7049 | 106 |
| 海南 | 52.0000 | 5 | 51.2000 | 5 |
| 重庆 | 75.5898 | 314 | 73.7158 | 156 |
| 四川 | 174.4362 | 1098 | 95.5962 | 436 |

续表

| 省份 | 以总收入为基础 | | 以工资收入为基础 | |
|---|---|---|---|---|
| | 纳税能力值 | 观测值数量（个） | 纳税能力值 | 观测值数量（个） |
| 贵州 | 137.8946 | 440 | 98.9177 | 193 |
| 云南 | 95.7828 | 451 | 27.2607 | 149 |
| 陕西 | 55.1862 | 374 | 44.6895 | 194 |
| 甘肃 | 134.1579 | 1338 | 67.4589 | 567 |
| 青海 | 53.3333 | 1 | 22.2222 | 1 |
| 宁夏 | 75.6000 | 1 | 22.8000 | 1 |
| 新疆 | 71.2787 | 16 | 55.8874 | 7 |
| 合计 | 87.2275 | 21417 | 62.3392 | 11710 |

按照家庭拥有的房地产价值分组数据显示（见表 5 - 4），房地产价值越低，纳税能力值越高，因此可以判断纳税能力值主要受到房地产价值的影响，同家庭收入分组得出的结论相一致。

表 5 - 4　　以收入为基础测算房地产税纳税能力值（按房产价值分组）

| 房产价值分组 | 以总收入为基础 | | 以工资收入为基础 | |
|---|---|---|---|---|
| | 纳税能力值 | 观测值数量（个） | 纳税能力值 | 观测值数量（个） |
| <50 万元 | 112.5816 | 15592 | 83.85225 | 8015 |
| 50 万~100 万元 | 25.45691 | 3123 | 20.70653 | 1909 |
| 101 万~150 万元 | 15.87537 | 1105 | 13.59164 | 717 |
| 151 万~200 万元 | 12.7162 | 465 | 10.38245 | 310 |
| >200 万元 | 9.067655 | 1138 | 7.207389 | 761 |
| 合计 | 87.22628 | 21423 | 62.33378 | 11712 |

2. 以消费为基础

在以家庭消费［在此，消费是去掉基础消费以外的其他消费数量，参见公式（5 - 2）］为基础进行纳税能力值测算，平均纳税能力值约为 69，低于收入基础的纳税能力（见表 5 - 5）。按照家庭消费分组测算得出的结论，与收入基础的差异较大：以收入为基础测算时，纳税能力最强的是低收入家庭，但以消费测算时，纳税能力值最高变为了高收入家庭（见表 5 - 6），这更接近"高收入者纳税能力强于低收入者"的理论。各省份数据差异依然很大，同时纳税能力较强的依然是黑龙江、四川等房地产价值较低的省份（见表5-7），与收入基础测算结果相似。对于房地产价值分组的纳税能力值也相似于收入基础计算的结果，房地产价值越高，纳税能力值越低（见表5-8）。

表5-5　　　　　以消费为基础纳税能力值测算（各年度数据）

| 年份 | 纳税能力值 | 观测值数量（个） |
| --- | --- | --- |
| 2010 | 46.80779 | 3231 |
| 2012 | 48.71072 | 3149 |
| 2014 | 69.04231 | 7686 |
| 2016 | 92.05803 | 3786 |
| 2018 | 86.31605 | 3357 |
| 合计 | 69.47899 | 21209 |

表5-6　　　　　以消费为基础纳税能力值测算（家庭收入分组）

| 家庭收入分组 | 纳税能力值 | 观测值数量（个） |
| --- | --- | --- |
| 低收入家庭 | 58.85571 | 6801 |
| 中低收入家庭 | 57.30708 | 4238 |
| 中高收入家庭 | 70.66241 | 3836 |
| 高收入家庭 | 92.61351 | 5731 |
| 合计 | 70.12395 | 20606 |

表5-7　　　　　以消费为基础纳税能力值测算（各省份数据）

| 省份 | 纳税能力值 | 观测值数量（个） | 省份 | 纳税能力值 | 观测值数量（个） |
| --- | --- | --- | --- | --- | --- |
| 北京 | 11.72857 | 138 | 河南 | 56.12315 | 2184 |
| 天津 | 22.22855 | 168 | 湖北 | 60.41226 | 535 |
| 河北 | 70.48896 | 989 | 湖南 | 52.36644 | 892 |
| 山西 | 51.59776 | 719 | 广东 | 43.23943 | 1761 |
| 内蒙古 | 65.30577 | 12 | 广西 | 74.68266 | 324 |
| 辽宁 | 50.95912 | 2662 | 海南 | 52.19667 | 5 |
| 吉林 | 65.05288 | 534 | 重庆 | 52.02837 | 311 |
| 黑龙江 | 160.7888 | 1346 | 四川 | 147.9161 | 1087 |

续表

| 省份 | 纳税能力值 | 观测值数量（个） | 省份 | 纳税能力值 | 观测值数量（个） |
|---|---|---|---|---|---|
| 上海 | 19.29343 | 2076 | 贵州 | 106.9693 | 439 |
| 江苏 | 57.22912 | 594 | 云南 | 95.30858 | 436 |
| 浙江 | 57.31133 | 363 | 陕西 | 43.29079 | 379 |
| 安徽 | 77.68687 | 612 | 甘肃 | 113.7359 | 1329 |
| 福建 | 39.35628 | 150 | 宁夏 | 29.7708 | 2 |
| 江西 | 66.63474 | 225 | 新疆 | 345.6056 | 18 |
| 山东 | 73.41706 | 913 | 合计 | 69.4059 | 21203 |

**表5-8　　　　以消费为基础纳税能力值测算（按房产价值分组）**

| 房产价值分组 | 纳税能力值 | 观测值数量（个） |
|---|---|---|
| <50万元 | 88.1129 | 15494 |
| 50万~100万元 | 26.56678 | 3080 |
| 101万~150万元 | 13.72042 | 1075 |
| 151万~200万元 | 10.35859 | 448 |
| >200万元 | 6.423473 | 1112 |
| 合计 | 69.47899 | 21209 |

### 3. 以财富为基础

以财富为基础测算的纳税能力值平均约为51（见表5-9），相似于以收入为基础的结果，高收入家庭纳税能力低于低收入家庭（见表5-10），黑龙江、四川等省份的纳税能力值较高（见表5-11）。但是在房地产价值分组中，房产价值在151万~200万元之间的纳税能力大于房地产价值在101万~150万元之间的家庭（见表5-12），可能由于这部分样本数量较少（434个家庭）的原因，也可能是其他原因，不过房地产价值最高的家庭依然是纳税能力最低。

**表5-9　　　　以财富为基础纳税能力值测算（分年度数据）**

| 年份 | 纳税能力值 | 观测值数量（个） |
|---|---|---|
| 2010 | 21.01189 | 3507 |
| 2012 | 43.71691 | 3353 |

| 年份 | 纳税能力值 | 观测值数量（个） |
|---|---|---|
| 2014 | 46. 05842 | 7276 |
| 2016 | 95. 84188 | 3664 |
| 2018 | 52. 83407 | 3539 |
| 合计 | 51. 24593 | 21339 |

表 5 – 10　　　　以财富为基础纳税能力值测算（家庭收入分组数据）

| 家庭收入分组 | 纳税能力值 | 观测值数量（个） |
|---|---|---|
| 低收入家庭 | 69. 82122 | 6761 |
| 中低收入家庭 | 45. 58333 | 4209 |
| 中高收入家庭 | 52. 53094 | 3859 |
| 高收入家庭 | 33. 40117 | 5790 |
| 合计 | 51. 41041 | 20619 |

表 5 – 11　　　　以财富为基础纳税能力值测算（各省份数据）

| 省份 | 纳税能力 | 观测值数量（个） | 省份 | 纳税能力 | 观测值数量（个） |
|---|---|---|---|---|---|
| 北京 | 24. 2116 | 141 | 湖北 | 24. 4668 | 544 |
| 天津 | 25. 295 | 170 | 湖南 | 42. 92602 | 900 |
| 河北 | 72. 76618 | 997 | 广东 | 31. 58113 | 1739 |
| 山西 | 36. 89984 | 715 | 广西 | 54. 26245 | 331 |
| 内蒙古 | 73. 41266 | 12 | 海南 | 14. 11111 | 4 |
| 辽宁 | 36. 53554 | 2719 | 重庆 | 32. 10804 | 308 |
| 吉林 | 41. 55321 | 538 | 四川 | 105. 7641 | 1086 |
| 黑龙江 | 70. 11007 | 1361 | 贵州 | 12. 9575 | 447 |
| 上海 | 90. 46127 | 2051 | 云南 | 31. 96985 | 454 |
| 江苏 | 62. 74084 | 600 | 陕西 | 26. 72458 | 360 |
| 浙江 | 60. 5248 | 341 | 甘肃 | 44. 84164 | 1364 |
| 安徽 | 37. 97875 | 629 | 青海 | 22. 22222 | 1 |
| 福建 | 15. 93232 | 144 | 宁夏 | 0. 1 | 2 |
| 江西 | 36. 85556 | 221 | 新疆 | 16. 07495 | 18 |
| 山东 | 55. 78486 | 939 | 合计 | 51. 15626 | 21334 |
| 河南 | 43. 29579 | 2198 | | | |

**表 5 - 12　　　　　　以财富为基础纳税能力值测算（分年度数据）**

| 房产价值分组 | 纳税能力值 | 观测值数量（个） |
|---|---|---|
| <50 万元 | 61. 94304 | 15664 |
| 50 万 ~ 100 万元 | 25. 94515 | 3066 |
| 101 万 ~ 150 万元 | 16. 89223 | 1068 |
| 151 万 ~ 200 万元 | 20. 76706 | 434 |
| >200 万元 | 15. 04928 | 1107 |
| 合计 | 51. 24593 | 21339 |

图 5 - 1 显示有效税率为 0.5% 时，不同衡量指标下的房地产税纳税能力分布。四种不同方法计算出的结果分布非常相似。核密度分布图都是右偏，说明大多数家庭纳税能力较低，只有少数家庭纳税能力值较高。曲线宽度较窄，意味着家庭间纳税能力值差异较小。从分布延展性来看，明显有拖尾现象，表明纳税能力值高的家庭与低的家庭之间持续拉开差距。

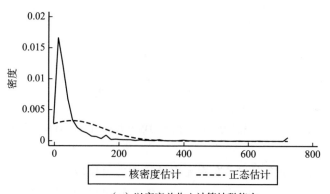

（a）以家庭总收入计算纳税能力

说明：核函数 = epanechnikov，带宽 = 3. 9159。

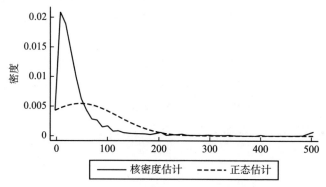

（b）以家庭工资收入计算纳税能力

说明：核函数 = epanechnikov，带宽 = 3. 8930。

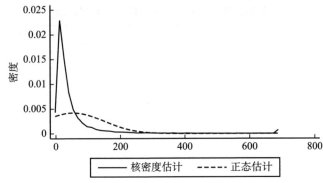

（c）以消费计算纳税能力

说明：核函数 = epanechnikov，带宽 = 3.6231。

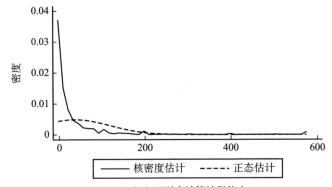

（d）以财富计算纳税能力

说明：核函数 = epanechnikov，带宽 = 3.0288。

**图 5 - 1　居民房地产税纳税能力值密度图（四种计算基础）**

### （二）单套房家庭和多套房家庭纳税能力值比较

当测算中包含多套房家庭时，样本家庭数量增加到 31373。各种测算基础得出的纳税能力值均低于只有单套房家庭的数值（如图 5 - 2、表 5 - 13 所示）。可见住房价值对纳税能力的影响大于收入、消费、财富等因素的影响。

在按照家庭收入分组的数据中，中高收入家庭的纳税能力值在以收入为基础测算时最高，而高收入家庭的纳税能力值在以消费为基础测算时最高（见表 5 - 14）。在以房产价值分组测试的结果同上，依然是拥有高价值房屋的家庭纳税能力越低（见表 5 - 15）。

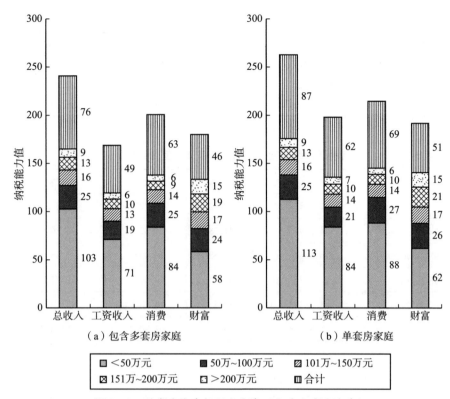

图 5 – 2 单套房家庭与所有家庭（包含多套房家庭）
纳税能力值比较（四种计算基础）

表 5 – 13 四种基础纳税能力值测算（各年度数据）

| 年份 | 总收入 | 工资收入 | 消费 | 财富 |
|---|---|---|---|---|
| 2010 | 77.73246 | 70.23968 | 41.96641 | 19.37963 |
| 2014 | 77.66089 | 35.17969 | 60.30663 | 41.46275 |
| 2016 | 79.22824 | 48.56619 | 77.32012 | 81.49192 |
| 2018 | 67.4493 | 41.67545 | 71.14213 | 45.95238 |
| 合计 | 75.85638 | 49.2985 | 62.90447 | 46.4847 |

表 5 – 14 四种基础纳税能力值测算（家庭收入分组数据）

| 家庭收入组 | 总收入 | 工资收入 | 消费 | 财富 |
|---|---|---|---|---|
| 低收入家庭 | 70.58218 | 39.61605 | 46.80947 | 60.51275 |
| 中低收入家庭 | 72.33903 | 44.20612 | 51.93856 | 42.40986 |

续表

| 家庭收入组 | 总收入 | 工资收入 | 消费 | 财富 |
|---|---|---|---|---|
| 中高收入家庭 | 86.03015 | 60.04172 | 62.69676 | 46.67274 |
| 高收入家庭 | 76.91423 | 45.70762 | 92.03784 | 33.03808 |
| 合计 | 75.85638 | 45.43717 | 63.25219 | 46.52026 |

表 5-15　　　　四种基础纳税能力值测算（房屋价值分组数据）

| 房屋总价值 | 总收入 | 工资收入 | 消费 | 财富 |
|---|---|---|---|---|
| <50 万元 | 102.5932 | 71.10712 | 83.72323 | 58.34578 |
| 50 万~100 万元 | 24.53907 | 18.81278 | 24.82187 | 23.86963 |
| 101 万~150 万元 | 16.02586 | 12.89863 | 14.0579 | 17.35695 |
| 151 万~200 万元 | 13.1987 | 10.0304 | 8.871659 | 18.71847 |
| >200 万元 | 8.583082 | 6.49055 | 6.382894 | 15.13704 |
| 合计 | 75.85638 | 49.2985 | 62.90447 | 46.4847 |

图 5-3 显示有效税率为 0.5% 时，不同样本家庭组衡量指标下的房地产税纳税能力分布。四种不同计算基础得出的结果分布基本相同，多套房家庭的房地产税纳税能力低于单套房家庭，拥有的房地产价值越高的家庭纳税能力越低。

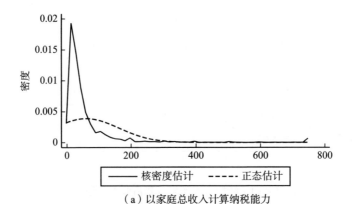

（a）以家庭总收入计算纳税能力

说明：核函数 = epanechnikov，带宽 = 3.9159。

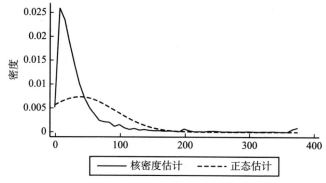

（b）以家庭工资收入计算纳税能力

说明：核函数 = epanechnikov，带宽 = 3.0416。

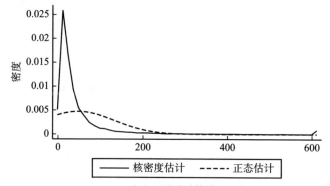

（c）以消费计算纳税能力

说明：核函数 = epanechnikov，带宽 = 3.1686。

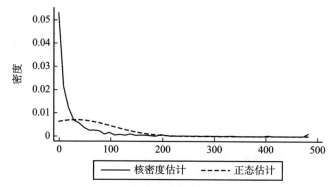

（d）以财富计算纳税能力

说明：核函数 = epanechnikov，带宽 = 2.6999。

**图 5 - 3 包含多套房家庭纳税能力值密度图（四种测算基础）**

## 五、结论

2020 年，世界格局发生着变化，对中国的政治、经济、人民生活都产生巨大的影响。中国正处经济发展和转型的关键时期，财税政策也在不断地深化和变革，针对多次出现在政府工作报告中的房地产税的改革，本书构建了衡量房地产税纳税能力不同计量基础的测算框架，虽然采用的是家庭调查数据，但是依然具有实证价值。在以收入（总收入和工资收入）、消费、财富不同测量基础对纳税能力测算的结果显示，各测量基础之间密切相关，且各基础之间测算的结果具有很高的相似性，并且当前纳税能力的决定性因素是家庭收入和拥有的住房价值两个方面。结论也表明对于房地产税的税收减免政策应该考虑以收入为依据进行设计。

进行纳税能力值测算的过程中，同时使用 CFPS 数据对于不同省份、住房套数、是否有住房贷款、住房产权形式、家庭总收入、拥有住房价值等因素进行分组测算，对房地产税的纳税能力值进行了多维度的比较。结论显示不同省份，纳税能力值之间存在巨大差异，这更进一步说明房地产税的地方税特性，需要各地方政府依据地域的具体情况来进行政策设计以及征收管理，进行差异化设计。

综上，通过实证分析的方法验证了纳税能力值主要受到拥有住房价值以及家庭社会经济状况的影响，同时纳税能力值还受很多其他因素影响，测算结果有一些意外但合理的发现。此部分的定量分析表明，中国的家庭以及拥有房地产的状况较复杂，因此进行房地产税收制度设计时要考虑诸多复杂因素，此部分的研究为房地产税改革提供了重要的实证数据。

## 第二节　征收居民房地产税的收入效应预测

### 一、重庆、上海房地产税试点效果统计

#### （一）筹集地方财政收入的作用

根据《中国统计年鉴（2020）》数据显示，2019 年重庆征收的房产税税额为 73.15 亿元，占财政税收收入总额的 4.75%，占地方财政一般预算收入的 3.43%。2011 年重庆、上海开始征收本书中讨论的居民房地产税，至 2019 年重庆房产税累计征收总额为 434.81 亿元，占财政税收收入总额的 3.7%。上海的数据显示，2019 年上海征收的房产税税额为 216.8 亿元，占地方财政税收收入的比重为 3.49%，占地方财政一般预算收入的 3.03%。2011～2019 年房产税征收总额为 1288.32 亿元，占地方财政税收收入总额的 2.83%。

　　再看全国的数据，2019 年全国房产税收入为 2988.43 亿元，占地方财政税收收入的比重为 3.88%，占地方财政一般预算收入的 2.96%，而未开征居民房地产税的北京 2019 年房产税收入为 353.43 亿元，占地方财政税收收入的比重为 7.35%，占地方财政一般预算收入的 6.09%，河北 2019 年房产税收入为 75.24 亿元，占地方财政税收收入的比重为 2.86%，占地方财政一般预算收入的 2.01%。

　　根据重庆、上海以及全国和北京、河北的数据可以看出，重庆、上海征收的房产税，在筹集地方财政收入的作用并不显著，甚至低于未征收居民房地产税的北京的数额，在地方财政税收收入和一般预算收入中的比例也远远低于 OECD 主要发达国家的数额。

　　根据第三章资料，房地产税是目前多数国家财产税的主要来源，但是发达国家对财产税的运用是不同的，具体体现在财产税占总税收入的比重，如表 5-16 所示。OECD 国家中，2019 年财产税总收入占总税收收入的比重超过 10% 的国家有英国、韩国、美国、以色列和加拿大，其中英国占比最高为 12.4%；而爱沙尼亚、立陶宛、斯洛伐克、捷克和奥地利等国家的财产税的比重较低，爱沙尼亚只占总税收收入的 0.6%。从财产税收入占总税收收入比重可以看出各发达国家制定税制中的差异，进而对于纳税人的税负也有着直接影响。目前，我国房产税收入在地方财政收入中的比重在 2% ~4% 之间，分析原因主要是由于我国尚未建立完善的居民房地产税制度，试点城市的数据依然是征收范围过小、减免范围过大的结果，但是根据国际经验和前面的分析，并不影响通过征收房地产税筹集财政收入的作用，甚至未来成为地方财政收入的主要力量。

表 5-16　　1990 ~2019 OECD 国家财产税占 GDP 和总税收的比重　　单位：%

| 国家 | 财产税占 GDP 比重 | | | | | 财产税占总税收比重 | | | | |
|---|---|---|---|---|---|---|---|---|---|---|
| | 1990 年 | 2000 年 | 2010 年 | 2018 年 | 2019 年 | 1990 年 | 2000 年 | 2010 年 | 2018 年 | 2019 年 |
| 澳大利亚 | 2.5 | 2.7 | 2.4 | 2.7 | 2.7 | 9.0 | 8.8 | 9.4 | 9.5 | 9.8 |
| 奥地利 | 1.1 | 0.6 | 0.5 | 0.5 | 0.5 | 2.7 | 1.3 | 1.3 | 1.3 | 1.3 |
| 比利时 | 1.6 | 2.1 | 3.1 | 3.4 | 3.4 | 3.8 | 4.7 | 7.2 | 7.8 | 8.0 |
| 加拿大 | 3.5 | 3.3 | 3.8 | 3.9 | 3.9 | 10.0 | 9.5 | 12.3 | 11.5 | 11.4 |
| 智利 | 1.0 | 1.3 | 0.8 | 1.1 | 1.1 | 6.2 | 7.0 | 4.1 | 5.2 | 5.5 |
| 哥伦比亚 | 0.2 | 1.0 | 1.6 | 1.5 | 1.8 | 2.2 | 6.6 | 8.7 | 8.0 | 9.1 |
| 哥斯达黎加 | 0.3 | 0.2 | 0.3 | 0.4 | 0.4 | 1.3 | 0.9 | 1.5 | 1.8 | 1.9 |

续表

| 国家 | 财产税占 GDP 比重 | | | | | 财产税占总税收比重 | | | | |
|---|---|---|---|---|---|---|---|---|---|---|
| | 1990 年 | 2000 年 | 2010 年 | 2018 年 | 2019 年 | 1990 年 | 2000 年 | 2010 年 | 2018 年 | 2019 年 |
| 捷克 | — | 0.5 | 0.4 | 0.5 | 0.4 | — | 1.4 | 1.3 | 1.3 | 1.2 |
| 丹麦 | 1.9 | 1.6 | 1.9 | 1.8 | 2.0 | 4.3 | 3.3 | 4.1 | 4.1 | 4.3 |
| 爱沙尼亚 | — | 0.4 | 0.3 | 0.2 | 0.2 | — | 1.2 | 1.0 | 0.7 | 0.6 |
| 芬兰 | 1.1 | 1.1 | 1.1 | 1.4 | 1.4 | 2.4 | 2.4 | 2.7 | 3.4 | 3.4 |
| 法国 | 2.6 | 3.0 | 3.5 | 4.0 | 3.9 | 6.3 | 6.9 | 8.4 | 8.7 | 8.7 |
| 德国 | 1.2 | 0.8 | 0.8 | 1.1 | 1.1 | 3.4 | 2.3 | 2.3 | 2.8 | 2.9 |
| 希腊 | 1.2 | 2.6 | 1.7 | 3.1 | 3.1 | 4.6 | 7.7 | 5.2 | 7.7 | 7.7 |
| 匈牙利 | — | 0.7 | 1.1 | 1.0 | 0.9 | — | 1.7 | 3.1 | 2.6 | 2.6 |
| 冰岛 | 2.6 | 2.8 | 2.3 | 2.0 | 2.1 | 8.4 | 7.9 | 7.0 | 5.5 | 6.0 |
| 爱尔兰 | 1.5 | 1.8 | 1.4 | 1.3 | 1.2 | 4.8 | 5.7 | 5.1 | 5.9 | 5.7 |
| 以色列 | — | 3.1 | 3.3 | 3.2 | 3.1 | — | 9.0 | 10.7 | 10.2 | 10.2 |
| 意大利 | 0.8 | 1.9 | 2.0 | 2.5 | 2.4 | 2.3 | 4.6 | 4.8 | 6.0 | 5.7 |
| 日本 | 2.6 | 2.7 | 2.6 | 2.6 | 2.6 | 9.4 | 10.5 | 9.7 | 8.1 | 8.2 |
| 韩国 | 2.2 | 2.6 | 2.5 | 3.1 | 3.1 | 11.8 | 12.4 | 11.3 | 11.6 | 11.4 |
| 拉脱维亚 | — | 1.1 | 0.9 | 0.9 | 0.9 | — | 3.8 | 3.0 | 3.0 | 3.0 |
| 立陶宛 | — | 0.5 | 0.4 | 0.3 | 0.3 | — | 1.5 | 1.3 | 1.0 | 1.0 |
| 卢森堡 | 2.8 | 3.9 | 2.6 | 3.9 | 3.8 | 8.4 | 10.7 | 7.0 | 9.8 | 9.8 |
| 墨西哥 | 0.2 | 0.2 | 0.3 | 0.3 | 0.3 | 1.9 | 1.8 | 2.3 | 2.0 | 2.0 |
| 荷兰 | 1.5 | 1.9 | 1.4 | 1.6 | 1.5 | 3.7 | 5.3 | 3.8 | 4.0 | 3.8 |
| 新西兰 | 2.5 | 1.7 | 2.0 | 1.9 | 1.9 | 6.8 | 5.3 | 6.6 | 5.8 | 6.2 |
| 挪威 | 1.2 | 1.0 | 1.1 | 1.2 | 1.3 | 2.9 | 2.3 | 2.6 | 3.1 | 3.2 |
| 波兰 | — | 1.4 | 1.3 | 1.3 | 1.3 | — | 4.3 | 4.2 | 3.7 | 3.6 |
| 葡萄牙 | 0.7 | 1.1 | 1.1 | 1.4 | 1.4 | 2.7 | 3.7 | 3.7 | 4.2 | 4.1 |
| 斯洛伐克 | — | 0.6 | 0.4 | 0.4 | 0.4 | — | 1.8 | 1.4 | 1.2 | 1.2 |
| 斯洛文尼亚 | — | 0.6 | 0.6 | 0.6 | 0.6 | — | 1.7 | 1.6 | 1.6 | 1.7 |
| 西班牙 | 1.7 | 2.1 | 2.1 | 2.5 | 2.5 | 5.5 | 6.5 | 6.6 | 7.3 | 7.1 |
| 瑞典 | 1.7 | 1.7 | 1.0 | 0.9 | 0.9 | 3.5 | 3.3 | 2.4 | 2.2 | 2.2 |
| 瑞士 | 2.1 | 2.6 | 2.0 | 2.0 | 2.1 | 8.9 | 9.7 | 7.7 | 7.5 | 7.7 |
| 土耳其 | 0.3 | 0.7 | 1.0 | 1.0 | 1.0 | 2.3 | 3.2 | 4.1 | 4.3 | 4.2 |
| 英国 | 2.7 | 3.8 | 3.8 | 4.1 | 4.1 | 8.2 | 11.4 | 12.0 | 12.6 | 12.4 |
| 美国 | 3.1 | 2.9 | 3.1 | 2.9 | 2.9 | 11.7 | 10.3 | 13.5 | 11.8 | 11.5 |
| OECD 平均值 | 1.7 | 1.7 | 1.6 | 1.8 | 1.8 | 5.5 | 5.3 | 5.4 | 5.5 | 5.5 |

资料来源：OECD Statistics，https：//www.oecd-ilibrary.org/。

## （二）调节收入分配的作用

在重庆、上海的试点方案中都明确提出税收的用途，可以说是方案中亮点之一。在上海方案中规定"征税所得将全部用于保障性住房建设等支出"，虽然在用语中包含了"等"字，但是很容易看出上海房产税税收用途的方向性和确定性——保障性住房建设。"征收居民住房房产税的收入将全部用于社会保障住房的建设及维护"，是重庆试点方案中的描述，同样明确了房产税的具体用途以及房产税收入使用的界定，体现了用于调整住房再分配的方向和原则。可见，在试点方案中明确规定了房产税税收的用途，这将有利于防止税收款项流向不明。而房产税在缩小居民居住条件差距以及调节居民收入分配的作用方面，正是通过对保障性住房的建设、公共租赁住房建设与维护的支出方向得以表现，这样使得征收居民房产税从征收到使用的全过程都遵循了调节贫富差距的宗旨；同时，这种明确房产税用途的方法，体现了"居者有其屋"的基本思想，还表现了税收公平原则以及解决贫富差距带来的社会问题的目标。

从数据来看，2011 年开始征收居民房产税，重庆市的公租房开工建设量约 21.92 万套，共 1425 万平方米，公租房建设量为全国第一；2016 年，重庆市累计城镇棚户区改造和公租房基本建成 658 万套，2018 年全年重庆市建成公租房 54.16 万套。2011 年上海市建设的各类保障性住房 22 万套左右，约 1500 万平方米，"十三五"期间，新增各类保障性住房约 55 万套。[①] 目前，重庆和上海两市征收的房产税税款较少，因此即使将所有房产税税收用于公租房或保障性住房的建设也是杯水车薪，在筹集财政资金方面政府还需要建立多渠道的资金来源。不过尽管如此，从本质上来看重庆对别墅等高档住宅的征税、上海对多套新购住宅的征税均是将部分财富从高收入者手中集中到政府手中，再由政府进行财富再分配的过程，特别是对于保障性住房这类民生工程的建设，从长远角度来看将会起到"抽肥补瘦"的效果。

## （三）对环境、土地资源的影响

我国房地产税改革要有利于建设保护环境与资源的节约型社会。中国地大物博，国土面积广阔但是人均面积很少，由于人口众多使得环境承载能力有限，而房屋建筑面积与建筑材料的使用直接影响着我国的土地资源，也将直接或间接对环境资源有所影响。对于房屋保有环节课征的房产

---

① 根据重庆市和上海市统计局数据整理得出。

税将直接增加所有者的持有住房成本，并且呈现出房屋面积越大、房屋市场价值越高、需要交纳的税越多的结果。征收居民房地产税会直接增加房地产所有者的持有成本，持有成本的增加就会进一步影响人们持有房产资源的数量和质量，这种影响具体的表现就是会使得原本持有高质量、舒适型房屋倾向的人群会降低其持有住房的面积，或者会选择更有利于减少交纳房产税的住房，这显然对保护环境、建设资源节约型社会能够起到积极作用。

我们以 2011 年开始房产税试点城市上海为例。上海市 2011 年商品房销售总面积为 1771.3 万平方米，与 2010 年相比下降 13.8%。在所有的商品房销售中商品住宅的销售面积为 1473.72 万平方米，下降了 12.6%，而每月 123 万平方米的平均销售面积更是处于历史低水平。与此同时，除了新建住房持续下降，还影响了存量房的交易面积，并且降幅大于新建房销售面积。根据 2011 年上海市房地产交易中心的统计数据显示，上海市存量房交易面积为 1398.67 万平方米，比 2010 年的交易面积下降了 28.9%；而存量住宅的降幅更为显著，下降了 30.4%，存量住宅交易面积仅为 1058.71 万平方米（见表 5-17）。

表 5-17　　　　　2011 年、2012 年上海新建及存量住宅销售情况

| 时期 | | 新建住宅 | | 存量住宅 | |
|---|---|---|---|---|---|
| | | 面积（万平方米） | 增长（%） | 面积（万平方米） | 增长（%） |
| 2011 年 | 1~2 月 | 194.72 | -31.3 | 240.33 | -37.8 |
| | 1~3 月 | 305.55 | -24.6 | 342.11 | -28.6 |
| | 1~4 月 | 426.70 | -26.8 | 417.41 | -31.3 |
| | 1~5 月 | 561.99 | -21.9 | 498.79 | -35.9 |
| | 1~6 月 | 711.22 | -15.4 | 588.48 | -34.1 |
| | 1~7 月 | 857.91 | -5.8 | 682.52 | -29.7 |
| | 1~8 月 | 970.43 | -9.2 | 785.66 | -24.7 |
| | 1~9 月 | 1062.58 | -14.9 | 860.97 | -24.0 |
| | 1~10 月 | 1144.83 | -15.3 | 923.79 | -25.2 |
| | 1~11 月 | 1211.70 | -16.5 | 1000.71 | -27.9 |
| | 1~12 月 | 1473.72 | -12.6 | 1058.71 | -30.4 |

续表

| 时期 | | 新建住宅 | | 存量住宅 | |
|---|---|---|---|---|---|
| | | 面积（万平方米） | 增长（%） | 面积（万平方米） | 增长（%） |
| 2012 年 | 1～2 月 | 178.27 | -8.4 | 74.39 | -69.0 |
| | 1～3 月 | 275.20 | -9.9 | 124.09 | -63.7 |
| | 1～4 月 | 392.70 | -8.0 | 191.65 | -54.1 |
| | 1～5 月 | 556.67 | -0.9 | 286.83 | -42.5 |
| | 1～6 月 | 702.87 | -1.2 | 378.33 | -35.7 |
| | 1～7 月 | 844.24 | -1.6 | 493.99 | -27.6 |
| | 1～8 月 | 962.89 | -0.8 | 629.56 | -19.9 |
| | 1～9 月 | 1083.91 | 2.0 | 756.33 | -12.2 |
| | 1～10 月 | 1213.28 | 6.0 | 866.30 | -6.2 |
| | 1～11 月 | 1368.68 | 13.0 | 999.51 | -0.1 |
| | 1～12 月 | 1592.63 | 8.1 | 1136.17 | 7.3 |

资料来源：上海市统计局网站。

　　上海市统计局在《房地产市场运行综述》（2011 年）中提到："一方面，成交低位运行，传统旺季未现。元月'新国八条'和本市房产税政策出台后，房地产市场受到较大影响，市场观望气氛浓厚，成交量迅速跌入低谷。3 月份起，随着政策的逐步明朗，刚性需求开始入市，月度成交量环比出现上涨，6 月份的成交面积已恢复到 1 月份的近 8 成。7 月下旬，本市叫停外地户籍购房者通过补税等手段规避'限购'的行为，各大银行信贷进一步收紧，对本市楼盘销售产生明显影响。8 月份起，本市商品住宅成交量出现下滑，以致传统旺季'金九银十'未现。另一方面，市场以刚性需求为主，部分楼盘'以价换量'。由于限购政策对高端需求的影响最大，即便价格略微调整，也难以使销售量出现质的增加，导致高端、豪宅市场成交量大幅减少。成交数据显示，政策出台后，144 平方米以上房型占比出现下降，而 90 平方米以下小房型成交占比扩大。同时，虽然中低端普通商品住房市场也受调控的影响，但开发商采取'以价换量'的促销手段吸引刚性需求客户，一些下调价格的楼盘取得了较好的销售业绩。"① 从144平方米以上房型成交量下降明显，而90平方米以下小房型成交量过大可以看出房产税对居民购房合理需求起到引导作用，间接对环境保护和提高土地利用效率产生影响。

再看2012年，2012年是房产税试点的第二个年头，前几个月的表现为商品房销售面积持续下降（见表5-17）。但随着房地产市场供给的增加，价格也有所趋稳，居民的购房需求被逐步释放。从5月份开始上海市商品房的销售量逐步回升，更是从10月份开始扭转了商品房累计销售面积同比下降态势。2012年，上海市商品房销售面积1898.46万平方米，比上年增长7.2%，增幅逐步趋稳（见图5-4）。其中商品住宅销售面积1592.63万平方米，增长8.1%。

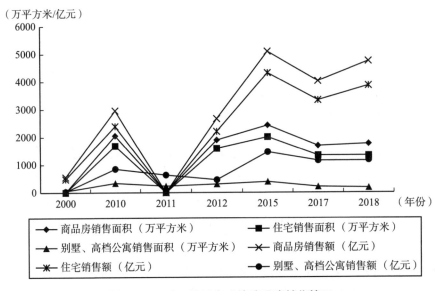

图5-4　2000~2018年上海商品房销售情况

之后更是多次出现销售面积和销售额下降的情况。上海市统计局数据显示，2014年，上海商品房销售面积为2084.66万平方米，与上年相比下降12.5%，其中，商品住宅销售面积1780.91万平方米，与上年相比下降11.7%；全年商品房销售额3499.53亿元，下降10.5%，商品住宅销售额2923.44亿元，下降10.4%；全年存量房买卖登记面积1586.14万平方

---

① 上海统计局网站，http://www.stats-sh.gov.cn/fxbg/201202/239219.html。

米，与上年相比下降 38.4%。[1] 2017 年，商品房销售面积 1691.60 万平方米，与上年相比下降 37.5%，其中，住宅销售面积 1341.62 万平方米，下降 33.6%；全年商品房销售额 4026.67 亿元，与上年相比下降 39.9%。住宅销售额 3336.09 亿元，下降 36.3%；全年存量房买卖登记面积 1563.53 万平方米，与上年相比下降 54.0%。2018 年，住宅销售面积 1333.29 万平方米，下降 0.6%（见表 5-18），销售面积和销售额虽然时有增长，但增速明显减缓，并多次呈现下降趋势。

表 5-18　　　　　　　　2000~2018 年上海商品房销售情况

| 指标 | | 2000 年 | 2010 年 | 2011 年 | 2012 年 | 2015 年 | 2017 年 | 2018 年 |
|---|---|---|---|---|---|---|---|---|
| 销售面积（万平方米） | 总计 | 1557.87 | 2055.53 | 1771.30 | 1898.46 | 2431.36 | 1691.60 | 1767.01 |
| | 住宅 | 1445.87 | 1685.35 | 1473.72 | 1592.63 | 2009.17 | 1341.62 | 1333.29 |
| | 别墅、高档公寓 | 53.44 | 341.71 | 237.32 | 305.83 | 390.97 | 212.04 | 179.77 |
| 销售额（亿元） | 总计 | 555.45 | 2959.94 | 2568.88 | 2669.49 | 5093.55 | 4026.67 | 4751.5 |
| | 住宅 | 480.97 | 2395.35 | 1981.91 | 2208.96 | 4319.93 | 3336.09 | 3864.03 |
| | 别墅、高档公寓 | 32.65 | 852.62 | 637.27 | 460.53 | 1462.81 | 1153.49 | 1176.74 |

资料来源：上海市统计局网站。

通过表 5-18、图 5-4 我们可以看到开征房产税对居民购房需求的初步影响，2011 年和 2012 年居民房产税初征时居民购房的变化非常显著，之后虽然逐渐恢复正常，但是可以看出无论是销售面积还是销售额增长速度明显低于 2010 年之前的增速。因此，居民房产税的征收对于环境和资源保护具有一定的积极作用，不过需要引起注意的是，房产税进一步的改革设计要在环境保护与税制公平之间求得平衡，必须考虑到差别税收的作用。

**（四）对房价影响的数据分析**

从表 5-19 中可以看到 2011 年 12 月重庆、上海两市新建商品住宅价格指数变化，上海的数据显示，各类新建商品住宅环比价格下降，与房产税试点前 2010 年 12 月房价的同比价格数据中，总体住宅平均价格

---

[1]　《2014 年上海市国民经济和社会发展统计公报》。

上涨了 1.8%，其中 90 平方米以下住宅价格上涨 3.7%，90~144 平方米住宅价格上涨了 2.3%，144 平方米以上住宅价格上涨了 1.1%，与前两年相比上升的趋势有所减弱。而重庆新建商品住宅环比价格也呈现出下跌态势，与 2010 年 12 月相比，大部分同比价格都有所下降，总体商品住宅的平均价格下跌 0.6%。其中，跌幅最大的是 144 平方米以上住宅，价格下降了 1.9%，而 90~144 平方米住宅价格下降了 1.5%，只有 90 平方米以下小户型普通住宅价格有 1.4% 的上升，由此可见大户型和高档住宅价格下跌幅度比较明显。按照重庆市财政部门的说法，2011 年 1 月 28 日房产税方案实施至 11 月 30 日，重庆市主城区高档商品住宅成交均价为 13638 元/平方米，同类房屋成交均价与实施房产税之前相比下降了 7.1%，重庆主城区高档商品住房成交量与上年度相比下降 4.1%，成交面积为 70 万平方米仅占商品住房成交量的 6.8%，而与之对应的建筑面积为 100 平方米以下的中小户型商品住宅上市量占总商品房上市量的 54.2%，与上年相比增加 17.8%。因而，重庆的房产税在一定程度上抑制了高档住宅带动房价上涨的势头，同时还对抑制高端住房消费和优化住房供应结构起到推动作用。当然，与两市房产税改革试点同时进行的，2011 年对房地产还实施了其他调控政策，包括控制二套房及以上的住房信贷、加强土地增值税清理的税收政策，在上海实施的"限购令"等，因此重庆、上海的房地产价格有所下降的"功劳"不能完全归于房产税，而是多项调控政策共同实施的综合结果。

表 5-19　　2011 年 12 月重庆、上海两市新建商品住宅价格指数变化情况

| 城市 | 总体 | | 90 平方米以下 | | 90~144 平方米 | | 144 平方米以上 | |
|---|---|---|---|---|---|---|---|---|
| | 环比 | 同比 | 环比 | 同比 | 环比 | 同比 | 环比 | 同比 |
| 上海 | 99.7 | 101.8 | 99.7 | 103.7 | 99.8 | 102.3 | 99.5 | 101.1 |
| 重庆 | 99.7 | 99.4 | 99.8 | 101.4 | 99.5 | 98.5 | 99.7 | 98.1 |

资料来源：国家统计局网站《2011 年 12 月七十个大中城市住宅销售价格指数》和《2011 年 12 月七十个大中城市住宅分类价格指数》。

此外，从图 5-5、图 5-6、图 5-7 可以看出 2009~2019 年房产税试点城市重庆、上海与非房产税试点城市北京的房价定基指数的变化，我们可以发现不同面积房地产房价的变化趋势是有差异的。各种面积房地产价格指数趋势总体向上，不过 90 平方米以下的房地产价格指数上涨趋势中，

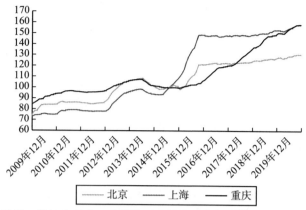

**图 5 - 5 2009 ~ 2019 年北京、上海和重庆定基房价指数变化（90 平方米以下）**

说明：2015 年 = 100。

资料来源：Wind 金融数据库。

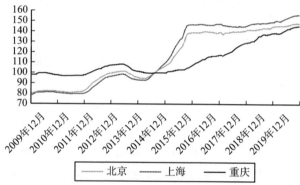

**图 5 - 6 2009 ~ 2019 年北京、上海和重庆定基房价指数变化（90 ~ 144 平方米）**

说明：2015 年 = 100。

资料来源：Wind 金融数据库。

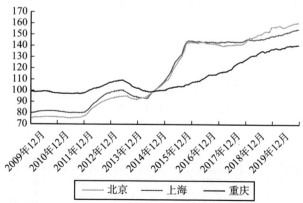

**图 5 - 7 2009 ~ 2019 年北京、上海和重庆定基房价指数变化图（144 平方米以上）**

说明：2015 年 = 100。

资料来源：Wind 金融数据库。

上海的上涨趋势最为明显，其次是重庆，最后是北京；而 90 ~ 144 平方米的房地产价格指数上涨趋势中，最为明显的依然是上海，其次是北京，最后是重庆；在 144 平方米以上房地产价格指数中，上涨趋势最为明显的则变成了北京，最后的是重庆。设计中的房产税对房价应有一定的调节作用，同时包括对于房地产消费的引导。上海和重庆在 90 平方米以下房地产价格指数的上涨趋势高于北京，而北京在 144 平方米以上房地产价格指数的上涨趋势又高于上海和重庆，可以表明房产税对消费引导起到一定的积极作用；同时，重庆房产税试点政策主要针对高端住房，因此重庆在 144 平方米以上房地产价格指数中上涨趋势远远低于北京、上海，也可以进一步说明房产税的调节作用。综上，除了国家房地产相关政策对于房价的影响外，房产税对重庆上海的房价同样起到不可忽视的影响。

## 二、征收居民房地产税的收入效应分析

2020 年，上海、重庆房产税试点运行已有近十年，可以对于征收房地产税的经济效应进行分析。征收房地产税的经济效应包括社会效应和收入效应，开征房地产税必然会影响社会经济效应，给居民带来税收负担，而房地产税的收入效应主要体现在筹集地方政府财政收入的测算，此部分主要研究的是收入效应。

依据表 5 - 20 和图 5 - 8 我们可以看出，上海、重庆两市房产税收入均逐年上升。上海市 2010 年（个人住房试点征收房产税之前）房产税收入为 62.30 亿元，2019 年房产税收入为 216.80 亿元，不到十年的时间，增幅高达 248%，年增长率平均为 15.5%。重庆市 2010 年（个人住房试点征收房产税之前）房产税收入为 14.02 亿元，2018 年房产税收入为 67.33 亿元，不到十年的时间，增幅高达 379%，年增长率平均为 22.4%。因此，从房产税的收入总量上来看，是逐年增加，并且增幅较大。

表 5 - 20　　　　　　2010 ~ 2019 年上海和重庆地方财政收入、

税收收入、房产税收入统计　　　　　　单位：亿元

| 指标<br>年份 | 上海 | | | 重庆 | | |
|---|---|---|---|---|---|---|
| | 财政收入 | 税收收入 | 房产税 | 财政收入 | 税收收入 | 房产税 |
| 2010 | 2873.58 | 2707.8 | 62.30 | 952.07 | 621.56 | 14.02 |
| 2011 | 3429.83 | 3172.72 | 73.66 | 1488.33 | 881.07 | 20.89 |

续表

| 指标<br>年份 | 上海 | | | 重庆 | | |
| --- | --- | --- | --- | --- | --- | --- |
| | 财政收入 | 税收收入 | 房产税 | 财政收入 | 税收收入 | 房产税 |
| 2012 | 3743.71 | 3426.79 | 92.56 | 1703.49 | 970.17 | 27.43 |
| 2013 | 4109.51 | 3797.16 | 93.05 | 1693.24 | 1112.62 | 31.40 |
| 2014 | 4585.55 | 4219.05 | 99.95 | 1922.02 | 1281.83 | 40.37 |
| 2015 | 5519.5 | 4858.16 | 123.81 | 2154.83 | 1450.93 | 52.46 |
| 2016 | 6406.13 | 5625.90 | 170.96 | 2227.91 | 1438.45 | 56.88 |
| 2017 | 6642.26 | 5865.51 | 203.69 | 2252.38 | 1476.33 | 64.90 |
| 2018 | 7108.15 | 6285.04 | 213.84 | 2265.54 | 1603.03 | 67.33 |
| 2019 | 7165.1 | 6216.30 | 216.80 | 2134.88 | 1541.2 | 73.15 |

资料来源：国家统计局．中国统计年鉴（2020）［M］．北京：中国统计出版社，2020。

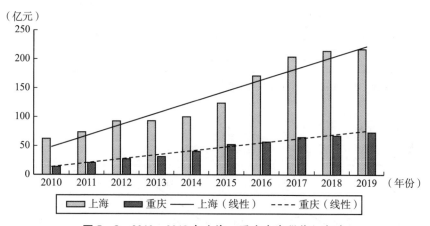

**图 5 - 8　2010～2019 年上海、重庆房产税收入变动**

资料来源：国家统计局．中国统计年鉴（2020）［M］．北京：中国统计出版社，2020。

对居民征收房地产税的主要目的是筹集地方财政收入，并且未来能够成为地方政府财政的主要来源，因此，试点城市房产税收入在地方政府税收收入以及地方政府一般预算财政收入的比重也是大家关注的重点。通过表 5-21 和图 5-9 可以看出，在上海，房产税收入占税收收入的比重逐年上升，从 2010 年的 2.30%增长到 2019 年的 3.49%，占地方财政收入的比重也是从 2.17%上升到 3.03%。从图 5-10 可以看出，重庆市的增速更加明显，在税收收入比重从 2010 年的 2.26%上升到 2019 年的 4.75%，占地方财政收入比重从开征房产税之前的 1.47%上升到 2019 年的

3.43%，增长比率达到133%。

| 表 5-21 | 2010~2019 年上海、重庆房产税收入占税收收入以及财政收入比重 | | | 单位：% |
|---|---|---|---|---|
| 年份 | 上海 | | 重庆 | |
| | 占税收收入比重 | 占财政收入比重 | 占税收收入比重 | 占财政收入比重 |
| 2010 | 2.30 | 2.17 | 2.26 | 1.47 |
| 2011 | 2.32 | 2.15 | 2.37 | 1.40 |
| 2012 | 2.70 | 2.47 | 2.83 | 1.61 |
| 2013 | 2.45 | 2.26 | 2.82 | 1.85 |
| 2014 | 2.37 | 2.18 | 3.15 | 2.10 |
| 2015 | 2.55 | 2.24 | 3.62 | 2.43 |
| 2016 | 3.04 | 2.67 | 3.95 | 2.55 |
| 2017 | 3.47 | 3.07 | 4.40 | 2.88 |
| 2018 | 3.40 | 3.01 | 4.20 | 2.97 |
| 2019 | 3.49 | 3.03 | 4.75 | 3.43 |

资料来源：根据重庆市、上海市统计局数据整理得出。

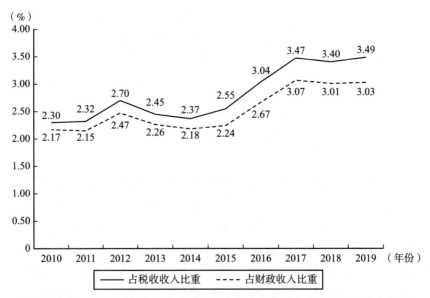

图 5-9　2010~2019 年上海房产税收入占地方税收收入和地方财政收入比重

资料来源：上海市统计局。

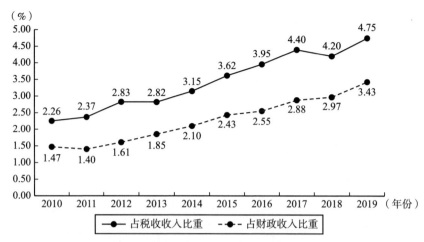

**图 5 - 10 2010～2019 年重庆房产税收入占地方税收收入和地方财政收入比重**

资料来源：重庆市统计局。

很多学者认为，试点城市的房产税收入数值并没有取得很大的变化，在地方财政收入的比重也远远低于房地产税成熟的西方国家，因此，本书又列举了河北和北京房产税收入的数据。从表 5 - 22 和图 5 - 11 可以看出，未开征居民房地产税的河北省房产税收入增长缓慢，在地方财政收入和地方税收收入的比重曲线比较平缓，十年间没有很大的变化。北京市的数据在 2016 年之前也是房产税收入和房产税收入在财政收入以及税收收入的比重基本没有变化，2016 年之后即使有所增长，但是房产税收入占地方财政收入比重的增长比例也只有 71.1%，远低于试点城市重庆的 133%。

表 5 - 22 2010～2019 年河北和北京房产税收入统计

| 指标<br>名称 | 河北 | | | | | 北京 | | | | |
| --- | --- | --- | --- | --- | --- | --- | --- | --- | --- | --- |
| | 地方公<br>共财政<br>收入<br>（亿元） | 地方公<br>共财政<br>税收<br>收入<br>（亿元） | 房产税<br>收入<br>（亿元） | 房产税<br>占公共<br>财政收<br>入<br>（%） | 房产税<br>占税收<br>收入<br>（%） | 地方公<br>共财政<br>收入<br>（亿元） | 地方公<br>共财政<br>税收<br>收入<br>（亿元） | 房产税<br>收入<br>（亿元） | 房产税<br>占公共<br>财政收<br>入<br>（%） | 房产税<br>占税收<br>收入<br>（%） |
| 2010 | 1331.85 | 1074.04 | 21.27 | 1.60 | 1.98 | 2353.93 | 2251.59 | 83.83 | 3.56 | 3.72 |
| 2011 | 1737.77 | 1348.51 | 28.23 | 1.62 | 2.09 | 3006.28 | 2854.63 | 99.40 | 3.31 | 3.48 |
| 2012 | 2084.25 | 1560.57 | 35.67 | 1.71 | 2.29 | 3314.93 | 3124.75 | 110.72 | 3.34 | 3.54 |

续表

| 指标名称 | 河北 | | | | | 北京 | | | | |
|---|---|---|---|---|---|---|---|---|---|---|
| | 地方公共财政收入（亿元） | 地方公共财政税收收入（亿元） | 房产税收入（亿元） | 房产税占公共财政收入（%） | 房产税占税收收入（%） | 地方公共财政收入（亿元） | 地方公共财政税收收入（亿元） | 房产税收入（亿元） | 房产税占公共财政收入（%） | 房产税占税收收入（%） |
| 2013 | 2295.62 | 1724.87 | 41.32 | 1.80 | 2.40 | 3661.11 | 3514.52 | 122.54 | 3.35 | 3.49 |
| 2014 | 2446.62 | 1866.06 | 47.18 | 1.93 | 2.53 | 4027.16 | 3861.29 | 140.22 | 3.48 | 3.63 |
| 2015 | 2649.18 | 1934.29 | 51.34 | 1.94 | 2.65 | 4723.86 | 4263.91 | 152.06 | 3.22 | 3.57 |
| 2016 | 2849.87 | 1996.13 | 54.63 | 1.92 | 2.74 | 5081.26 | 4452.97 | 198.22 | 3.90 | 4.45 |
| 2017 | 3233.83 | 2199.35 | 62.21 | 1.92 | 2.83 | 5430.79 | 4676.68 | 273.11 | 5.03 | 5.84 |
| 2018 | 3513.86 | 2555.82 | 71.28 | 2.03 | 2.79 | 5785.92 | 4988.83 | 299.52 | 5.18 | 6.00 |
| 2019 | 3738.99 | 2630.41 | 75.24 | 2.01 | 2.86 | 5817.10 | 4822.98 | 354.43 | 6.09 | 7.35 |

资料来源：Wind 宏观数据库。

**图 5 - 11　2010 ~ 2019 年北京、河北房产税收入情况**

资料来源：Wind 宏观数据库。

## 三、重庆、上海征收居民房产税试点收入效应评价

根据以上分析，可以看出重庆、上海两市对居民征收房产税的试点在调控房价、公平分配，以及筹集保障房建设资金方面发挥了一定的作用，

但是还有一些功能没有得到充分发挥。筹集地方财政收入将是全面征收房地产税后要实现的主要功能。根据 2010～2019 年重庆、上海征收房产税的数据分析发现，房产税收入占地方财政税收收入的比重以及房产税收入占地方财政收入的比重较之前，重庆、上海两座城市的数值均有增加，但是增幅并不显著（见图 5－9、图 5－10），因此，目前从试点城市来看，房地产税的收入效应并不明显。分析原因，主要是因为税制设计并不完善：

第一，征税范围较小。在征税范围方面，上海试点政策将以前年度的大范围的普通居民存量住宅排除在外，造成的后果是，一方面使得房产税的税源贫乏。另一方面引起税负不公，即以 2011 年 1 月 28 日为界线，对之前购买的房屋属于存量房免税，而之后购买的房屋属于新增住房征税，造成存量住宅与增量住宅所有者之间的税负不公。重庆的房产税政策是针对高档住房，这使得大范围的普通居民存量住宅没有纳入征税范围，税源贫乏的结果是使得房产税收入有限，不能发挥收入效应的同时造成了税负不公。

第二，税收减免太多。上海市试点政策的征税范围中包含了本地居民家庭购置的第二套及以上住房，同时按照人均 60 平方米免征房产税，只对住宅面积超过人均 60 平方米的部分征房产税。对于一个三口之家而言，房产税的免征面积为 180 平方米，在这样的减免条件下政府基本征不到税。而重庆房产税在只对高端住房征税的基础上，又设置了起征点，同时起征点逐年上调等因素（见表 5－23），导致税收减免过多，进一步影响税收收入的筹集。

表 5－23　　　　　　　　重庆房产税历年起征点

| 年份 | 2011 | 2012 | 2013 | 2014 | 2015 | 2016 | 2017 | 2018 | 2019 |
|---|---|---|---|---|---|---|---|---|---|
| 起征点（元/平方米） | 9941 | 12152 | 12799 | 13192 | 13192 | 13192 | 13941 | 15455 | 17630 |

资料来源：重庆市统计局。

第三，税率水平偏低。上海房产税政策的基本税率是 0.6%，同时按照 70% 的评估率征收，实际上的有效税率为 0.42%，而重庆的税率定为 0.5%，两市的税率均低于国际 1% 的平均税率，税收收入自然很小。

第四，计税依据不科学。上海、重庆两市的计税依据均是交易价格，当然这种方案的主要原因是由于缺乏房地产评估技术系统的支持，因此没有采用评估价值作为计税依据。而这样的后果是计税价值与市场价格严重背离，尤其是重庆对存量独栋别墅也是按照多年前的交易价格计算征收。

在看到上述关于房产税收入的数据后，一些专家学者得出房产税试点失败的结论，认为房产税收入微乎其微，与成为地方政府重要财政来源相差甚远。但到底应该如何评价我国房产税改革试点城市的成功与失败呢？本书认为更多的应该从房产税的目标谈起。房地产税的改革目标有很多，最根本应该是找到一个理顺政府间财政关系以及提高地方政府治理能力的方法，合理的房地产税收制度，应该能够提高地方政府自我治理的能力，并且为未来更好提高政府公信力和执政能力建立基础，通过试点城市房产税的经验，讨论改革中可能遇到的困难，指引未来改革的方向，为将来国家层面的政策提供参考。

综上所述，首先，应明确房地产税的主要职能是筹集地方财政收入，因此在房地产税税制设计时，不应赋予太多其他职能，应重点关注其收入效应。依托重庆、上海两座试点城市的经验，应适当提高房地产税的征税范围，重点考虑其财产税职能，体现其为地方政府提供具有可持续性的充足稳定的财政收入的作用。其次，调整中央和地方政府之间的财政关系，在征税范围、税率设计等方面应由地方政府根据具体情况统筹设计，因此在税制设计上应更多地由地方政府自主进行，同时为地方公共服务提供资金支持是税收收入的主要支出。最后，房地产税的征收是一项系统性工程，应做好相关配套制度的建设和完善，包括房地产登记信息平台、房地产价值评估机构和评估争议处理机制的建设，完善信息共享机制和税收优惠政策，加强大数据技术、区块链技术在房地产税制度建设的应用，这些都是未来需要进一步探讨和解决的问题。

如钱穆先生所言："就历史经验论，任何一制度，绝不能有利而无弊。任何一制度，亦绝不能历久而不变。历史上一切已往制度俱如是，当前的现实制度，也何尝不如是。"① 只有把握历史，才能更好地展望未来。因此，试点城市的数据终将成为我国特定时期房地产税的历史，为未来的房地产税制改革奠定坚实的基础。

---

① 钱穆. 中国历代政治得失［M］. 北京：九州出版社，2011.

# 第六章　征收居民房地产税的制度设计

## 第一节　课税对象

居民房地产税的课税对象应遵循"宽税基"的原则，因为"宽税基"也是税收法律制度设计的基本理念，更是当前世界各国对于居民房地产税制度设计的通行原则。结合我国的具体国情以及重庆、上海房产税试点的经验，确定课税对象时有两个问题需要讨论：第一，是否对农村居民住房征收房地产税；第二，是否对居民拥有的存量房征收房地产税。

### 一、课税对象应该包含农村房地产

按照地域划分房地产可分为城市房地产和农村房地产。我国现行房地产相关税收中的城镇土地使用税、房产税的适用范围为城市、城镇、建制镇和工矿区，并没有包括农村地区。重庆、上海房地产税试点的改革方案都未将农村房产纳入征税范围，这与我国一直将农村的房地产排除于课税范围之外的做法保持一致。

随着改革开放、经济的发展以及城镇化发展的进程，农村的住房结构已经发生了巨大的变化，城市范围已经扩展到郊区，与此同时，城镇化的发展使原本属于农村的耕种土地被城市所吞噬，变为城镇用地，出现土地职能城市化的现象。而土地职能的城市化进而影响了处于城市周边的农村，带动了当地农村的社会经济发展，同时各项兴农政策的实施给农村的生活经济水平带来了根本性的变化。相关调查数据表明，在我国南部沿海的一些经济较发达的城市，农村的经济生活条件与城市已无很大差异，甚至有的农村居民的生活水平已经高于城市居民，这意味着农村与城市之间界限越来越模糊。因此在对全国统一征收居民房地产税时，是否应该对农村的居民房地产征税成为学界讨论的热点问题之一。

　　总结学者的意见主要集中在以下几点：第一种观点认为，我国房地产相关的税收从未涉及农村地区，既然过去没有那么未来也不应该有所涉及，因此在征收居民房地产税时当然不应该包括农村居民拥有的房地产；第二种观点认为，基于上述关于农村与城市之间界限越来越模糊的事实，针对农村居民房地产应该征收房地产税；第三种观点认为，目前的居民房地产税应暂时将征收范围限定于城市、县城、建制镇以及工矿区，等到以后时机成熟时再扩展到农村；还有学者观点认为，在制定税制时居民房地产税应包括农村居民房地产，同时可以从税收优惠政策上对农民的房地产给予减免，这样既符合减轻农民负担的国家政策，又可以实现税收的实质公平。

　　针对农村房地产问题，笔者认为，应把农村房地产纳入征税范围，不过基于我国国情，可暂时对农村房地产确定为税收减免。针对农村居民房地产进行这种区别设置的原因有三个：首先，虽然有一些地区农村的经济条件有了显著的提高，并且 2021 年我国如期完成了新时代脱贫攻坚目标任务，现行标准下农村贫困人口也实现了全部脱贫，但是还有许多地区如我国内陆地区的农村仍然处于经济发展水平比较低的状况，交通、医疗、教育等基础设施尚未完善，因此农村地区的经济状况在我国是经济发展不能忽视的一个重要方面。大多农村地区经济的相对落后意味着大多数农村居民收入停留在低水平，他们的税收承受能力也相对较弱。从"宽税基"的原则将农村房地产纳入课税对象，但是依据各地区农村的实际经济状况，提高农民的收入，减轻农民负担的原则，应先将农村房地产归入税收减免的范围。其次，随着城市房地产价格的不断上涨，农村房地产的价值也发生了很大变化，小产权房就是一个典型的例子，在很多城市小产权房在商品房销售中占有一定的比例，尤其是在一些经济发达的地区，小产权房给所有者和使用者带来了很多利润；此外，很多私人的高档住宅建设在农民耕种用地上，如果将这一部分房地产排除在房地产税的课税对象之外，显然是不公平的。最后，由于我国现行的房地产相关的税收将农村排除在外，而且也没有对于农村房地产税收的实践，从保持政策的可行性和延续性方面考虑，目前不宜对农村居民住房征税，这样也有利于房地产税的实施。

　　综上所述，本着"宽税基"和"税收公平"的原则，为了"城乡税制统一"，在制定居民房地产税收政策时应该将农村居民房地产纳入课征对象之内。同时由于我国城市农村经济生活水平发展不平衡和地区的差异，因此在制定具体政策时不宜由中央统一规定，可以在全国立法的基础上授权地方政府，让各地方政府根据本地实际具体情况制定行政规章，逐渐将已经城市化的农村地区纳入房地产税的课税对象之内。这样不仅增加了税源，也统一了城乡税制，既增强了税收的调控作用，也控制各地方政府侵占农业用地的状况，而且这种做法也是大多数国家所采用的。

## 二、课税对象应包括居民存量住房

征收居民房地产税时，课税对象是否应该包括居民的存量住房是另外一个存在争议的问题。在上海、重庆试点政策中就此问题就存在差异，上海方案不适用于存量房，而重庆方案包括存量房，那么存量房到底要不要征收房地产税呢？

笔者认为，从税收征管的操作性方面考虑时，以增量房为课税对象是易于操作的，但是从法律制度设计上考虑，如果不将居民存量住房作为课税对象，将会引起的问题是税负的不公平以及事实与法律制度设计上的不和谐。首先，在许多城市的许多小区出现"鬼城""空城"现象，分析原因是有少数人因为其拥有大量的财富进而拥有多套房产，正是因为他们囤积了一部分的房地产，才造成了我国房地产市场供求关系不平衡的假象，进而引起房地产价格的增长。如果对这部分的存量房地产免于征税，那么征收居民房地产税的抑制房地产价格过快增长的目的就无法实现，对于调节收入分配缩小贫富差距的意愿更无法体现。其次，从发展角度看，现在所有的增量在未来都将变为存量，那么免税于存量房地产的政策必定会在未来引起矛盾，即一部分房地产需要缴税，而另一部分不需要缴税，同样的房地产受到的税收待遇却完全不同，这样显然会违背税收的基本原则——公平原则，甚至会严重扰乱房地产市场的价格体系。因此，无论站在房地产税功能的角度还是站在房地产税公平的立场，居民房地产税的课税对象都应该既包括增量房地产也包括存量房地产，这是改革趋势所向，也是合情合理的。

## 三、重庆、上海房产税试点的课税对象

上海试点居民房产税的课税对象分为两类：第一类是针对上海市居民家庭的，自2011年1月28日起，上海市居民家庭在上海市新购并且属于该居民家庭第二套及以上的住房。这里的新购既包括二手存量住房也包括

新建商品住房。第二类是针对非上海市居民家庭的，自 2011 年 1 月 28 日起，非上海市居民家庭在上海市新购的住房。

重庆试点居民房产税的课税对象包括：个人拥有的独栋商品住宅、个人新购的高档住房、"三无"人员（在重庆市同时无户籍、无企业、无工作的个人）新购的第二套（含）以上的普通住房，以及未列入征税范围的个人高档住房、多套普通住房。

从课税对象来看，上海房产税的课税对象主要是"增量房"——本地居民新购二套及以上住房和外地居民新购住房，并没有把存量房纳入征税范围，这就意味着对于 2011 年 1 月 28 日以前购买的房地产，无论个人拥有多少都无须纳税。可以看出上海政策的目标就是遏制投机炒房行为，稳定房价，与重庆比较，相对温和，可以避免由于政策过激而引发各种因素的干扰，但显然会在新购房者与旧购房者之间形成不公平；重庆房产税的课税对象主要为存量独栋别墅、新购高档住宅，尽管既涉及存量也涉及增量，但无论是对存量房地产还是增量房地产都仅限于别墅与高档公寓，这样等于是对豪宅征收的一种特别消费税，所以重庆的政策目标主要为抑制住房的高端消费和奢侈消费，减少投机投资行为，促进收入分配的调节。虽然在公平意义上相对可取，但考虑到满足财政需要时，重庆细则就显得难当大任。

对于课税对象的确认上，上海的计量单位是以家庭为单位，简单地以家庭住房套数来确定居民家庭（包括夫妻双方及其未成年子女）在上海市拥有的住房状况以及纳税能力，而重庆则是以个人为单位进行计量。

**四、居民房地产税的课税对象**

综上所述，居民房地产税的课税对象应是中华人民共和国境内的房地产。房地产中，房产是指取得产权证明，可以用以居住或存放物品的建筑物；地产是指取得土地使用权证并已经进行建造或者将要建造、用以自住的房产的土地。特别注意的是，作为课税对象的房地产包括城市房地产和农村房地产，包括普通商品房和高档公寓别墅，包括新购房地产和存量房地产。

# 第二节　纳　税　人

确定房地产税纳税人，应遵循合理、便利、节约、可行的原则。房地产税作为财产税，通用的理解是谁拥有财产就应该对谁征税。但是由于我国的具体国情，对于"拥有"的内涵要做出明确的规定：我国的土地没有私有化，属于国家和集体所有，因此，在土地方面居民拥有的仅仅是一定年限的土地使用权（2021 年 1 月 1 日开始实施的《民法典》规定，"住宅建设用地使用权期限届满的，自动续期"）。因此，在确定居民房地产税纳税人时应充分考虑到这些因素。

## 一、重庆、上海房产税试点中的纳税人

重庆、上海两座城市的试点方案都规定，在一般情形下，个人住房房产税的纳税人是应税住房的产权所有人，如果产权所有人为未成年人的，确定其监护人为纳税人。重庆方案针对特殊情形还做出了更细致的规定：第一，对于产权出典的情况，纳税人是承典人，如果出现产权所有人、监护人及承典人均不在房产所在地的，或者存在产权未确定及租典纠纷未解决的情形时，应该是由代管人或使用人纳税；第二，对于存在共有产权的情形，具体纳税人先由共有人约定，如果没有约定的，则纳税人由税务机关指定。

上海房产税征收遵循《上海市开展对部分个人住房征收房产税试点的暂行办法》，其中第三条规定："纳税人为应税住房产权所有人。产权所有人为未成年人的，由其法定监护人代为纳税。"重庆的试点方案在遵循了1986 年《房产税暂行条例》对于纳税人规定的基础上，对纳税人的种类进行了进一步的阐述，基本思想是：由房产所有人缴纳税款，当出现所有人不明确的情况时，由房产使用人缴纳。考虑我国具体国情，这个规定是合情合理的。相比之下，上海方案可以说是简单、概括，然而规定并不详细，存在一定缺陷，其中没有把房产使用人归入纳税人的范围之内，在房产税实施效果方面不够明显。在我国，由于早期计划经济的实施，存在一些历史遗留问题，同时目前还有房产登记不完善等原因，因此存在一定数量产权不明晰的房产，如小产权房、集资房、福利房等。在一些商品房价格飞涨的一线城市，这些产权不明的房产也随之身价倍增，进而为它们的所有人甚至使用者带来了大量的收益，如果不将房产使用人确定为纳税人的范围之内，那么这些房产也就游离于征税范围之外，结果是造成了不公平现象，减弱了税收在调节收入差距方面的作用，违反了税收的公平原则。从长远来看，还将导致这些产权不明的房产的利益相关人员继续维持产权不明的现状，以此来逃避缴纳房产税，进而增加房地产市场的混乱。

因此，从纳税人角度来看，重庆试点方案的做法更值得推广，而上海方案有待商榷。

## 二、居民房地产税的纳税人

居民房地产税的纳税人可以设计为：拥有中华人民共和国土地使用权和房屋所有权的所有个人。在此，个人是指所有中国公民和外国公民。具体包括：

（1）所有在我国境内同时拥有土地使用权和房屋所有权的个人。确立的目标是改变房地产税制中以往那种"重交易、轻拥有"的局面，进一步实现社会分配公平。将房地产税纳税人确立为拥有土地使用权和房屋所有权的个人，可以在降低土地和房产交易环节税负的同时增加土地和房产使用人的税负，以激活现有存量房地产，促进二手房地产市场的发展。

（2）只拥有土地使用权而没有房屋所有权的个人。将拥有土地使用权却不拥有房屋所有权的个人设定为纳税人，是由于现行土地征用制度的弊端所引起的。目前存在大量"征而不用、多征少用、征而迟用"的现象，造成的后果是严重降低了土地配置效率，同时对于稀缺的土地资源形成浪费。如对开工前的期限有所限制，但开发商仍然无视这些规定而囤积土地，然后等待土地升值后进行投机活动，或者是开发商仓促上马，而开发资金不到位留下了烂尾工程。对这部分闲置土地征收房地产税是十分必要的，可以在一定程度上提高土地资源的有效利用率，抵制土地投资活动，使开发商从项目立项、可行性分析至项目开工都会慎重而行。

（3）当单位和个人共同拥有房地产的土地使用权和房屋所有权时，由共有各方分别纳税，也可以指定其中一方集中纳税。几个单位或几个人共同拥有一座建筑物的土地使用权和房屋所有权的，纳税人应是对土地使用权和房屋所有权拥有权利的每一个人或每一单位。单位和个人应该以其实际使用的房地产部分的评估价值占总房地产价值的比例，分别计算并缴纳房地产税。

（4）对于产权出典的情况，纳税人是承典人，如果出现产权所有人、监护人及承典人均不在房产所在地的，或者存在产权未确定及租典纠纷未解决的情形时，应该是由代管人或使用人纳税。这样可以避免因为家庭或户籍变动所带来的税收流失，也有利于房地产税的征管。

（5）对于未成年人拥有的房地产，纳税人应是其法定监护人，或者是收益拥有人。

# 第三节　税　率

我国的房地产税税制要素设计可以采用市场价值体系为基础，按照房地产税分类不同使用差别比例税率。根据房地产税的地方税属性，在税率制定上，中央政府可以统一规定各省、自治区、直辖市房地产税的最高和最低税率，地方政府可以在各省级人民代表大会的授权下根据各地实际情况具体选择税率。

## 一、税率形式

税率作为计算应征税额的尺度，是税制的中心环节之一，体现了征税的深度。所谓税率是指征税中应纳税额与税基的比率，用公式表示：税率＝应纳税额/税基。一般来说，税率是影响并决定政府税收和纳税人税负的最重要因素，在其他因素不变的情况下，税率的高低直接决定税收的负担水平。

税率就其形式而言，按其特征可以分为比例税率、累进税率和定额税率三种。三种不同税率形式征收具有不同特性和优缺点，见表 6 – 1。

表 6 – 1　　　　　　　　　不同税率形式的定义及优缺点

| 名称 | 基本定义 | 优点 | 缺点 |
|---|---|---|---|
| 比例税率 | 对同一课税对象，不论其数额大小，按同一固定比例征税 | 不论住房价值多少，均按一个固定比例征收，有利于征税工作开展，计算简便，易懂易征管，征收成本较低，税负均衡 | 按同一比例征税，量能纳税体现不充分，对于合理消费引导作用不足，如不能体现出对于中小户型住房消费的引导作用 |
| 累进税率 | 按课税对象价值的大小划分为若干等级，课税对象数额越大，税率越高；数额越小，税率越低 | 量能负税，能力越大，税率越高，税收负担比较公平；对纳税人的住房价值调节作用明显 | 相较于比例税率，累进税率工作量大，累进级距不好确定，征税成本较高 |

| 名称 | 基本定义 | 优点 | 缺点 |
|------|---------|------|------|
| 定额税率 | 采用固定税额按建筑面积征收，而不规定征收比例 | 计税征收手续比较简便，一目了然；组织收入比较及时、可靠；税收负担相对稳定；稽查简便，征收成本较小 | 不能体现按住房价值纳税，不能体现税收负担的公平 |

　　政府对于税收政策目标的定位是选择税率形式的首要考虑因素。如果政府征税的目的是以增加收入为主，可以选择比例税率；如果征税的主要目标是用以实现税收的社会财富调节功能，则可以选择累进税率。除了税收目标的定位以外在选择税率形式时还应考虑相应配套机构的完善程度。在选择累进税率时，需要税收部门进行精确划分等级和累进级距，因此会在增加管理费用的同时对征税人员技能提出较高的要求。如果选择比例税率就会减少这方面的问题。

　　世界上大多数（接近85%）国家（地区）采用比例税率（见表6-2），当然也有少数国家选择累进税率和定额税率，例如新西兰居民房地产税采用的是定额税率，而韩国实行的是超额累进税率和比例税率并存的体制。

表6-2　　　　　　　　　部分国家和地区房地产税税率形式

| 类别 | 国家（地区） |
|------|-------------|
| 比例税率 | 美国、德国、日本、西班牙、印度尼西亚、捷克、中国香港、英国、阿根廷、澳大利亚、南非、马来西亚、韩国、新加坡、丹麦、芬兰、卢森堡、德国、奥地利、荷兰、菲律宾、塞浦路斯 |
| 定额税率 | 匈牙利、波兰、新西兰、中国（土地税） |
| 累进税率 | 巴西、新加坡、泰国、韩国（综合土地税） |

　　资料来源：荷兰国际财政文献局资料整理得出。

　　对于累进税率和比例税率的选择上，累进税率是更优的选择，因为累进税率更能体现社会效益最大化的原则。对中小面积的普通房地产课以较低税率，对于大面积、高建筑标准以及低容积率的奢侈住宅，以及个人所拥有的大量房地产应课以较高税率。

　　然而，设计税收制度要从具体国情出发，虽然累进税率公平性和社会效益性更强，但是借鉴他国经验以及我国的具体国情，对于居民持有环节征收的房地产税在初始时期，由于税收管理水平有限，没有历史经验和数据，很难确定累进级数和级距等问题，因此税制设计时应选择较简单且征税难度不大的方式，即适宜采用比例税率。此外，从征税成本的角度考虑，比例税率是运行成本最低的一种形式。因为设置比例税率所需要的参数较少，计算也比较简便。同时居民拥有的房地产价值的大小在税基中已经可以体现出来，所以即使采用比例税率，纳税人的纳税额也会存在差异，即拥有较高价值房地产的居民所缴纳的房地产税会高于拥有低价值房地产的居民，在一定程度上体现出了税收的公平性。综上，在征收居民房地产税时，选择比例税率形式，既照顾了公平原则，又促进了改革的推进，是理想的选择。

### 二、税率水平的考虑因素

世界各国的不同国情使得房地产税的税制设定在世界范围内存在巨大差异，因此并不存在一个通行的税率标准，我们不能简单比照和照搬国外房地产税税率（一般在1%～1.5%之间）的国际惯例。考虑到现阶段我国经济增长的区域性差异和发展程度不同的地区市场（表现在东、中、西部城市的房地产市场价格显著差异），地方政府可根据当地社会经济状况自主决定房地产税比例税率的水平。

居民房地产税的税率，直接决定了其组织政府筹集财政收入能力的大小，并且与居民家庭的税收负担直接相关。所以，在确定税率水平时应该考虑以下因素：

（1）地方财政的收支平衡。城镇化水平的提高、地方公共服务的支出等因素都很大程度上影响着地方政府的财政支出，因此，在确定居民房地产税税率时，应充分考虑政府的财政支出水平。目前，在弥补地方财政收支缺口时，地方政府通常是通过组织预算外收入来实现财政收支平衡。征收居民房地产税后，在确定税率时应该将实际的财政收支缺口作为设置房地产税税率时考虑的主要因素，通过税收来使地方政府的收入与支出实现平衡。

（2）经济发展水平。我国经济总体上飞速发展，但区域间经济发展的不平衡、仍然是我国经济发展所面临的重大问题。因此，在设定居民房地产税税率时，要充分考虑不同地区经济发展水平的差异由地方政府来设置各地的税率。

（3）家庭的税负承受能力。房地产税属于直接税，很难转嫁，因此居民家庭收入水平的高低直接决定着其税负承受能力的大小，对于高收入家庭来说高税率的房地产税对其生活可能不会产生大的影响，但对于低收入水平的家庭来说就会造成很大的经济负担，甚至影响居民的生活水平。因此在设定税率时应充分考虑房地产税占其家庭收入的比重，并将该比重维持在适当的范围之内，以减少其对房地产税的抵制。

### 三、税率的决定权

由于我国经济发展在区域上存在发展水平不均衡的状况，因此，在设定税率时应考虑地区差异，应由中央政府设计一个统一的税率幅度范围，在规定的幅度范围内由省、自治区、直辖市人民政府，根据当地的经济发展水平、居民生活状况、房地产市场的具体情况，以及地方政府的年度收支预算等，确定一个符合本地区具体情况的房地产税税率。这种方法在保证税制统一和中央宏观调控能力的同时，兼顾各地的具体实际情况，从而更具可操作性，被世界上许多国家所采用。

### 四、重庆、上海房产税试点税率

上海试点方案采用两档累进税率，一般应税房产的税率设定为0.6%，按照住房市场交易价格的70%执行，计算出的有效税率为0.42%，税率比较低，实际操作性更强。如果应税住房每平方米市场交易价格低于上海市上年度新建商品住房平均销售价格2倍（含2倍）的，税率暂减为0.4%（上海市统计局会每年公布上年度新建商品住房平均销售价格）。重庆试点方案是分情况设定税率，结合使用了比例税率和累进税率。针对"三无"人员新购二套房以上的普通住房设定的税率为0.5%，而对于独栋商品住宅以及高档住房的税率是采用三档累进税率：应税住房成交价格低于前两年新建商品住房成交平均价格3倍的，按0.5%的税率缴税；住房成交价格为前两年新建商品住房平均成交价格3~4倍的，按1%的税率缴税；是前两年新建商品住房平均成交价格4倍以上的，按1.2%的税率缴税。

如上所述，上海、重庆两个城市试点方案都采用的是累进税率，并且在税率设计上存在差异，各自具有一定的合理性。如果将重庆、上海两地的方案进行比较，则上海的试点方案相对简单，缺乏弹性，重庆试点在方案相对细致，易于操作。此外，重庆试点方案对独栋商品住宅及高档住房采用了较高的税率，在缩小贫富差距、打击炒房投机行为、抑制房价过快增长、实现税收公平原则等方面有较好的体现。相对应的上海试点方案所采用的税率相对轻柔,在上海持续高走的房价的调控方面,对房地产投机者的打击方面略显不足。

### 五、我国居民房地产税的税率设置

对于居民持有的自用房地产征收房地产税,考虑到房地产价值增长和居民收入增长的实际状况,建议采用分阶段动态调整的方式实施。通过第四章第四节的模拟测算和分析,已基本可以确定上海市居民家庭税负最适宜的范围在 2.5% ~ 4%。在房地产税的征收初期,并不一定要达到这个水平,建议以低税负水平征收,然后在一段时间后当配套条件较为完善时再进行调整。通过这样的分阶段进行可使广大居民更容易接受房地产税,也与我国居民承担能力相一致。

### (一) 第一阶段:居民房地产实行较低税负水平

第一阶段采用较低税负,作为房地产税的"适应阶段",根据第四章第四节的分析和表 4 - 26 的测算,可以按照上海市中等收入家庭税负范围取值的下限 2.5% 来计算,相应的税率为 0.166% (暂定为 0.2%)。在前15 年,以此税负税率表中征收居民房地产税,这样每年度家庭纳税额见表 6 - 3。

表 6 - 3　　　　　　　　第一阶段居民房地产税税率税负

| 时间 | 房屋预计市场价值 (元) | 计税比率 | 税基 (元) | 家庭收入 (元) | 税率 (%) | 税额 (元) | 税负 (%) |
|---|---|---|---|---|---|---|---|
| 0 ~ 1 年 | 3122559 | 0.7 | 2185791.3 | 142564 | 0.2 | 4371.5826 | 3.07 |
| 1 ~ 2 年 | 3434815 | 0.7 | 2404370.5 | 153969 | 0.2 | 4808.741 | 3.12 |
| 2 ~ 3 年 | 3778296 | 0.7 | 2644807.2 | 166287 | 0.2 | 5289.6144 | 3.18 |
| 3 ~ 4 年 | 4156126 | 0.7 | 2909288.2 | 179590 | 0.2 | 5818.5764 | 3.24 |
| 4 ~ 5 年 | 4571739 | 0.7 | 3200217.3 | 193957 | 0.2 | 6400.4346 | 3.30 |
| 5 ~ 6 年 | 4891760 | 0.7 | 3424232 | 207534 | 0.2 | 6848.464 | 3.30 |
| 6 ~ 7 年 | 5234184 | 0.7 | 3663928.8 | 222062 | 0.2 | 7327.8576 | 3.30 |
| 7 ~ 8 年 | 5600576 | 0.7 | 3920403.2 | 237606 | 0.2 | 7840.8064 | 3.30 |
| 8 ~ 9 年 | 5992617 | 0.7 | 4194831.9 | 254238 | 0.2 | 8389.6638 | 3.30 |

续表

| 时间 | 房屋预计市场价值（元） | 计税比率 | 税基（元） | 家庭收入（元） | 税率（%） | 税额（元） | 税负（%） |
|---|---|---|---|---|---|---|---|
| 9~10 年 | 6412100 | 0.7 | 4488470 | 272035 | 0.2 | 8976.94 | 3.30 |
| 10~11 年 | 6732705 | 0.7 | 4712893.5 | 291077 | 0.2 | 9425.787 | 3.24 |
| 11~12 年 | 7069340 | 0.7 | 4948538 | 311453 | 0.2 | 9897.076 | 3.18 |
| 12~13 年 | 7422807 | 0.7 | 5195964.9 | 333255 | 0.2 | 10391.9298 | 3.12 |
| 13~14 年 | 7793948 | 0.7 | 5455763.6 | 356582 | 0.2 | 10911.5272 | 3.06 |
| 14~15 年 | 8183645 | 0.7 | 5728551.5 | 377977 | 0.2 | 11457.103 | 3.03 |

资料来源：笔者测算。

### （二）第二阶段：税率逐步调整

大概经过 15 年左右的过渡时期，城市居民对于居民房地产税已经能够普遍接受，同时形成自觉纳税的习惯。根据表 4 - 26，在第 15 年左右，对税率进行一定的调整，上升 0.05%，逐步提高税负，增加税收收入。在第 16 年，可以将税率调高至 0.25%，相应居民家庭税负在 3%~3.8% 之间，仍然属于国际上适宜税负范围内的低水平。

在第 25 年左右，如果将税负提高至适宜税负范围的偏上水平 3.5%~4%，那么相应税率会上升到 0.254%~0.304%。由此，在居民房地产税推行 30 年后，经过上述几个步骤的调整，在税负达到最适宜税负的同时，税率调整至 0.4% 接近世界平均水平（表 4 - 27 中，各国的转换税率范围 0.5%~0.8%）。

如上所述，建议在第二阶段，居民房地产税推行 15 年后，可以以 5 年为周期对房地产税税率做出调整，税率变化及税负见表 6 - 4。

表 6 - 4　　　　　第二阶段居民房地产税税率税负

| 时间 | 房屋预计市场价值（元） | 计税比率 | 税基（元） | 家庭收入（元） | 税率（%） | 税额（元） | 税负（%） |
|---|---|---|---|---|---|---|---|
| 15~16 年 | 8592827 | 0.7 | 6014979 | 400656 | 0.25 | 15037.45 | 3.75 |
| 16~17 年 | 9022469 | 0.7 | 6315728 | 424695 | 0.25 | 15789.32 | 3.72 |

续表

| 时间 | 房屋预计市场价值（元） | 计税比率 | 税基（元） | 家庭收入（元） | 税率（％） | 税额（元） | 税负（％） |
|---|---|---|---|---|---|---|---|
| 17～18 年 | 9473592 | 0.7 | 6631514 | 450177 | 0.25 | 16578.79 | 3.68 |
| 18～19 年 | 9947272 | 0.7 | 6963090 | 477188 | 0.25 | 17407.73 | 3.65 |
| 19～20 年 | 10444635 | 0.7 | 7311245 | 505819 | 0.25 | 18278.11 | 3.61 |
| 20～21 年 | 10966867 | 0.7 | 7676807 | 536168 | 0.27 | 20727.38 | 3.87 |
| 21～22 年 | 11515210 | 0.7 | 8060647 | 568338 | 0.27 | 21763.75 | 3.83 |
| 22～23 年 | 12090971 | 0.7 | 8463680 | 602438 | 0.27 | 22851.94 | 3.79 |
| 23～24 年 | 12695519 | 0.7 | 8886863 | 638585 | 0.27 | 23994.53 | 3.76 |
| 24～25 年 | 13330295 | 0.7 | 9331207 | 676900 | 0.27 | 25194.26 | 3.72 |
| 25～26 年 | 13996810 | 0.7 | 9797767 | 717514 | 0.3 | 29393.3 | 4.10 |
| 26～27 年 | 14696650 | 0.7 | 10287655 | 760565 | 0.3 | 30862.97 | 4.06 |
| 27～28 年 | 15431483 | 0.7 | 10802038 | 806198 | 0.3 | 32406.11 | 4.02 |
| 28～29 年 | 16203057 | 0.7 | 11342140 | 854570 | 0.3 | 34026.42 | 3.98 |
| 29～30 年 | 17013210 | 0.7 | 11909247 | 905845 | 0.3 | 35727.74 | 3.94 |

资料来源：笔者测算。

　　大概在第 30 年，居民家庭房地产税负接近 4%，这时税务机关可以根据经济发展以及房地产市场发展的具体状况来确定是否继续对税率进行调整，可以选择在保持基本家庭税负不变的条件下逐步提高税率。事实上，在 30 年之后，除了折旧，包括物质折旧、经济折旧、功能折旧，对房地产价值的影响会有所增大之外，房地产的价值增长会有所减缓，与之相对应的评估价值增长也会减缓。在这种情况下，如果继续提高居民房地产税税率，即使在居民收入持续增长的情况下，由于房地产价值的增长与房地产税支出增长的不平衡，仍然可能会引起居民的不满。因而，在税率调整阶段可以考虑设定年限限制，对于超过一定年限的房地产可以考虑固定税率或者其他减免、补贴的优惠形式，这一年限可以设定为 30 年。

## 第四节　计 税 依 据

居民房地产税的计税依据是指对居民房地产征税的征收标准，包括从量计征和从价计征两种类型。在计税依据类型的选择上，依据第四章第二节的讨论，根据我国实际情况建议采用从量计征的方法，即以居民房地产的价值为计税标准来征收居民房地产税。

### 一、关于评估价值征税

美国房地产税的最大优点和最成功之处就在于其房地产税的税基采用评估价值。评估价值是房地产市场价值最科学的表达方式，是美国政府掌握房地产市场动向最直接最重要的指标。按评估值征税，是通过评估方法确定房地产税的计税基础。实行房地产税按评估值征税制度有利于促进税收公平，有利于充分发挥房地产税的财政职能，有利于扩大税收的调节力度。因此，应保证房地产价值评估方法的科学与合理。

#### （一）选择以评估值征税的原因

做好房地产计税价值的评估，合理确定房地产的计税依据是制定和完善房地产税制的重要内容。实行房地产评估价值征税具有重要意义，具体表现为以下方面：

第一，实行房地产按评估价值征税可以促进税收公平。房地产价格是不断变化的，尤其是我国近几年的房价变动较大，不同时期购买的房地产成本存在很大差异，在征收房地产税时如果按照历史成本作为计税依据，必然会引起拥有同样住房或类似住房的家庭税金存在较大差别，进而引起公平问题。

第二，实行房地产按评估价值征税有利于房地产税财政职能的发挥。随着我国经济快速发展，房地产市场发展日益繁荣，房地产价格不断上涨，但由于我国没有对居民房地产保有环节的税收，因此税收收入并没有与经济发展呈正比例地协调发展。经济和城市的发展、区域环境和基础设施条件改善以及地方政府公共服务水平的提高在很大程度上都会引起房地产价值的增加，如果实行房地产按评估价值征税制度，则可以使税收收入随着房地产价值的增加而相应增长。当地政府能够从房地产增值中得到收益，税收收入可随着经济的发展而良性增长。因此，实行房地产按评估价值征税制度有利于充分发挥房地产税收的收入职能。

第三，实行按评估价值征税有利于增大税收的调节力度。目前房产税与城镇土地使用税分别以余值及占用土地面积为计税依据，保有土地的税收成本低，不利于土地资产的合理流动，房地产税的调节力度不强。倘若实行房地产按评估价值征税，则可以增加土地的税收成本，纳税人基于对土地税收成本的考虑，有利于高效率地使用土地，提高资源配置效率。此外，以房地产的评估价值为计税依据在设计上更有弹性，地方政府可以根据经济发展状况适当调整计税价值标准或税率，有效地利用房地产税进行税收调控，从而促进房地产资源的合理配置。

**（二）评估方法的选择**

计税依据选择评估价值，对于评估价值的确定方法选择十分重要。对于房地产的评估，主要有三种方法：市场法、成本法和收益法。这三种评估方法适用于不同类型的房地产。在具体的评估过程中，市场法、成本法和收益法可以互相参考，确定一个合理的房地产评估价值。

1. 市场法

市场法又叫市场比较法或交易案例比较法，是指在对房地产进行评估时与在近期发生过交易的类似房地产相比较，按照类似的房地产的交易价格，进行修正以取得房地产的公开市场价值的方法。尽管成本法的建筑成本和收益法的房地产收益也均来自市场数据，但是，市场法是唯一直接利用市场数据来评估价值的方法，因此它是最具有说服力的评估方法。

在适用范围方面，市场法适用于比较完善的房地产市场，而且在市场上能够收集到大量类似房地产市场交易的实例数据。具体的适用对象包括类似公寓、别墅、商品住宅这类有活跃市场的交易频繁的房地产。

运用市场法一般分为搜集交易实例、选取可比实例和可比单元、对可比实例成交价格进行处理、求取比准价格这四大步骤。采用市场法，在对具体房地产价值进行评估时，除了参考类似房地产的市场交易价格以外，还要对参照物房地产的交易价格进行修正，修正时要考虑交易情况、交易日期、土地使用权剩余使用年限、房地产状况、容积率等因素，然后得到被评估的房地产的评估价值。用公式表示为：

房地产评估价值 ＝ 参照物房地产交易价格 × 交易情况修正系数

× 区域因素修正系数 × 交易时间修正系数

× 个别因素修正系数

其中：

$$交易情况修正系数 = \frac{正常交易情况值}{参照物房地产交易情况值}$$

$$区域因素修正系数 = \frac{评估对象房地产区域因素值}{参照物房地产区域因素值}$$

$$交易日期修正系数 = \frac{评估基准日房地产价格指数}{参照物交易日房地产价格指数}$$

$$个别因素修正系数 = \frac{评估对象房地产个别因素值}{参照物房地产个别因素值}$$

在非常活跃的房地产市场，市场法是最优的选择。但是它也有一定局限性的。一是，当存在某些类型的房地产，很少交易，此时市场上几乎没有或非常缺少这类房地产的交易数据，也就不能通过直接比较进行评估。二是，在评估之前，每一个可比较房地产的情况都必须经过非常细致的调查。许多可比较房地产不符合公开市场交易的要求，也就不适合用来比较。

2. 成本法

成本法又称重置成本法，是先区别求取评估对象在评估时点的土地价值加上重建地上建筑物的价值，然后用重新构建的成本价格减去相应的折旧值，以此来确定评估房地产的合理价格或价值的方法。成本法可以说是以房地产价格各构成部分的累加为基础来评估房地产价值的方法。

成本法是在课税评估领域应用最为广泛的评估法。这是因为，并不是所有的房地产都会交易或者能够计算出准确的收益，但是所有的房地产在建造时都会消耗成本。成本法之所以能够成为三大评估方法之一，其原因在于成本与价值之间存在某种联系。成本法的理论基础是建立在替代原则上的。其含义是理性经济人不会为期望房地产支付较其替代物成本多余的价值。也就是说，理性经济人愿意支付的最高价格，不能高于他所预计的重新开发建设该房地产所花费的代价。

运用成本法对房屋建筑评税，一般按下面四个步骤进行：第一，收集房地产相关成本、税费和利润的数据和资料；第二，评估房地产的现行成本或重建成本；第三，测算折旧额；第四，从现行重置成本中减去应计折旧额，求得房地产的评估值。

成本法也有一定的适用范围，适用于对收益性不明显、又很少发生交易的房地产进行评估，如学校、图书馆、医院、公园等公用、公益性房地产，化工厂、钢铁厂、机场、发电厂等设计独特或者只针对个别用户的特殊要求而建造房地产等，不过对于那些建成年代较晚、发生折旧较少的房地产，成本法还是非常值得信赖的。

对于重置成本的评估和折旧因素的估算是运用成本法评估房地产价值的核心。通常，评估的重置成本主要包括：取得成本、开发成本以及管理费用、开发利润、相关税费等内容。而实体性折旧、功能性折旧、经济性折旧影响着房地产的折旧。

评估房地产价值以成本法评估的基本公式为：

$$房地产价格 = 重新构建房地产价格 - 房地产折旧$$

如果具体到特定类型房地产采用成本法进行评估时，上述公式可以具体为：

（1）对于新建造的房地产，成本法的基本公式为：

$$新建造房地产价格 = 土地取得成本 + 土地开发成本$$
$$+ 建筑物建造成本 + 管理费用$$
$$+ 投资利息 + 销售费用 + 相关税费 + 开发利润$$

（2）对于旧房地产，成本法的基本公式为：

$$旧房地产价格 = 房地产重新构建价格 - 房地产折旧$$

3. 收益法

收益法又叫收益还原法，这种方法的理论基础是将收益进行资本化，是在估算评估房地产的未来收益的基础上，选择合适的折现率将未来收益转换为具体价值，然后计算房地产价格或价值的方法。根据将未来预期收益转换为价值（即资本化）的方式不同，收益法分为直接资本化法和报酬资本化法。

被评估房地产能够在未来形成现金流或者收益是使用收益法进行房地产评估的前提，这种方法的基本原理就是预期原理，是建立在市场参与者对其未来所能带来的收益或者能得到的满足进行预测的基础上的。

通常收益法估价可以分为四个步骤：一是收集和验证与评估房地产未来预期收益有关的各种数据资料，具体包括出租的面积、租金水平、出租率或空置率、收租损失、经营成本或运营管理费、利率、贴现率、投资回报率等，这些数据资料可以通过房屋和土地管理部门、房地产中介公司以及实地调查等方式获得；二是预测估价对象的未来收益和相关费用，可用于测算的变量包括潜在毛收入、有效毛收入、净运营收入、税前现金流量、期末转售收益等；三是确定适当的资本化率或报酬率、收益乘数等，可以通过市场租价比法、安全利率加上风险调整值法、投资组合法等获得；四是选用适宜的收益法公式将纯收益进行价值还原，确定房地产评税值。

如住宅、写字楼、影剧院、停车场、加油站、标准厂房等有收益或者有潜在收益的房地产都属于收益法的适用范围。

运用收益法评估的基本公式为：

$$P = \sum_{t=1}^{n} \frac{R_t}{(1 + r)^t}$$

其中：$P$ 为评估值；$R_t$ 为第 $t$ 年净收益；$r$ 为报酬率；$t$ 为收益年限。

**（三）评估技术**

在房地产税税基评估的实际运用中，会涉及具体的评估技术，按照每次评估房地产价值的数量划分，可以分为单量评估和批量评估。

单量评估是指房地产评估师依据特定的评估目的，通过科学评估方法的运用，对单位房地产的特定价值进行分析、测算，一次只对单位房地产进行评估。随着房地产市场的高速发展以及房地产保有数量的不断增加，对所有房地产进行逐个评估的工作难度太大，成本高昂，在有限的评估人员的情况下实际操作的可行性很低。目前，采用批量评估技术更符合现实情况。

批量评估是在使用成本法、市场法、收益法等传统的评估方法上，运用数理统计的方法建立模型，利用计算机、地理信息统计软件等技术，在同一时点对多单位房地产进行评估的活动。此方法强调的是房地产的特殊差异，但这种评估技术要求具备相对成熟的房地产市场体系，所以，从时间和效率的角度分析是优于单量评估技术的。

将单量评估与批量评估技术相比较，两者有很多异同点。两种评估技术的相同之处主要体现在理论基础方面即都是在市场法、比较法、成本法的理论基础上进行评估的。而两者的区别主要通过几个方面反映出来。首先，适用的范围不同。批量评估需要在房地产市场较成熟、税制较完善、计算机系统和评估人员均有较高水平的条件下的选择，而在单量评估技术中对上述条件没有过高的要求。其次，操作程序不同。在具体操作过程中，批量评估需要经过建立评估所需要的应用数据库、建立评估模型、对模型进行校准、同时需要对评估对象进行分类、确定的市场划区以及后面的检测、解释评估结果、处理评估申诉等步骤，而这在很大程度上需要依赖于现代信息化手段和完整的设计才能实现。相对于批量评估，单量评估的程序就非常简单，只需要收集资料、实地勘察、选择评估方法、具体评估和评估报告撰写等步骤。再次，评估质量控制方面存在差异。批量评估是在大样本前提下进行的，需要对样本进行分类，然后通过设立、校准和检验得到评估模型。这种技术不仅利用了全面的信息资料，在评估过程中通过比率分析等方法进行评估质量分析，对于评估参数的科学性给予了保证，减少了评估人员主观因素的影响，进而能够对评估的质量给予很好的控制。而对于单量评估的质量控制主要依赖于评估人员的职业道德、业务水平以及自身经验，这样有更多的主观因素会影响评估结果。最后，分析体系不同。统计分析、计算机技术和信息技术是批量评估建立的基础，在运用上不仅能够分析和处理当前房地产市场信息，还能够通过地理空间信息系统和区块链等技术手段对评估对象的大量相关信息进行即时跟踪和动态分析。而单量评估技术属于静态分析，是围绕某一特定房地产收集相关的信息数据，不具有动态性。

对于房地产评估技术的选择，根据对房地产评估的目的不同，技术也会有不同的选择。如果评估的目的是买卖和交换，对于评估价值要求比较精确，一般来说会采用单量评估技术，因为在评估过程中除了要考虑位置、用途、购买时间等因素外，还要考察一些例如房地产的朝向、楼层、装修水平等个体特征，通过价格上的差异反映出来。如果评估的目的是课税，就存在关系到广大社会居民的利益和工作量巨大这样两个特点，既需要公平又要讲究效率，在遵循一般评估准则的同时，应当以总体公平为出发点，可以忽略某些个性差异的影响因素，适宜采用批量评估技术。

**（四）评估周期的确定**

为了使房地产计税依据更进一步地接近房地产的市场价值，必须进行房地产评估值的更新。在以房地产评估价值为计税依据的条件下，评估周期就是指两次对房地产税基进行评估的时间间隔。评估周期能够对房地产税税收收入产生重大影响。这是由于随着宏观经济环境的波动、房地产市场的发展以及供求关系的变化，房地产的市场价值必然会产生相应变化，从而以市场价值为基础的评估值也会受到很大影响。因此，对房地产价值按照评估周期来定期评估，将有利于保证评估价值的客观性，从而真实反映出纳税人的纳税能力。

通常可以将估价制度按周期不同分为三种类别。第一种称为全周期的评估制度，即房地产的价值在特定年份被评估以后，在下一个规定的估价年份之前，整个时期房地产的评估价值不变；第二种是按部分估价，是指在一定周期（一般是三年）内重新估价的之外，每年都对一部分房地产（而不是全部房地产）进行估价，已确定评估价值是否有较大的变化；第三种以年度为周期进行估价，是指每年依据房地产市场的变化对全部房地产进行重新估价，显然这种评估周期的评估成本会比较高。

影响房地产税基评估周期长短的主要因素有两个：成本因素指重新评

估房地产税基需要消耗多少人力和物力等；市场因素是指房地产市场变化的周期和程度，还包括不同类型房地产的价值变化情况。

考虑到我国的具体情况，在评估周期上选择部分估价的方式较为适合。因为如果采用全周期评估，时间间隔太大，这样评估价值与市场价值不能保持一致；如果采用年度评估的方式，成本太高实际操作性也比较低。当前，我国经济属于发展期和转型期，经济波动比较明显而房地产市场价值受到各种因素的影响变动比较大，因此评估周期不宜过长。所以，部分估价的方法结合了全周期评估和年度评估两种方法的优点，在实际运用中，既可以有效降低评估成本，又能在一定程度上保证房地产税基评估的质量。

**（五）评估部门的确定**

从评估部门的属性角度来看，评估部门主体可以分为非政府评估和政府评估两种。非政府评估模式是指房地产价值评估是由第三方中介机构来进行的，在确定计税依据时政府部门可以使用中介机构的评估结果。

政府评估模式是指由政府设置具体的评估部门对房地产价值进行评估，又可以划分为集中式和分散式两种。二者最主要的区别是，集中式是由中央政府负责房地产价值评估工作，地方政府只需负责辅助性工作如数据搜集等；分散式则由地方政府负责房地产价值评估工作，中央政府并不干预具体事宜，只需指导相关业务。

至于如何设置评估部门，应遵循以下原则：合法原则、公平原则、效率原则、评估时点原则等。合法原则是指评估时所使用的基础数据、工作方法、评税技术与评估结果都应符合法律规定。公平原则是指评估价值要符合房地产评估价值的基本原理，客观地反映房地产的市场价值，具体包括横向公平和纵向公平，即对于相同类型的房地产评估价值应当相近，对于不同类型的房地产评估价值应当存在差异。如果从公平原则出发，集中式不失为一种相对有效的选择，因为中央政府在全国范围内设定统一标准能够避免评估过程中由于评估标准不同而导致的不公。效率原则是指在房地产税税基评估过程中，必须要考虑征管成本与收益之间的匹配关系，能够满足在相对短的时间内同时进行评估大量的应税房地产的需要。这里的评估成本主要指评估机构及工作人员在进行评估工作中所耗费的费用，还包括纳税人在对评估结果存在异议时而进行重新评估的成本。房地产税基评估的效率可以通过房地产税基评估成本与房地产税应纳税额的比值来表示。如果从效率原则出发，考虑到地方政府相对中央政府更加熟悉当地市场状况，也更容易获取全面的资料和信息，所以分散式又比集中式有一定的优势。评估时点原则是指对于房地产的评估价值应当是以某一个具体时点的评估价值为基准，评估结果反映的真实应税房地产在该评估时点的客观合理价格或价值，一般由税法条文来规定具体的时点。在操作实践中，应当综合上述原则并结合具体实际情况，对评估部门的设置模式进行选择。

在评估部门设置上，世界各国在平衡公平与效率的基础上，形成了符合各自社会经济发展状况的房地产评估部门设置，各具特色，大致可分为如下三种。

（1）在政府部门中专门设置评估工作的机构。这种模式的代表国家有澳大利亚、美国和英国。在澳大利亚，由各州设立的总评估师办公室负责为房地产税的征收提供评估服务，总评估师一般由州议会任命，对州长负责。在美国，则由地方政府设置的评估办公室提供当地房地产税的税基评估工作，为维护房地产税税基评估的统一性和公平性，各州还设立了监督部门，制定相应的房地产税基评估标准。在英国，政府设立了中央、大区和区三个层次的评估办公室，其中中央和大区级的评估办公室只需进行管理协调，而具体的房地产税税基评估工作是由区级的评估办公室进行的。

（2）政府部门委托社会评估机构代为评估的模式，代表国家是加拿大。这种模式下房地产税基评估的负责部门为州政府或地方政府，但是考虑到节约成本和提高效率，实际的评估工作是由政府机构委托社会中介机构进行的，政府只负责对中介机构进行原则上的指导。

（3）政府与专业机构结合，共同设立房地产税基评估机构的模式，代表国家是立陶宛。由政府与专业机构共同出资设立的营利性评估机构来进行对房地产税基的评估工作是这种模式的特点。采用这种方法既保证了税基评估的专业性和效率性，又利于政府部门对评估过程的监督和指导。负责履行全国范围内的房地产税税基评估工作的是立陶宛国家事业注册中心，属于营利性机构，但是由立陶宛政府设立的。

我国对于居民征收房地产税还属于初始阶段，建立科学合理的税基评估部门对于实现税负公平、建立保有阶段房地产税收体制具有重要意义。但是，对于具体房地产税基评估部门的设置还存在许多争议，主要观点有两种。第一，认为由相关政府部门设置专门的评估机构更为合理。持有该观点的学者认为，房地产税基评估工作应该通过设立专门的房地产评估办公室，配备专业人员来进行，这样可以为房地产税收征管提供可靠合理的计税依据。这种模式最关注的就是政府部门对于房地产税基评估工作的有效控制。在这种观点中，由政府哪个部门来进行房地产评估工作也引来很大的争论。一部分学者认为应该由地方的税务部门来完成税基评估工作，因为地方税务部门正是房地产税的主要征管单位，对纳税的主体有充分的了解，也可以掌握最新最优的信息，这样有利于统一管理提高效率；还有学者认为应将房地产评估部门设置在国土资源部门，原因是国土资源部门掌握着关于居民住房最为有效的数据，这样可以提升以房地产为课税对象的房地产税的征管效率和质量。第二，房地产税基评估工作由独立于政府的第三方评估机构完成。专业的第三方评估机构具备专业的评估人员以及先进的评估技术，能够发挥其在专业上的优势，提高评估的质量。同时还可以避免政府部门评估可能出现的寻租现象，有利于客观公正的评估结果的获得，当然这种模式也对专业评估机构的独立性和职业能力有较高要求。

参考国际经验，并结合我国的实际，笔者认为采用第三方独立评估机构的模式更适合我国。首先，这能够有效避免政府权力寻租行为的出现。因为税收的征管主体是政府部门，如果房地产税基的评估方也是相关政府部门，则意味着征收额度全部由政府部门决定，没有监督制衡的权利，必然导致其被滥用。其次，有利于建立一个完善的房地产评估体系。通过对第三方的独立评估机构的建立，改变我国现有房地产评估结构，有利于专业房地产评估师的培养，提高其技术水平，同时可以使政府部门与评估机构进行相互监督，有助于推动居民房地产税顺利征收。

## 二、重庆和上海房产税试点的计税依据

上海试点方案中规定，计税依据为参照应税住房市场价格确定的评估值，并按规定周期定期重新评估，居民房产税试点初期暂以应税房地产的市场交易价格作为计税依据，暂按应税住房市场交易价格的70%计算缴纳房产税。重庆方案则以房地产的交易价格为计税依据，等到条件成熟时再使用房产评估价值作为计税价值。

税收公平是征税的基本原则，保证税收公平的重要因素之一就是计税依据的合理性。在计税依据方面房产税应当以房产的市场价格作为计税依据，然而市场价格是不断变化的，只有房产税的计税依据与房产的现实价格即市场价值保持一致，才能保证房产税征收的公平性。站在这样的角度，上海和重庆两市的试点方案都将房产评估值作为未来的计税依据是合

理的。在重庆方案中包括了对存量住宅的征税，而对于存量住宅的历史交易价格无法与市场价格保持一致，因此，采用评估价值作为计税依据对于房地产税的评估提出了需求。房产评估是一项浩大的工程，因为包括区位、房型、小区环境、周边环境、物业等诸多因素都是在房地产评估时需要考虑的，而我国当前的房地产评估体系力量不足，评估的中介机构相对数量少、规模小、专业技能低、公众信任度不高等因素使得无法在短期内实现以评估价值作为房产税的计税依据。所以重庆和上海两市暂时以市场价格为计税依据是基于我国当前房地产评估体系不成熟的现实考虑，是合理的也是大多数国家的通行做法。

### 三、我国居民房地产税的计税依据

结合我国的具体国情和上述分析，我国征收居民房地产税的计税依据应该选择从量计征中的评估价值方法。在关于评估方法中认为市场法是最佳选择。原因有二：第一，市场法更符合税收的公平原则。衡量比较三种评估房地产税税基价值的方法，成本法和收益法都要求估算房地产的现状或未来价值，必然产生误差，且成本法并未将不同房地产的潜在价值考虑在内，不能起到房地产税对贫富差距的调节作用。而按照市场法进行评估房地产价值，更能够体现房地产税的受益性原则，实现居民权利和义务的对等。地方居民会因为政府增加的公共投入而提高房地产市场的价值从而获利的同时，为房地产市场价值的提高而增加税收负担，是居民获利和税负相平衡的表现。同时市场法还能够客观地反映纳税人的负担能力，符合量能负担的原则。第二，市场法的可操作性更强。我国的国情是历史悠久、人口众多，现存房屋的产权形式十分繁杂，若采用收益法进行评估，在确定每处房屋的未来收益时有一定的困难，尤其对于自用的房地产，更是如此。而成本法的优点是程序简单、税基稳定、操作容易，但是面对价格瞬息万变的房地产市场，成本法不能很好地反映市场价格。所以相比较来说市场法是相对简单而且评估结果更符合真实价值的评估方法，也容易被纳税居民接受。在评估机构的选择上根据上述分析建议建立专门的房地产评估中介机构，培养专门的评估人员，来对房地产价值进行评估。

## 第五节　优惠政策

房地产税是对房地产保有环节的征税，所以从税理上应该对所有的房地产一视同仁。但是对基本生活住房予以一定的税收减免不仅是对大部分中低收入者的税收照顾，还可以减少开征的阻力。因此，房地产税收优惠政策首先应遵循量能负担的原则，综合考虑纳税人拥有的财富和实际的收入水平，对低收入者实行税收优惠。同时，减免税的规模会在很大程度上影响纳税人的税收负担，如果对房地产税实行大规模的减免税，反而会对税收的收入水平和公正性造成影响，因此，房地产税收优惠还应遵循适度原则。

## 一、重庆和上海房产税试点的减免政策

在税收减免政策上，重庆、上海均以家庭为单位进行减免。上海方案的减免是按照家庭人均建筑面积 60 平方米的标准计算，在新购的住房面积超过家庭人均 60 平方米的部分，征收房产税。重庆方案的减免是采用一次性减免的办法，每个家庭只能对一套住房扣除免税面积，对于存量房（纳税人在《暂行办法》施行前拥有的独栋商品住宅）免税面积为 180 平方米；对于新增住房（新购的独栋商品住宅、高档住房）的免税面积为 100 平方米。此外，上海方案还规定了对于新购住房的家庭，如果在一年内出售原有唯一住房的情况下可以返还房产税，同时对于家庭首次新购住房用于家中成年子女婚姻的，可以免征房产税。体现出了对于居民合理的住房需求改善的照顾，这是上海方案的一个亮点。另外还对某些特殊情形免税，包括对为响应国家和上海市引进人才号召的新市民新购住房、对非本市户籍居民持本市居住证满 3 年的新购且是家庭唯一的住房；还对本市居住的非户籍居民在居住证未满 3 年的情况下，房产税可以先征后返。与上海政策相比，重庆并没有具体规定上述特殊情形的房产减免政策，但是规定了"三无"人员，在重庆市满足"有户籍、有企业、有工作"中的任何一项条件时，当年起免征房产税；规定了由不可抗力因素造成应税房产毁损的，可以提出减免申请。

总体而言，两市的方案均为了适应当地经济现实给予地方政府作出调整的权限，这体现了税收公平原则，也体现了房产税征收的目的。从税收减免范围上看，两市的规定都比较宽泛，所以很多既得利益者和一般大众都有获得减免资格，从而确保了房产税方案的大众支持，使纳税人能够接受改革，为进一步的改革提供了实践经验。将两市相比，上海方案在减免方面的缺陷更加明显，方案使得几乎所有上海本地居民都适用于减免条款：第一，方案规定的免税对象中包括存量房，而很多上海本地居民拥有

多处房产是在方案颁布之前，这样虽然在上海本地拥有多处房产，但是可以免税；第二，对于新购住房征税方面，只对家庭人均超过住房面积 60 平方米的部分征税，如果是三口之家的免税面积达到 180 平方米，再加上对于为子女结婚购房的也属于减免范围，上海本地居民很容易获得减免资格，几乎不用缴纳房产税。综上所述，按照上海方案的规定，本地居民很容易成为免税主体，从而游离于房产税征税主体之外；而非本地居民的减免资格就不是那么容易获得，这将不可避免地使上海方案违背税收公平原则，影响房产税的实施效果。同时，也使房产税在抑制房价过快增长和减小贫富差距方面的作用难以得到发挥。

### 二、对居民房地产的减免

#### （一）免征额的设置

由于居民房地产是居住性质，是居民正常生活的基本保障，如果全额征税会影响公平，因此，设置免征额是十分必要的。而对于免征额的设置怎么才能体现公平是一个需要谨慎思考反复讨论的问题。目前学术界通常提到的按照居民拥有房地产套数实行税收减免，例如对居民拥有的第一套房地产免税，对第二套及以上的房地产进行征税。实际上这种方式还需讨论，首先居民持有的第一套房地产的面积、价值等均存在差异，简单地通过套数来减免会有失公平。

相对合理的做法是根据居民持有房地产的面积与价值，以家庭为单位来设置房地产税的免征额。例如，对于某家庭假设家庭成员数为 $N$，那么对于该家庭来说，免征额 $F = N \times S \times V_a$，其中 $S$ 为国家或者各省规定的人均住宅减免面积（可以以各省的人均住房面积为计算标准），$V_a$ 为每平方米房地产的平均价值，则应缴纳的房地产税 $T = (V_t - F) \times p \times t$，其中 $V_t$ 为居民房地产总评估价值，$p$ 为房地产市场价值的评估率，$t$ 为该地区房地产税的税率。

这样的免征额设置，对家庭成员基本住房面积给予减免，以体现对居民保障性居住面积的房地产不征税的原则。同时体现了按照价值对房地产征税的原则，也照顾了不同区位房地产价值存在的差异可能引起的免征额的不公，将家庭基本居住面积乘以辖区内自住房地产每平方米的平均价值作为免征额，只对超过价值征收房地产税。

#### （二）对城镇低收入阶层房地产税的减免

由于房地产税需要以货币支付，同时该税是对于存量财富的征税，那么当房地产的持有者失去了支付税收的能力，这样就需要将房地产转让给有能力支付税收的个人或家庭，因此从这个意义上房地产是有利于财富创造的。然而，这只适用于一些富有阶层起初持有高价值房地产，因为某些原因又陷入经济困难的个体。对于退休的老人、孤寡老人、残疾人而言，这样的举措是有失公平的，更会影响社会和谐。因此需要对这类人群即持有房地产价值与自身收入不相称的人群给予减免。具体的措施可以借鉴美国"断路器"政策，以房地产税占家庭收入的一定比例为界限，对于超过这个比例的房地产税给予减免。

此外，对农民自用住房暂免征收房地产税。

### 三、对不可抗力引起的减免

房地产税毕竟是一种财产税，当纳税人发生不可抗力而导致无能力缴纳房地产税时，法律上应该给予减免支持，否则将有悖于税收公平和税收公正的基本原则。无论是居民房地产还是其他房地产，当纳税人由于自然灾害等不可抗力原因导致重大损失，导致纳税人在生产和生活存在真实困难的情况下，当事人可以申请并经税务机关确认后做出适当的减免。因此当申请这种减免时需要满足四个条件：第一，纳税人遭受了重大财产损失，使生产生活陷入困难；第二，造成纳税人重大财产损失的原因是发生了不可抗力因素，在这里不可抗力可以界定为自然灾害（如水灾、火灾、地震、暴风雨等）或者意外事故（如战争等）；第三，当事人向税务机关提出了申请；第四，经税务机关对申请进行核实并同意减免。

# 第六节　征收居民房地产税的配套条件

如上所述，征收居民房地产税是今后比较理想和有潜力的地方财政收入来源，然而，任何税制改革都是一个整体推进的过程，居民房地产税的征收也不可能一蹴而就，因此，配套措施的建立和完善是房地产税能否成功的关键。

### 一、完善财产登记制度

在我国财产登记一直是个比较敏感的问题，许多人认为这会涉及个人的隐私。而居民房地产税的课税对象是房地产，房地产的所有者是纳税人，因此对于房地产信息的记录是保证房地产税顺利实施的首要环节。

在房地产的信息中，产权是最基本的内容，而我国目前的房地产持有状况十分复杂，包括商品房、经济适用房、个人占有公房、集资建房等多种形式。因此在征收居民房地产税时需要理顺各种产权关系，明确房地产的所有者。因此，房地产产权登记制度是房地产管理的基础，更是税收征管的最基本依据。各辖区需要建立房地产登记制度，获取详细的房地产信息。房地产信息中应载明辖区内房地产的坐落、面积、使用年限、利用情况、评估价值等信息，同时还应列明房地产所有者的家庭状况，包括家庭人口、工作单位、收入情况等，建立对每处房地产编号的房地产信息目录。在完成房地产登记的过程中，国际上有两种实现途径，房地产所有者自行申报和税务部门实地勘察。当然，由房地产所有者自行申报的方式具有成本小的优势，但是缺陷也很明显，需要有相应的申报激励机制。根据我国的目前状况建议采用两者结合的方式。鼓励房地产所有者自行申报，同时结合税务结算机制，既要求在购买和转让房地产前必须要到税务部门获取税务结算单，在一定程度上可以促使房地产所有者的自行申报。在自行申报的同时应通过实地勘察，政府部门对本辖区的房地产统一进行编码的现场检查方式来完成工作，为征收居民房地产税提供基础性条件。在房地产信息自行申报中，可以效仿我国目前个人所得税的模式（国家税务总局在 2018 年 12 月推出的官方税收管理、个税申报系统手机应用，从 2019 年起，所有个人所得税申报的纳税人都可以随时进行纳税申报，我国个人所得税的征管进入了一个新的阶段），开发一款严密且适用的 App，由房地产税纳税义务人在手机上根据个人拥有房地产的信息进行申报，随着个人所得税申报信息（个人所得税申报过程中已经基本实现了对于纳税义务人家庭情况和收入情况的统计，家庭情况包括父母、配偶、子女的全部信息，收入情况包括个人每年取得的薪金所得和劳务报酬所得等收入）的逐步完善以及社会征信系统的普及，同时还有大数据、区块链技术的飞速发展，使得绝大多数人都会根据真实信息进行填报，这样已经可以大大降低开征房地产税在税收征管方面的成本，为开征提供了新的技术支持。

完善我国的房地产产权登记制度的同时要保持数据的更新，及时登记房地产的物理状况变化和所有权变化，这也是房地产数据管理的重要内容。更新的方式可以通过自行申报与信息交叉相结合，同时以实地检查作为补充。这里的信息交叉是指通过共享存在于不同部门的房地产信息来掌握房地产所有权等信息的变化，是有关管理和更新房地产数据的有效而且低成本的手段。因此在建立房地产登记制度时应设计一套国土、规划、工商、房地产、税务等所有涉及房地产的部门共同使用的系统，可以包含房地产的建设、登记、公证、交易以及纳税的所有信息，来对房地产信息实现共享，保证房地产信息的完整、有效。最后，为了保证房地产税公开透明，居民也应该与政府部门共享该信息，能够查询本辖区的房地产状况和纳税情况，为房地产税的高效征管提供保障。

## 二、建立房地产评估体系

房地产税作为在保有环节征收的财产税，计税依据是房地产的评估价值，并为了实现税收公平，需要定期对房地产进行再评估。所以，建立一个能够客观、真实、有效地反映房地产实际价值的评估体系是征收居民房地产税的又一重要前提。

我国当前的评估机构包括两种类型，一种是事业单位性质的评估机构，另一种是企业性质的评估中介机构如评估公司，这两类评估机构各有特色。非营利性是事业单位性质评估机构的主要特点，同时具有双重经济职能：既可以承办本辖区内如确定辖区基准地价等房地产评估业务，又可以以代理政府的名义对房地产市场评估行使监督管理职能。而房地产评估公司属于中介机构，这类民间的评估部门在评估技术、数据可信度以及评估责任划分等方面还存在一定的问题，需要进行有效的规范和约束。从国际经验和我国的长远经济发展来看，这种民间的评估机构更适应市场经济发展的需要，并将成为房地产评估行业的主力军。当然政府的评估部门可以同时存在，在对中介评估机构进行资质认定和审核的同时，还需要对其进行监督，是维护评估市场不可或缺的。实际上，随着大数据、区块链技术的不断发展和应用，从技术角度完全可以实现房地产价值的信息随时更新与发布，无论是评估机构还是监管机构均可以得到最新且准确的价值信息。

在建立评估体系的同时，还需要建立完善而简洁的处理房地产价值争议的申诉机制，这也是所有征收居民房地产税的国家都设置的机制。因此，在评估结束并将评估结果通知房地产所有者以后，设定一定的期限来解决公众对评估结果的争议。可以首先与评估机构进行商讨协调，协调未果时可以向评估团提出复议，仍然不能解决时可以向法院提出诉讼。

### 三、调整相应税费

对居民房地产税改革的关键在于建立政府从房地产中获得收入的合理模式，这种合理模式的标准就是在保证政府从房地产中获取相当规模收入的同时，保持房地产市场的良性发展。如前所述我国目前的收入模式表现为在开发和交易环节的收入多，而保有环节收入所占比重小，因此推进征收居民房地产税，适当提高房地产保有环节获取的收入，是改变政府的房地产收入模式的关键，而对于收费和相关税收的清理与合并也是重要的步骤。

目前，对于房地产的收费中，除了土地出让金之外还包括大量的收费项目，种类繁多，经过政府多年治理却效果甚微。有资料显示，湖南省在2016年6月物价局印发了《清理规范涉房收费专项工作方案》，将房地产开发企业在房地产开发建设过程中承担的所有收费作为清理对象，包括各种行政事业性收费、政府性基金等近20项收费。[1] 实际上，河北省省会石家庄市于2009年进行了清理房地产开发阶段的收费工作，取消、停止的收费项目有46项，保留下来的行政事业性收费、政府性基金以及经营性收费30项，可见清理之前的收费项目高达76项。[2] 其他省市也存在相似的状况。而这些收费将列入房地产开发的成本中，并最终转嫁到消费者身上。在征收房地产税后，居民每年在支付房地产税的同时还要负担高额的房价，自然是不合理的，因此清理房地产开发过程中的不合理收费也是征收居民房地产税的配套措施。建议将所有合理的收费项目归并到土地的"招、拍、挂"环节，与土地出让金一并征收。即房地产开发企业交付了土地出让金之后，不再缴纳任何费用，而行政部门对房地产开发过程中的各项检查费用和其他收费将由地方政府从土地出让金中拨付。

房地产包括三个环节，即开发环节、保有环节和流转环节。目前存在于各个环节的房地产相关税收税种较多，包括房产税、城镇土地使用税、土地增值税、耕地占用税和契税等。其中，前两者是在房地产保有阶段中需要缴纳的税收，而后面的土地增值税、耕地占用税和契税是房地产在流转环节需要缴纳的税收。为了构建以房地产保有环节税为主体、其他税种

---

① 襄阳住宅与房地产信息网，http：//www.xfsfc.com.cn/news/201607/21894/1.html。

② 中央政府门户网站，http：//www.gov.cn/gzdt/2009 - 02/24/content_1240740.htm。

为辅的房地产税收体系，应当简化税制、重点突出、全面调节。在将房地产保有环节的房产税和城镇土地使用税合并为房地产税的基础上，还需要对其他环节的税种实施相应的配套改革，避免我国的财产税制出现多重调节重复征收的情况。

# 参 考 文 献

[1] 安体富, 葛静. 关于房产税改革的若干问题探讨: 基于重庆、上海房产税试点的启示 [J]. 经济研究参考, 2012 (45): 12 - 20.

[2] 安体富, 金亮. 关于开征物业税的几个理论问题 [J]. 税务研究, 2010 (6): 36 - 44.

[3] 安体富, 王海勇. 重构我国房地产税制的基本思路 [J]. 税务研究, 2004 (9): 9 - 12.

[4] 奥茨 (Oates). 财产税与地方政府财政 [M]. 丁成日, 译. 北京: 中国税务出版社, 2005.

[5] 白彦锋. 土地出让金与我国的物业税改革 [J]. 财贸经济, 2007 (4): 24 - 30.

[6] 包宗华. 我国的住房空置率是否过高 [J]. 中国房地产, 2004 (2): 2 - 21.

[7] 北京大学中国经济研究中心宏观组. 物业税改革与地方公共财政 [J]. 经济研究, 2006 (3): 15 - 24.

[8] 北京大学中国经济研究中心宏观组. 中国物业税研究: 理论、政策与可行性 [M]. 北京: 北京大学出版社, 2007.

[9] 蔡吉源. 论土地税制改革: 地价税与增值税 [J]. 财税研究, 1997 (7): 77 - 87.

[10] 常莉. 房地产税收改革对房地产业影响的效应研究 [D]. 西安: 西北大学, 2007.

[11] 陈灿煌. 房价上涨与城市居民收入差距的关系 [J]. 统计与决策, 2007 (22): 87 - 89.

[12] 陈多长, 踪家峰. 房地产税收与住宅资产价格: 理论分析与政策评价 [J]. 财贸研究, 2004 (1): 57 - 60.

[13] 陈多长. 房地产税收论 [M]. 北京: 中国市场出版社, 2005.

［14］陈杰，郝前进，郑麓漪．动态房价收入比：判断中国居民住房可支付能力的新思路［J］．中国房地产，2008（1）：25－28．

［15］陈金玉．我国房地产税制理论分析与改革研究［D］．长沙：湖南大学，2008．

［16］陈文久．土地税制需逆向改革［J］．人文及社会科学集刊，1994（2）：135－165．

［17］陈文梅．我国房地产税收改革初探［J］．税务与经济，2001（3）：25－28．

［18］陈欣．关于我国开征个人房产税问题的研究［D］．济南：山东大学，2011．

［19］陈炎飞，丁怡．房产税改革研究：基于沪渝两地经验及路径［J］．时代经贸，2017（36）：25－27．

［20］陈哲．改革开放三十年来财政政策改革的评析［J］．中国高新技术企业，2008（2）：36．

［21］川刘荣．确立财产税在地方税中的主体地位初探［J］．现代财经：天津财经学院学报，2005（12）：19－23．

［22］崔凤琴．浅析我国房地产税改革：以沪渝房地产试点改革为视角［J］．商，2016（8）：177．

［23］戴海先．对有关土地课税几个基本问题的认识［J］．吉林财专学报，1996（2）：37－41．

［24］邓宏乾．基于税收目的的物业税改革分析：兼评物业税改革方案［J］．华中师范大学学报（人文社会科学版），2006，45（3）：58－62．

［25］邓宏乾．中国城市土地主体财源问题研究：房地产税与城市土地地租［M］．北京：商务印书馆，2008．

［26］邓宏乾．中国城市主体财源问题研究［D］．武汉：华中师范大学，2007．

［27］邓菊秋，龚秀国．对我国物业税税率设计的思考［J］．税务研究，2008（4）：55－56．

［28］丁成日．改革和发展中国房地产税：理论问题与现实挑战［J］．财政研究，2006（1）：11－15．

［29］丁芸．中国土地资源税制优化研究［D］．北京：中国地质大学，2008．

[30] 杜雪君, 黄忠华, 吴次芳. 中国土地财政与经济增长: 基于省际面板数据的分析 [J]. 财贸经济, 2009 (1): 60 – 64.

[31] 杜雪君, 吴次芳, 黄忠华. 房地产价格、地方公共支出与房地产税负关系研究: 理论分析与基于中国数据的实证检验 [J]. 数量经济技术经济研究, 2009 (1): 56 – 60.

[32] 杜雪君. 房地产税对房价的影响机理与实证分析 [D]. 杭州: 浙江大学, 2009.

[33] 冯良. 开征房产税对我国内地房地产业的影响研究 [D]. 天津: 天津商业大学, 2011.

[34] 冯菱君, 王海勇. 重构我国房地产税制的基本思路 [J]. 当代经济研究, 2004 (11): 53 – 57.

[35] 傅光明. 关于土地出让金纳入物业税的探讨 [J]. 财会月刊: 理论版, 2006 (6): 30 – 36.

[36] 高凌江. 地方财政支出对房地产价值的影响: 基于我国 35 个大中城市的实证研究 [J]. 财经理论与实践, 2008 (1): 85 – 89.

[37] 高铁梅. 计量经济分析方法与建模: EViews 应用及实例 [M]. 北京: 清华大学出版社, 2006.

[38] 龚刚敏. 论物业税对房地产价格与政府行为的影响 [J]. 税务研究, 2005 (5): 43 – 45.

[39] 谷成. 房产税改革再思考 [J]. 财经问题研究, 2011 (4): 91 – 97.

[40] 郭芳, 朱含露. 中国房产税改革试点探讨: 以重庆和上海为例 [J]. 当代经济, 2012 (5): 35 – 37.

[41] 郭峰, 任宏. 中国商品房空置问题研究 [J]. 华中科技大学学报 (城市科学版), 2004 (12): 53 – 56.

[42] 郭宏宝. 房产税改革目标三种主流观点的评述: 以沪渝试点为例 [J]. 经济理论与经济管理, 2011 (8): 53 – 61.

[43] 海南省地方税务局课题组, 麦正华. 房地产税计税依据改革的国际借鉴与改革方案构想 [J]. 税务研究, 2006 (8): 84 – 88.

[44] 何倩, 王旭. 从房产税和地产税角度看房地产税 [J]. 中国管理信息化, 2012 (5): 25 – 27.

[45] 何倩, 张廷新, 翁怀达. 基于国际经验数据的我国居民房地产税的模拟测算 [J]. 统计与决策, 2015 (24): 181 – 183.

[46] 何倩. 房地产税收负担问题探讨 [J]. 消费导刊, 2020 (31): 179.

[47] 何倩. 关于房地产税的几点思考 [J]. 东北财经大学学报, 2013 (3): 75 – 79.

[48] 何倩. 我国房地产税改革收入效应浅析: 以重庆上海房产税试点为例 [J]. 消费导刊, 2020 (25): 132 – 133.

[49] 何雄浪, 马永坤. 中国房地产税改革及其优化发展探讨 [J]. 当代经济管理, 2012 (9): 34 – 39.

[50] 何振一. 物业税与土地出让金之间不可替代性简论 [J]. 税务研究, 2004 (9): 19 – 21.

[51] 侯一麟, 马海涛. 中国房地产税设计原理和实施策略分析 [J]. 财政研究, 2016 (2): 65 – 78.

[52] 胡洪曙, 杨君茹. 财产税替代土地出让金的必要性及可行性研究 [J]. 财贸经济, 2008 (9): 57 – 61.

[53] 胡洪曙. 财产税、地方公共支出与房产价值的关联分析 [J]. 当代财经, 2007 (6): 23 – 27.

[54] 胡洪曙. 财产税理论的演进历程: 回顾、辨正及启示 [J]. 中南财经政法大学学报, 2010 (5): 44 – 50.

[55] 胡润田. 中国开征物业税的若干问题初探 [J]. 孝感学院学报, 2010 (1): 114 – 117.

[56] 黄凤羽. 美国财产税政策及其优惠机制 [J]. 涉外税务, 2007 (7): 58 – 61.

[57] 黄小虎. 当前土地问题的深层次原因 [J]. 中国税务, 2007 (2): 46 – 47.

[58] 贾康. 房产税改革的意义 [J]. 经济, 2012 (4): 15.

[59] 贾康. 房地产税的改革方向 [J]. 中国建设信息, 2012 (5): 34 – 35.

[60] 贾康. 房地产税的作用、机理及改革方向、路径、要领的探讨 [J]. 北京工商大学学报 (社会科学版), 2012, 27 (2): 1 – 6.

[61] 贾康. 关于中国房地产税费改革的基本看法 [J]. 涉外税务, 2006 (7): 5 – 6.

[62] 贾康. 中国房地产调控与房地产税问题探讨 [J]. 中国财经信息资料, 2010 (32): 1 – 4.

［63］ 金虹. 房地产开发企业税收存在的问题与对策研究［J］. 长春工业大学学报（社会科学版），2006（3）：49 - 51.

［64］ 孔煌. 城市住宅价格变动的影响因素分析［J］. 贵州工业大学学报（社会科学版），2007，9（2）：45 - 48.

［65］ 李波. 2006 中国地方财政发展研究报告［M］. 北京：中国财政经济出版社，2007.

［66］ 李俊松，王军. 房产税是否抑制了居民消费：基于沪渝改革试点区的 DID 分析［J］. 消费经济，2017（3）：33 - 38.

［67］ 李培. 我国房地产税费制度存在的问题研究［J］. 中国房地产金融，2004（11）：5 - 7.

［68］ 李卫刚. 物业税与地区财力差距、政府行为分析：基于 31 个省、市、自治区经验数据的分析［J］. 吉林工商学院学报，2007（29）：8 - 12.

［69］ 李莜. 我国房地产税收与住房价格的关系研究［D］. 武汉：华中师范大学，2011.

［70］ 理查德·A. 马斯格雷夫，佩吉·B. 马斯格雷夫. 财政理论与实践［M］. 邓子基，邓力平，译. 中国财政经济出版社，2003.

［71］ 梁若冰，汤韵. 地方公共品供给中的 Tiebout 模型：基于中国城市房价的经验研究［J］. 世界经济，2008（10）：71 - 83.

［72］ 林家彬，刘毅. 开征物业税对房地产市场的影响［J］. 重庆工学院学报（社会科学版），2009，23（4）：4 - 7.

［73］ 林素钢. 物业税影响分析［J］. 中国房地产金融，2005（4）：35 - 36.

［74］ 刘东，张良悦. 土地征用的过度激励［J］. 江苏社会科学，2007（1）：47 - 53.

［75］ 刘洪玉，郭晓旸，姜沛言. 房产税制度改革中的税负公平性问题［J］. 清华大学学报（哲学社会科学版），2012（6）：18 - 26，156.

［76］ 刘洪玉，杨帆，徐跃进. 基于 2010 年人口普查数据的中国城镇住房状况分析［J］. 清华大学学报（哲学社会科学版），2013（6）：138 - 147.

［77］ 刘洪玉. 房产税改革的国际经验与启示［J］. 改革，2011（2）：84 - 88.

［78］刘华，王玮思，陈力朋．住房保有环节的房地产税与中国式住房投资：基于情景模拟的实证研究［J］.税务研究，2018（5）：52－58.

［79］刘桓．为何要择机开征物业税［J］.财经，2004（1）：71.

［80］刘庆隆．沪渝房产税改革试点法律评析［D］.武汉：华中师范大学，2012.

［81］刘尚希．财产税改革的逻辑［J］.涉外税务，2007（7）：5－10.

［82］刘升．房产税暂行条例的征税范围修改略论：以重庆、上海房产税改革试点的征税范围为例［J］.税收经济研究，2012，17（2）：64－68.

［83］刘士余．城镇住房制度改革与住房金融的发展［J］.经济学家，1994（6）：84－95，124.

［84］刘维新．必须建立与完善土地租税费体系［J］.中国房地信息，1994（6）：17－18.

［85］刘维新．开征物业税提出的背景及对房地产开发和消费的影响［J］.中国房地产金融，2004（5）：3－6.

［86］刘霞，姚玲珍．房产税改革方案覆税范围、征税深度与居民税负：基于上海的数据分析［J］.管理现代化，2016，36（1）：32－35.

［87］刘相．物业税的开征及其难点透析［J］.涉外税收，2004（4）：8－11.

［88］罗东秋．城市准公共产品外部效应：受益居民税赋补偿及地方财政转型路径研究［D］.重庆：重庆大学，2010.

［89］骆峰．对开征物业税的解析与思考［J］.中国房地产，2004（11）：16－19.

［90］马克和．我国开征物业税的难点及现实选择［J］.税务研究，2004（4）：43－46.

［91］马克思恩格斯全集：第25卷［M］.北京：人民出版社，1975.

［92］马克思．资本论：第3卷［M］.北京：人民出版社，1975.

［93］孟宪生．《物权法》与物业管理相关的几个方面［J］.中国物业管理，2007（3）：40－41.

［94］慕飞飞．物业税对房价调控的作用［J］.商业文化（学术版），

2008（1）：70.

[95] 倪红日，谭敦阳．开征物业税对地方政策财政收入的影响［J］．重庆理工大学学报（社会科学版），2009，23（2）：3 - 7.

[96] 皮埃尔·布阿吉尔贝尔．谷物论，论财富、货币和赋税的性质［M］．伍纯武，译．北京：商务印书馆，1979.

[97] 漆亮亮．财产税体系研究［D］．厦门：厦门大学，2003.

[98] 齐爽，唐琳．房地产税优惠政策对比研究：以深圳市普通住宅为例［J］．住宅与房地产，2019（29）：73 - 80.

[99] 钱凯．我国房地产税制改革问题研究综述［J］．经济研究参考，2005（7）：46 - 47.

[100] 任强，侯一麟，马海涛．公共服务资本化与房产市值：对中国是否应当开征房地产税的启示［J］．财贸经济，2017，38（12）：66 - 79.

[101] 任泽平．全球历次房地产大泡沫：催生、疯狂、崩溃及启示［J］．中国房地产金融，2021（4）：66 - 69.

[102] 尚教蔚．物业税不应作为调控房价的手段［J］．中国房地信息，2007（12）：34 - 37.

[103] 舒萍，汪立峰．对台湾二十世纪两次土地改革的再思考：基于新制度经济学理论的分析［J］．台湾研究，2008（1）：42 - 46.

[104] 祀明．房价上涨的一种解释：蒂布特模型［J］．地方财政研究，2005（4）：55 - 56.

[105] 孙玉栋，杜云涛．我国房地产保有环节现行税制的问题及其改革［J］．财贸经济，2008（2）：69 - 74.

[106] 陶继侃．当代西方财政［M］．北京：人民出版社，1992.

[107] 王传伦，高培勇．当代西方财政经济理论［M］．北京：商务印书馆，1995.

[108] 王海勇．房地产税收的一般经济分析［J］．税务与经济，2004（6）：61 - 63.

[109] 王家庭．中国商品住宅空置率过高的原因及对策［J］．经济评论，2002（1）：79 - 83.

[110] 王晓明，吴慧敏．开征物业税对我国城镇居民的影响［J］．财贸经济，2008（12）：63 - 68.

[111] 吴刚. 城市居民住房支付能力研究：基于 2000—2008 我国 10 城市的经验数据 [J]. 城市发展研究, 2009 (9)：20 - 25.

[112] 吴俊培. 我国开征物业税的几个基础理论问题 [J]. 涉外税务, 2006 (1)：5 - 8.

[113] 吴淑莲, 刘红瑛. 物业税不是万能的：对物业税取代土地出让金的质疑 [J]. 中国土地, 2005 (4)：17 - 19.

[114] 吴晓宇. 开征物业税对房价的影响 [J]. 国际税收, 2004 (4)：16.

[115] 吴旭东, 李晶. 房地产各环节税种设置与税负分配研究 [J]. 财经问题研究, 2006 (9)：75 - 80.

[116] 吴旭东. 论税收与价格的关系 [J]. 财经问题研究, 1999 (1)：17 - 19.

[117] 吴旭东. 论我国费税制度改革 [J]. 财经问题研究, 2002 (1)：5 - 8.

[118] 吴旭东. 税收管理学 [M]. 大连：东北财经大学出版社, 1996.

[119] 夏杰长. 我国开征物业税的效应与时机分析 [J]. 税务研究, 2004 (9)：22 - 24.

[120] 向肃一, 龙奋杰. 中国城市居民住房支付能力研究 [J]. 城市发展研究, 2007, 14 (2)：29 - 34.

[121] 小川乡太郎. 租税总论 [M]. 萨孟武, 译. 上海：商务印书馆, 1926.

[122] 肖亮亮. 我国房地产税制改革研究 [D]. 广州：暨南大学, 2005.

[123] 谢伏瞻. 中国不动产税收政策研究 [M]. 北京：中国大地出版社, 2005.

[124] 谢伏瞻. 中国房地产税制设计 [M]. 北京：中国发展出版社, 2006.

[125] 谢群松. 财政分权：中国财产税改革的前景 [J]. 管理世界, 2004 (4)：120 - 136.

[126] 徐恺. 论物业税对理顺房价的作用 [J]. 江苏经贸职业技术学院学报, 2008 (2)：12 - 15.

[127] 许一. 我国开征物业税初探 [J]. 财会研究, 2004 (5)：11 - 13.

［128］亚当·斯密. 国民财富的原因和性质的研究（上卷）［M］. 北京：商务印书馆，1972.

［129］颜明璐. 浅议物业税的开征对房地产市场的影响［J］. 大众商务（下半月），2009（3）：81.

［130］杨绍媛，徐晓波. 我国房地产税对房价的影响及改革探索［J］. 经济体制改革，2007（2）：136－139.

［131］于静静，周京奎. 房产税、房价与住房供给结构：基于上海、重庆微观数据的分析［J］. 经济问题探索，2016（1）：42－48.

［132］岳娟丽，管鸿禧. 房地产营业税对稳定住房价格的作用研究［J］. 当代经济管理，2005（6）：159－162.

［133］岳树民. 关于物业税的几个问题［J］. 税务研究，2004（9）：29－31.

［134］岳树民. 我国房地产市场调控政策与房地产课税［J］. 涉外税务，2010（7）：13－16.

［135］岳树民. 应准确定位房地产课税对房价的作用［J］. 税务研究，2005（5）：31－33.

［136］张建松. 开征物业税势在必行［J］. 焦作大学学报，2005，19（1）：57－58.

［137］张平，邓郁松. 中国房地产税改革的定位与地方治理转型［J］. 经济社会体制比较，2018（2）：43－54.

［138］张平，侯一麟. 房地产税的纳税能力、税负分布及再分配效应［J］. 经济研究，2016（12）：118－132.

［139］张平，侯一麟. 解读中国现代财政体制改革研究中的三个重要问题［J］. 公共管理与政策评论，2019（2）：14－26.

［140］张平，侯一麟. 中国城镇居民的房地产税缴纳能力与地区差异［J］. 公共行政评论，2016（2）：135－154.

［141］张平，任强，侯一麟. 中国房地产税与地方公共财政转型［J］. 公共管理学报，2016（4）：1－15.

［142］张平，任强，蒋震. 美国房地产税的征收实践：以佐治亚州克拉克县为例［J］. 国际税收，2013（1）：40－44.

［143］张平. 房地产税的政府层级归属：作为地方税的理论依据与美国经验启示［J］. 中国行政管理，2016（12）：125－130.

[144] 张平竺. 房地产税基评估研究 [D]. 厦门：厦门大学，2007.

[145] 张青，张再金. 房地产税国内研究综述 [J]. 湖北经济学院学报，2012 (4)：57 - 65.

[146] 张艳纯，唐明. 论我国物业税税制改革的制度环境 [J]. 财经论丛，2010 (1)：37 - 43.

[147] 钟晓敏，叶宁. 关于物业税几个问题的探讨 [J]. 财经论丛，2005 (2)：40 - 46.

[148] 朱润喜. 开征物业税的动因及定位 [J]. 税务研究，2006 (9)：38 - 40.

[149] Aaron H J. Who pays the property tax? [M]. Washington, DC：Brookings Institution, 1975.

[150] Abraham J M, Hendershott P H. Bubbles in Metropolitan housing markets [J]. Journal of Housing Research, 1996, 7 (2)：191 - 207.

[151] Allen M T, Dare W H. Identifying determinants of horizontal property tax inequity：evidence from Florida [J]. Journal of Real Estate Research, 2002 (24)：153 - 164.

[152] Angel M, Gareia L. Housing prices and tax polity in Spain [J]. Spanish Economic Review, 2004 (6)：29 - 52.

[153] Barry J L. City size, land rent, and the supply of public goods [J]. Regional and Urban Economics, 1972, 2 (1)：67 - 103.

[154] Bartik T J. Who benefits from state and local economic development policies? [R]. W. E. Upjohn Institute for Employment Research, 1991.

[155] Beck M, Institute U L. Property taxation and urban land in Northeastern New Jersey：interaction of local taxes and urban development in the Northeastern New Jersey metropolitan region [M]. Urban Land Institute, 1963.

[156] Beek J H. Tax competition, uniform assessment, and the benefit principle [J]. Journal of Urban Economics, 1983, 13 (2)：127 - 146.

[157] Boskin M J, et al. Local government tax and product competition and the optimal provision of public goods [J]. Journal of Political

Economy, 1973, 81 (1): 203 – 210.

[158] Brueckner J K, Saavedra L A. Do local governments engage in strategic property-tax competition? [J]. National Tax Journal, 2001, 54 (2): 203 – 229.

[159] Brueekner J. Testing for strategic interaction among local governments: the case of growth controls [J]. Journal of Urban Economics, 1998, (44): 438 – 467.

[160] Buehler A G. Ability to pay [J]. Tax Law Review, 1945 (1): 243.

[161] Capozza D R, Helsley R W. The fundamentals of land prices and urban growth [J]. Journal of Urban Economics, 1989, 26 (3): 295 – 306.

[162] Case B, Quigley J M. The dynamics of real estate prices [J]. The Review of Economics and Statistics, 1993, 73 (1): 50 – 58.

[163] Chureh A M. Capitalization of the effective property tax rate on single family residences [J]. National Tax Journal, 1974 (27): 133 – 122.

[164] Cornia G C, Slade B A. Horizontal inequity in the property taxation of apartment, industrial, office, and retail properties [J]. National Tax Journal, 2006, 59 (1): 33 – 55.

[165] Cornia G C. Tax criteria: The design and policy advantages of a property tax [M]//McCluskey W J, Cornia G C, Walters L C. A primer on property tax: administration and policy. Wiley-Blackwell, 2012: 207 – 227.

[166] Daniere A. Determinants of tenure choice in the Third World: an empirical study of Cairo and Manila [J]. Journal of Housing Economies, 1992 (2): 159 – 184.

[167] Dempsey B W. Ability to pay [J]. Review of Social Economy, 1946, 4 (1): 1 – 13.

[168] DePeter J A, Myers G M. Strategic capital tax competition: a pecuniary externality and a corrective device [J]. Journal of Urban Economics, 1994 (36): 66 – 78.

[169] Fischel W A. Fiscal and environmental considerations in the location

of firms in suburban communities [M]//Mills E S, Oates W E. Fiscal zoning and land use controls. Lexington, MA: Heath-Lexington Books, 1975.

[170] Fischel W A. Property taxation and the Tiebout model: evidence for the benefit view from zoning and voting [J]. Journal of Economic Literature, 1992 (30): 171 – 177.

[171] Fischel W A. The economics of zoning laws: a property rights approach to American land use controls [M]. Johns Hopkins University Press, 1985.

[172] Goodspeed T J. A re-examination of the use of ability to pay taxes by local governments [J]. Journal of Public Economics, 1989, 38 (3): 319 – 342.

[173] Gravelle J C. Empirical essays on the causes and consequences of tax policy: a look at families, labor, and property [M]. The George Washington University, 2008.

[174] Hamilton B W. Zoning and property taxation in a system of local governments [J]. Urban Studies, 1975, 12 (2): 205 – 211.

[175] Hamilton B, Mills E, Puryear D. The Tiebout hypothesis and residential income segregation [M]//Mills E S, Oates W E. Fiscal zoning and land use controls. Lexington, MA: Heath-Lexington Books, 1975: 101 – 18.

[176] Harberger A C. The incidence of the corporation income tax [J]. Journal of Political Economy, 1962, 70 (3): 215 – 240.

[177] Henderson J V. Will homeowners impose property taxes? [J]. Regional Science and Urban Economics, 1995 (25): 153 – 181.

[178] Hoyt W H. Competitive jurisdictions, congestion, and the Henry George theorem: when should property be taxed instead of land? [J]. Regional Science and Urban Economics, 1991 (21): 351 – 370.

[179] Hoyt W H. Property taxation, Nash equilibrium, and market power [J]. Journal of Urban Economics, 1991 (30): 123 – 131.

[180] Ihlanfeldt K R. The incidence of the property tax on homeowners: evidence from the panel study of income dynamics [J]. National

Tax Journal, 1979, 32 (4): 535 –541.

[181] Mark J H, Carruthers N E. Property values as a measure of ability-to-pay: an empirical examination [J]. The Annals of Regional Science, 1983, 17 (2): 45 –59.

[182] Mieszkowski P M, Zodrow G R. Taxation and the Tiebout model: the differential effects of head taxes, taxes on land rents, and property taxes [J]. Journal of Economic Literature, 1989, 27 (3): 1098 –1146.

[183] Mieszkowski P M. The property tax: an excise tax or a profit tax? [J]. Public Economies Literature, 1972, 1 (1): 73 –96.

[184] Mill J S. Considerations on representative government [M]. London: Routledge, 1904.

[185] Netzer D. Economics of property tax [M]. Washington DC: The Brookings Institution, 1966.

[186] Oates W E. Federalism and government finance [J]. Modern public finance, 1994, 126 (1999): 1120 –1149.

[187] Oates W E. Fiscal federalism [M]. New York: Harcourt Brace Jovanovich, 1972.

[188] Oates W E. The effects of property taxes and local public spending on property values: an empirical study of tax capitalization and the Tiebout hypothesis [J]. Journal of Political Economy, 1969, 77 (6): 957 –961.

[189] Oates W E. Toward a second-generation theory of fiscal federalism [J]. International Tax and Public Finance, 2005 (12): 349 – 373.

[190] Pauly M V. Optimality, public goods, and local governments: a general the critical analysis [J]. Journal of Political Economy, 1970 (78): 572 –585.

[191] Plotnick R. A measure of horizontal inequity [J]. The Review of Economics and Statistics, 1981, 63 (2): 283 –288.

[192] Poterba J M, Weil D N, Shiller R. House price dynamics: the role of tax policy and demography [J]. Brooking Papers on Economic Activity, 1991 (2): 143 –183.

[193] Saavedra L A. Do local governments engage in strategic property-tax competition? [Z]. Borradores de Economia, 2000.

[194] Sirmans G S, Diskin B A, Friday H S. Vertical inequity in the taxation of real property [J]. National Tax Journal, 1995, 48 (1): 71 - 84.

[195] Smith A. An inquiry into the nature and causes of the wealth of nations: Volume One [M]. London: printed for W. Strahan; and T. Cadell, 1776.

[196] Tiebout C M. A pure theory of local expenditures [J]. Journal of Political Economy, 1956, 64 (5): 416 - 424.

[197] White M J. Fiscal zoning in fragmented metropolitan areas [M]// Mills E S, Oates W E. Fiscal zoning and land use controls. Lexington MA: Heath-Lexington Books, 1975: 31 - 35.

[198] Wilson J D. Property taxation, congestion, and local public goods [J]. Journal of Public Economies, 1997 (64): 207 - 217.

[199] Yinger J. Capitalization and the theory of local public finance [J]. Journal of Political Economy, 1982, 90 (5): 917 - 942.

[200] Zhuravskaya E V. Incentives to provide local public goods: fiscal federal, russian style [J]. Journal of Public Economics, 2000 (76): 337 - 368.

[201] Zodrow G R, Mieszkowski P M. Pigou, Tiebout, property taxation, and the under provision of local public goods [J]. Journal of Urban Economics, 1986, 19 (3): 356 - 370.

# 后　记

　　本书作为国家社科基金后期资助项目"中国居民房地产税问题研究"（项目编号：18FJY029）的研究成果，是在我的博士论文的基础上修改而成的，几经完善，历时十余年，回看总结，可分为三个阶段：

　　第一阶段，博士论文写作阶段。在工作后，能够有机会到东北财经大学攻读博士学位，师从吴旭东教授，系统地学习研究财政税收的理论知识，这是我人生中非常宝贵的一段经历。学习期间，有探索知识的困惑和迷茫，更有所思所悟的欢畅和喜悦。非常感谢我的恩师吴旭东教授多年来给予我耐心细致的指导和帮助，老师温文尔雅、宽厚豁达的性格，严谨治学的态度和辛勤耕耘的作风给我留下了深刻的印象，老师的教诲使我获益良多并将伴随一生。在论文写作过程中，从构思、选题、写作、修改到定稿，处处都凝结着老师的智慧、心血和汗水。师恩难忘，老师的榜样将不断地引领激励我。

　　第二阶段，申报国家社科基金后期资助项目阶段。博士毕业后回到聊城大学教书，一直进行房地产税相关研究，对博士论文不断修改和完善，拓宽了研究范围，引入了新的研究方法，终于在2018年获得国家社科基金后期资助项目的资助。

　　第三阶段，申请结项及书稿出版阶段。此阶段采纳专家的修改意见，多次梳理全文，对薄弱点进行了大的修改，同时对逻辑和内容进行完善。中间由于工作调动，有些延误，经过不断的探索、思考，最终完成书稿。

　　然而，每次翻看书稿，仍感觉还有许多地方可以进行拓展、更新和完善，深刻体会到学无止境……同时本书的研究仍然属于尝试性的，加之研究水平的局限，势必存在很多不足之处，还请各位专家学者批评指正。

　　在此，特别感谢国家社会科学基金的资助和聊城大学商学院、河北金融学院会计学院的支持。

　　最后，还要衷心感谢我的父母、公婆、爱人、舅舅、舅妈、姐姐、姐夫，还有我最最可爱的儿子们，他们的理解支持和爱是我心中永恒的动力，让我更加懂得珍惜、奉献、进取和感恩。

　　学海无涯，铭记恩师的教诲，我将在学术道路上不断探索前行。

何　倩

2022 年 6 月于保定

**图书在版编目（CIP）数据**

中国居民房地产税问题研究/何倩著 . -- 北京：
经济科学出版社，2022. 12
国家社科基金后期资助项目
ISBN 978 - 7 - 5218 - 4148 - 0

Ⅰ. ①中… Ⅱ. ①何… Ⅲ. ①房地产税 - 税收管理 -
研究 - 中国 Ⅳ. ①F812. 423

中国版本图书馆 CIP 数据核字（2022）第 194712 号

责任编辑：周国强
责任校对：李 建
责任印制：张佳裕

**中国居民房地产税问题研究**

何 倩 著

经济科学出版社出版、发行 新华书店经销

社址：北京市海淀区阜成路甲 28 号 邮编：100142

总编部电话：010 - 88191217 发行部电话：010 - 88191522

网址：www. esp. com. cn

电子邮箱：esp@ esp. com. cn

天猫网店：经济科学出版社旗舰店

网址：http：//jjkxcbs. tmall. com

固安华明印业有限公司印装

710 × 1000 16 开 17.75 印张 310000 字

2022 年 12 月第 1 版 2022 年 12 月第 1 次印刷

ISBN 978 - 7 - 5218 - 4148 - 0 定价：98.00 元